Internationale Beziehungen. Theorie und Geschichte

Band 15

Herausgegeben von
Dittmar Dahlmann, Dominik Geppert, Christian Hacke,
Christian Hillgruber und Joachim Scholtyseck

Reihe mitbegründet von
Klaus Hildebrand

Jürgen Peter Schmied (Hg.)

Kriegerische Tauben

Liberale und linksliberale Interventionisten
vom 19. Jahrhundert bis in die Gegenwart

V&R unipress

Bonn University Press

**FÖRDERVEREIN
FÜR NEUERE GESCHICHTE**
an der Universität Bonn e.V.

Bonner
Universitäts-
Stiftung

Bibliografische Information der Deutschen Nationalbibliothek
Die Deutsche Nationalbibliothek verzeichnet diese Publikation in der Deutschen
Nationalbibliografie; detaillierte bibliografische Daten sind im Internet über
http://dnb.d-nb.de abrufbar.

**Veröffentlichungen der Bonn University Press
erscheinen im Verlag V&R unipress GmbH.**

Gedruckt mit freundlicher Unterstützung des Fördervereins für Neuere Geschichte an der
Universität Bonn e.V., der Universitätsstiftung Bonn, der Universitätsgesellschaft Bonn und
der Philosophischen Fakultät der Universität Bonn.

© 2019, V&R unipress GmbH, Robert-Bosch-Breite 6, D-37079 Göttingen
Alle Rechte vorbehalten. Das Werk und seine Teile sind urheberrechtlich geschützt.
Jede Verwertung in anderen als den gesetzlich zugelassenen Fällen bedarf der vorherigen
schriftlichen Einwilligung des Verlages.

Umschlagabbildung: Der deutsche Außenminister Joschka Fischer wird am 13. Mai 1999 auf dem
Sonderparteitag der Grünen zum Kosovokrieg in Bielefeld von einem Farbbeutel getroffen – Picture
Alliance / dpa / Bernd Thissen.
Druck und Bindung: CPI books GmbH, Birkstraße 10, D-25917 Leck
Printed in the EU.

Vandenhoeck & Ruprecht Verlage | www.vandenhoeck-ruprecht-verlage.com

ISSN 2198-6207
ISBN 978-3-8471-0974-7

Für Rudolf Gocke

Inhalt

Jürgen Peter Schmied
Einleitung 9

Dieter Langewiesche
Liberale und Krieg – Einige einführende Überlegungen 25

Jasper M. Trautsch
Expansions- als Friedenspolitik: Krieg im Denken von Thomas Jefferson 37

Wolfgang Egner
William E. Gladstone und die britische Okkupation Ägyptens 57

Andreas Rose
David Lloyd George und die britische Entscheidung für den
Kriegseintritt von 1914 75

Manfred Berg
»Ironie des Schicksals«: Woodrow Wilson und der amerikanische Eintritt
in den Ersten Weltkrieg 103

Peter Busch
John F. Kennedy und der Vietnamkrieg 121

Hans Kundnani
Joschka Fischer und die deutsche Beteiligung am Krieg gegen Serbien . . 141

Victoria Honeyman
Tony Blair und der Zweite Irakkrieg 159

Thomas Freiberger
Barack Obama und der Drohnenkrieg – Anmerkungen zu einem
Missverständnis 177

Dank 197

Autorenverzeichnis 199

Abkürzungsverzeichnis 201

Personenregister 203

Jürgen Peter Schmied

Einleitung

Es wäre zu schön. Eine Welt ohne Krieg gehört neben einem Leben ohne Arbeit und einem Dasein ohne Tod zu den ältesten Träumen der Menschheit. Schon der Prophet Jesaja entwarf im 8. Jahrhundert vor Christus die Vision einer Epoche, in der die Völker »Pflugscharen aus ihren Schwertern« schmieden »und Winzermesser aus ihren Lanzen. Man zieht nicht mehr das Schwert, Volk gegen Volk, / und übt nicht mehr für den Krieg.« (Jesaja, 2,4) Etwa zur gleichen Zeit entstand in der griechischen Mythologie die Lehre von den verschiedenen Zeitaltern, unter denen auch ein goldenes war, das keine Mühen und keine Konflikte kannte. Bei den meisten Autoren lag das *aurea saecula*, wie die Römer die paradiesähnliche Epoche nennen sollten, bereits lange zurück. Eine Wiederkehr war aber, etwa für den römischen Dichter Vergil, nicht ausgeschlossen.[1]

Jenseits von solch visionären Verheißungen bestand der einfachste und aussichtsreichste Weg, den Krieg abzuschaffen, in der Errichtung eines weltumspannenden Imperiums oder zumindest im Aufbau einer derart überlegenen Herrschaft über weite Teile der Erde, dass die Völker an der Peripherie von einem Aufbegehren im eigenen Interesse absahen. Das Römische Kaiserreich ist unter Kaiser Augustus seit 27 vor Christus diesem Zustand nahegekommen. Die *pax romana* – nach ihrem Begründer auch *pax augusta* genannt – hielt immerhin rund zweihundert Jahre, und die Römer haben die friedenstiftende Wirkung ihrer Herrschaft, die auf Gewalt und Unterdrückung beruhte, selbst gern herausgestrichen. Mit weitreichender Wirkung. Noch zu Beginn des 14. Jahrhunderts nach Christus sah der italienische Dichter Dante Alighieri in einer Universalmonarchie, der sozusagen mittelalterlichen Variante des *imperium romanum*, das einzige denkbare Mittel, um das Übel des Kriegs zu beseitigen. »Zwischen zwei Herrschern, von denen der eine dem anderen in keiner Weise unterworfen ist, kann Streit entstehen [...] Also ist ein Gericht erforderlich, das

---

1 Vgl. KLAUS KUBUSCH: Aurea Saecula – Mythos und Geschichte. Untersuchung eines Motivs in der antiken Literatur bis Ovid. Frankfurt a.M. – Bern – New York 1986, S. 93.

entscheidet. [...] Und dies wird der Monarch oder Kaiser sein. Die Monarchie ist also notwendig für die Welt.«[2]

In der Neuzeit verlor dieser Gedanke an Attraktivität. Mit dem Niedergang des Kaisertums rückte die Möglichkeit einer Universalmonarchie in weite Ferne – und nicht nur das. Die bekannte Welt vergrößerte sich erheblich. Eine allumfassende Herrschaft und mit ihr einen dauerhaften Frieden zu errichten, hätte einen gewaltigen Eroberungskrieg erfordert, dessen Leid einen zu hohen Preis dargestellt hätte. Auch ein anderes Opfer wurde immer weniger akzeptabel. Die Unterdrückung, die ein Imperium für die meisten seiner Bewohner mit sich bringt, kollidierte fundamental mit dem Freiheitsdrang des neuzeitlichen Menschen. Alternative Mittel und Wege, wie eine Welt ohne Krieg zu schaffen sei, mussten also gefunden werden.[3]

Frieden durch Demokratie

So schwierig es ist, die großen Gedankenverbindungen bis an ihren tatsächlichen Ursprung zurückzuverfolgen, so kann doch als einigermaßen gesichert gelten, dass die Idee, derzufolge Demokratie und Friede die Kehrseiten ein und derselben Medaille sind, zusammen mit einem liberalen Weltbild erst im Zuge der Aufklärung aufkam. In gewisser Weise kann sie deshalb als ein durch und durch vernünftiges Projekt bezeichnet werden. Der englische Philosoph John Locke stellte 1679/80 in seinem *Second Treatise of Government* fest: »The state of nature has a law of nature to govern it, which obliges every one; and reason, which is that law, teaches all mankind [...] that, being all equal and independent, no one ought to harm another in his life, health, liberty or possessions.«[4] 1701 hat Locke den intellektuellen Brückenschlag zum Frieden unternommen, indem er mit Blick auf die machtpolitischen und weltanschaulichen Konflikte im Europa Ludwigs XIV. ausführte: »But yet how fond soever I am of peace I think truth ought to accompany it, which cannot be preserved without Liberty«, wobei der maßgebliche Wegbereiter des Liberalismus unter »truth« eine parlamentarische

---

2 DANTE ALIGHIERI: Monarchia. Lateinisch / Deutsch, Studienausgabe. Einleitung, Übersetzung und Kommentar von Ruedi Imbach und Christoph Flüeler. Stuttgart 1989, S. 85. Vgl. auch HERFRIED MÜNKLER: Imperien. Die Logik der Weltherrschaft – vom Alten Rom bis zu den Vereinigten Staaten. 5. Aufl. Berlin 2006, S. 128–132; JEAN-CHRISTOPHE MERLE: Zur Geschichte des Friedensbegriffs vor Kant. Ein Überblick, in: OTFRIED HÖFFE (Hrsg.): Immanuel Kant: Zum ewigen Frieden. 3., bearb. Aufl. Berlin 2011, S. 19–27, hier: S. 19f.
3 Vgl. zu den Friedensplänen der frühen Neuzeit KURT VON RAUMER: Ewiger Friede. Friedensrufe und Friedenspläne seit der Renaissance. Freiburg – München 1953.
4 JOHN LOCKE: The Second Treatise of Government. An Essay Concerning the True Original, Extent and End of Civil Government. Hrsg. und mit einer überarb. Einleitung von J. W. Gough. Oxford 1966, S. 5.

Regierung verstand (sowie den Protestantismus).⁵ Charles-Louis de Secondat Baron de la Brède et Montesquieu hat in seiner Abhandlung *De l' Esprit de Lois* von 1748 den Zusammenhang zwischen Demokratie und Frieden ganz explizit herausgestellt: »L' esprit de la monarchie est la guerre et l' agrandissement ; l' esprit de la république est la paix et la modération.«⁶ Der Friede war für Montesquieu sogar »la première loi naturelle«. Dabei ging der französische Adelige von einem positiven Menschenbild aus. Die Idee, dass die Menschen vor allem von dem Wunsch bestimmt seien, einander zu unterdrücken, schien ihm nicht »raisonnable«. »La loi, en général,« aber »est la raison humaine, en tant qu'elle gouverne tous les peuples de la terre ; et les lois politiques et civiles de chaque nation ne doivent être que les cas particuliers où s'applique cette raison humaine.«⁷

In der zweiten Hälfte des 18. Jahrhunderts wurden diese Ideen dann bekanntermaßen umgesetzt. Insbesondere die Akteure der Französischen Revolution betonten den Zusammenhang zwischen autoritärer Herrschaft und Kriegstreiberei – freilich auch aus einem der Selbsterhaltung dienenden Optimismus heraus, sah sich das neue Staatswesen doch von den Monarchien östlich des Rheins in seiner Existenz bedroht und herausgefordert. »When there are no more tyrants in the world we shall have no more wars to fear«⁸, heißt es in einem Brief an das Pariser Diplomatische Komitee vom Juli 1791. Und Thomas Paine, der britisch-amerikanische Publizist und zeitweilige Abgeordnete des französischen Nationalkonvents, zeigte sich im gleichen Jahr überzeugt: »Monarchial sovereignty, the enemy of mankind and the source of misery, is abolished; and sovereignty itself is restored to its natural and original place, the nation. – Were this the case throughout Europe, the cause of wars would be taken away.«⁹

Während in Frankreich und den Vereinigten Staaten von Amerika der Zusammenhang von Demokratie und Frieden auf je eigene Weise und mit unterschiedlichem Erfolg erprobt wurde, befanden sich in Deutschland diese Vorstellungen noch in der Ausarbeitung, die jedoch mit der gewohnten tief schürfenden Gründlichkeit vorgenommen wurde. Johann Gottfried Herder, der Erforscher der europäischen Kulturen und Sammler ihrer Volkslieder, war sich 1795 sicher: »Kabinette mögen einander betrügen; politische Maschinen mögen

---

5 Brief von JOHN LOCKE an Peter King, 23. Juni 1701, in: The Correspondence of John Locke. Hrsg. von E. S. de Beer, 8 Bde., Bd. 7. Oxford 1982, S. 350. Vgl. dazu auch BRENDAN SIMMS: Europe. The Struggle for Supremacy, 1453 to the Present. London u. a. 2013, S. 70.
6 MONTESQUIEU: L'Esprit des lois. Hrsg. von Robert Derathé und mit einer aktual. Bibliographie von Denis de Casabianca, 2 Bde., Bd. 1. Paris 2011, S. 143.
7 Ebd., S. 10, 12.
8 Zitiert nach SIMMS, Europe (wie Anm. 5), S. 146.
9 THOMAS PAINE: Rights of Man, Part I. Being an Answer to Mr. Burke's Attack on the French Revolution, in: DERS.: The Political Writings. A new Edition with Additions, 2 Bde., Bd. 2. New York 1830, S. 41–144, hier: S. 142.

gegen einander gerückt werden, bis Eine die andre zersprengt. Nicht so rücken *Vaterländer* gegen einander; sie liegen ruhig neben einander, und stehen sich als Familien bei. *Vaterländer gegen Vaterländer im Blutkampf ist der ärgste Barbarismus der menschlichen Sprache*«[10], konstatierte der Weimarer Theologe und Schriftsteller in der fünften Sammlung seiner *Briefe zur Beförderung der Humanität*.

Immanuel Kant kam im gleichen Jahr in seiner Schrift *Zum ewigen Frieden* zu einem ähnlichen Ergebnis. Zwar stellte für Kant – anders als für Montesquieu und Herder – der Frieden keinen Naturzustand zwischen den Völkern dar; natürlich war für den Philosophen aus Königsberg vielmehr »ein Zustand des Krieges«. Doch der Frieden konnte »*gestiftet*« werden, und Kant ging davon aus, dass die Chancen dafür in einem rechtsstaatlich und republikanisch verfassten Gemeinwesen am besten stünden. In autoritären Staaten – das waren für Kant die Monarchien – sei ein Krieg für die Könige und Fürsten »die unbedenklichste Sache der Welt«, weil »das Oberhaupt nicht Staatsgenosse, sondern Staatseigentümer ist, an seinen Tafeln, Jagden, Lustschlössern, Hoffesten u. dgl. durch den Krieg nicht das Mindeste einbüßt« und deshalb einen Waffengang »also wie eine Art Lustpartie aus unbedeutenden Ursachen beschließen« könne. Hingegen würden die Völker, sollten sie erst einmal politische Mitsprache erhalten, versuchen, »die Drangsale des Krieges [...] (als da sind: selbst zu fechten, die Kosten des Krieges aus ihrer eigenen Habe herzugeben; die Verwüstung, die er hinter sich läßt, kümmerlich zu verbessern [...])« unbedingt zu vermeiden und »sich sehr bedenken [...], ein so schlimmes Spiel anzufangen«.[11]

Diese Einschätzung übt bis heute eine starke Faszination aus, obwohl im 19. und vor allem im 20. Jahrhundert etliche Kriege stattgefunden haben, an denen demokratische Staaten beteiligt waren. Immerhin, die Republiken sahen sich in diesen Konflikten in der Regel Monarchien oder Diktaturen gegenüber, dies mochte die Bereitschaft der Bürger, zu den Waffen zu greifen, erklären. Das Ende

---

10 JOHANN GOTTFRIED HERDER: 57. Brief, *Beilage*. Haben wir noch das Publikum und Vaterland der Alten? Eine Abhandlung. In: DERS.: Werke, Bd. 7. Briefe zu Beförderung der Humanität. Hrsg. von Hans Dietrich Irmscher. Frankfurt a.M. 1991, S. 301–338, hier: S. 337f. [Kursivdruck im Original]

11 IMMANUEL KANT: Zum ewigen Frieden. Ein philosophischer Entwurf, in: KÖNIGLICH PREUSSISCHE AKADEMIE DER WISSENSCHAFTEN (Hrsg.): Kants gesammelte Schriften. Kant's Werke, Bd. 8. Abhandlungen nach 1871. Berlin 1912, S. 341–386, hier: S. 348–351. [Zuerst 1795; Kursivdruck im Original] Indirekt taucht dieser Gedanke bereits rund vierzig Jahre zuvor bei Jean-Jacques Rousseau auf, der in den beiden 1756 verfassten Schriften *Extrait du Projet de Paix Perpétuelle de Monsieur L'Abbé de Saint-Pierre* und *Jugement sur la Paix Perpétuelle* die Neigung der Fürsten zu Krieg und Eroberung als gewissermaßen natürliche Eigenschaften herausgestellt und darin das wesentliche Hindernis für einen dauerhaften Frieden erblickt hat. Vgl. bes. JEAN-JACQUES ROUSSEAU: Jugement sur la Paix Perpétuelle, in: DERS.: Friedensschriften, französisch-deutsch. Übersetzt und mit einer Einleitung und Anmerkungen hrsg. von Michael Köhler. Hamburg 2009, S. 82–107, hier: S. 86–93.

des Ost-West-Konflikts und der Zusammenbruch der autoritären Regime in Osteuropa weckten denn auch die schönsten Hoffnungen. Nach 1990 erlangte die »Zauberformel Frieden durch Demokratie« in »Wissenschaft und Politik eine bisher nicht gekannte Blüte«[12]. Der amerikanische Politikwissenschaftler Francis Fukuyama rief 1992 nicht nur »[t]he End of History« aus, weil er der Meinung war, dass nach dem Sieg der liberalen Demokratien im Kalten Krieg sich diese Staats- und Regierungsform endgültig durchgesetzt habe. Unter Berufung auf Immanuel Kant entwickelte sich die Welt für ihn auch »[t]owards a Pacific Union«[13]. Damit steht Fukuyama nicht alleine da. Auf etwas anderen gedanklichen Wegen – aber durchaus auch im Rekurs auf den Königsberger Philosophen – hält Jürgen Habermas am Ziel eines »dauerhaften Weltfrieden[s] als Implikation einer vollständigen Verrechtlichung der internationalen Beziehungen«[14] fest, und vor einigen Jahren hat der einflussreiche amerikanische Politologe Michael W. Doyle noch einmal betont: »Liberal states are different«, sie würden unter anderem »exercise peaceful restraint and a separate peace exists among them«.[15]

Frieden durch Freihandel

Gewissermaßen ein Zwilling der Idee, dass dauerhafter Frieden sich nur in einer demokratisch verfassten Welt etablieren kann, ist die Theorie, der zufolge der Freihandel den Schlüssel für eine Welt ohne Krieg darstellt. Auch diese Denkfigur zählt zu den Hervorbringungen der Aufklärung. Zumindest die theoretische Grundlage für diese Ansicht lieferte der Ökonom und Philosoph Adam Smith, der in seinem 1776 erschienenen Buch *An Inquiry into the Nature and Causes of the Wealth of Nations* die Meinung vertreten hat, dass ein möglichst freier Wettbewerb eine wirtschaftliche, soziale und letztlich auch politische Harmonie herstellen werde. Entsprechend scharf kritisierte er den Merkantilismus, das gängige Wirtschaftskonzept des Absolutismus, das jede Nation dazu gebracht habe, »to look with an invidious eye upon the prosperity of all the

---

12 JOST DÜLFFER / GOTTFRIED NIEDHART: Einleitung, zu: DIES. (Hrsg.): Frieden durch Demokratie? Genese, Wirkung und Kritik eines Deutungsmusters. Essen 2011, S. 9–14, hier: S. 11.
13 FRANCIS FUKUYAMA: The End of History and the last Man. New York – Toronto 1992, S. 276. Vgl. auch ebd., S. 281f.
14 JÜRGEN HABERMAS: Das Kantische Projekt und der gespaltene Westen, in: DERS.: Der gespaltene Westen. Kleine politische Schriften X. Frankfurt a.M. 2004, S. 111–193, hier: S. 142. Vgl. auch DERS.: Ein Interview über Krieg und Frieden, in: ebd., S. 85–110, hier bes.: S. 103–105.
15 MICHAEL W. DOYLE: Introduction, zu: DERS.: Liberal Peace. Selected Essays. London – New York 2012, S. 1–11, hier: S. 2, 3.

nations with which it trades, and to consider their gain as its own loss«. Damit habe diese Politik die erfreuliche Nebenwirkung des Handels, »which ought naturally to be, among nations, as among individuals, a bond of union and friendship«, in ihr Gegenteil verkehrt.[16] Zwar ist umstritten, ob und wie selbständig sich dieses alle zufriedenstellende Gleichgewicht einpendeln sollte – Smith hat dafür das Bild der »invisible hand«[17] geschaffen –, einen Trend der Zeit hat der schottische Denker aber auf jeden Fall erfasst. Einige Jahrzehnte später war für den französischen Liberalen Benjamin Constant »l'époque du commerce« bereits angebrochen und hatte »celle de la guerre«[18] abgelöst – so die hoffnungsvolle Einschätzung des französischen Liberalen im Jahr 1813, also aus der Zeit der napoleonischen Kriege.

In erster Linie fand die Formel »Freihandel gleich Frieden« jedoch in Großbritannien Anklang, das im 19. Jahrhundert dank seiner überlegenen Produktionsmethoden und dank der einzigartigen Bezugs- und Distributionsmöglichkeiten des Empires zum *workshop of the world* aufstieg und von daher auch Interesse daran hatte, dem eigenen Vorteil möglichst weitreichende beziehungsweise prinzipielle Geltung zu verschaffen. Der liberale Denker John Stewart Mill hat 1848 in seiner Schrift über *Principles of Political Economy* den Freihandel sogar zu einem Allheilmittel erklärt:

> But the economical advantages of commerce are surpassed in importance by those of its effects which are intellectual and moral. It is hardly possible to overrate the value [...] of placing human beings in contact with persons dissimilar to themselves, and with modes of thought and action unlike those with which they are familiar. Commerce is now what war once was, the principal source of this contact. Commercial adventurers from more advanced countries have generally been the first civilizers of barbarians. And commerce is the purpose of the far greater part of the communication which takes place between civilized nations. Such communication has always been, and is peculiarly in the present age, one of the primary sources of progress. [...] Finally, commerce first taught nations to see with good will the wealth and prosperity of one another. Before, the patriot [...] wished all countries weak, poor, and ill-governed, but his own: he now sees in their wealth and progress a direct source of wealth and progress to his own country. It is commerce which is rapidly rendering war obsolete ...[19]

---

16 ADAM SMITH: An Inquiry into the Nature and Causes of the Wealth of Nations, 2 Bde., Bd. 1. Hrsg. von R. H. Campbell und A. S. Skinner, Textkritik W. B. Todd. Oxford 1976, S. 493.
17 Ebd., S. 456.
18 BENJAMIN CONSTANT: De l'esprit de conquête et de l'usurpation dans leurs rapports avec la civilisation européenne, in: DERS.: Œuvre. Hrsg. von Alfred Roulin. Paris 1957, S. 983–1096, hier: S. 993.
19 JOHN STUART MILL: Principles of Political Economy with Some of Their Applications to Social Philosophy, in: DERS.: Collected Works, Bd. 3, Books III–V and Appendixes. Mit einer Einführung von V. W. Bladen und hrsg. von J. M. Robson. Toronto – London 1968, S. 594.

Als eifrigster Fürsprecher des Freihandels und des Manchesterliberalismus profilierte sich jedoch der britische Wirtschaftspolitiker Richard Cobden, ein Kattunfabrikant, der in der Mitte des 19. Jahrhunderts nicht nur unermüdlich für das Niederreißen aller Zollschranken eintrat, sondern auch seinen Anhängern ein Ende des aristokratisch-kriegerischen Zeitalters, ja ein Ende der Politik überhaupt in Aussicht stellte. »As little intercourse as possible betwixt the *Governments*, as much connection as possible between the *nations*, of the world«[20], lautete sein Credo. Zugleich riet Cobden entschieden von Eroberungen, vom Erwerb von Kolonien, von Kriegen und von Interventionen jeglicher Art ab. Vergrößerungen des Staatsgebietes würden nichts einbringen, da »the same law applies to communities as to physics – in proportion as you condense you strengthen, and as you draw out you weaken bodies«[21]. Hinzu kam sein moralischer Rigorismus. Es war nach Cobdens Meinung »not consistent with the supremacy of that moral law that mysteriously sways the fate of empires, as well as individuals, that deeds of violence, fraud and injustice, should be committed with permanent profit and advantage.«[22] Dementsprechend empörte er sich 1857 im Unterhaus über das Vorgehen der britischen und französischen Regierung im sogenannten Zweiten Opiumkrieg gegen China: »I ask you to consider this case precisely as if you were dealing with a strong Power, instead of a weak one. [...] Let us consider the case precisely as if we were dealing with America instead of China. We have a treaty with China, which, in our international relations with that country, puts us on a footing of perfect equality.«[23]

Der Gedanke, dass durch unbegrenzten Handel und allgemeine Prosperität zwischenstaatliche Konflikte eines Tages überflüssig werden könnten, wurde so zu einem festen Bestandteil des politischen Diskurses. Er erhielt neuen Auftrieb, als im ausgehenden 19. Jahrhundert die wirtschaftliche und finanzpolitische Verflechtung nicht nur zwischen den Nationen Europas, sondern weltweit zunahm. Besonders prominent und öffentlichkeitswirksam trug dieses Argument der britische Journalist Ralph Norman Angell 1910 in seinem Buch *The Great Illusion* vor. Darin entwickelte er die These, dass ein Krieg insbesondere zwischen den europäischen Großmächten unrentabel sei – selbst für den oder die Sieger –, denn der Wohlstand eines Landes beruhe auf dem Austausch von Gütern, Menschen und Ideen, nicht auf territorialen Zugewinnen. Dieser ra-

---

20 RICHARD COBDEN: Russia, in: DERS.: The Political Writings, Bd. 1. London – New York 1867, S. 155–354, hier: S. 282f. [Zuerst 1836; Kursivdruck im Original]
21 Ebd., S. 176.
22 RICHARD COBDEN: How Wars are got up in India. The Origins of the Burmese War, in: DERS.: The Political Writings, Bd. 2. London – New York 1867, S. 23–106, hier: S. 106. [Zuerst 1853]
23 DERS.: China War, Rede vor dem Unterhaus, 26. Februar 1857, in: DERS.: Speeches on Questions of Public Policy, Bd. 2. Hrsg von John Bright and James E. Thorold Rogers. London 1870, S. 121–156, hier: S. 124.

tional begründete Pazifismus fand durchaus Gehör, wenn auch nicht auf Regierungsebene. Das Buch wurde zum Bestseller und in zahlreiche Sprachen übersetzt, eine entsprechende Bewegung, der Angellismus, kam auf, und 1933 erhielt Angell den Friedensnobelpreis.[24]

Die beiden Weltkriege konnten der Lehre von der friedenstiftenden Wirkung internationaler wirtschaftlicher Verflechtungen nichts anhaben, vielleicht waren die Waffengänge mit ihren Schrecken und ihrem verheerenden Zerstörungswerk auch ein Ansporn, im Werben für diese Formel nicht nachzulassen. Gegen Ende seiner Rede auf der Tagung des Reichsverbands der deutschen Industrie am 28. September 1921 in München kam der spätere Reichsaußenminister Walther Rathenau auf Napoleons berühmtes Diktum gegenüber Goethe zu sprechen, wonach die Politik das »Schicksal« sei, und bemerkte dann: »Es wird der Tag kommen, wo es sich wandelt, und wo das Wort lautet: Die Wirtschaft ist das Schicksal. Schon in wenigen Jahren wird die Welt erkennen, daß die Politik nicht das Letzte entscheidet.«[25] Noch einen Schritt weiter ging der deutsche Ökonom Wilhelm Röpke, einer der Väter der Sozialen Marktwirtschaft, der 1945 in seinem Schweizer Exil festgestellt hat: »Eine kriegerische Politik entspricht keineswegs den wirklichen Interessen des Kapitalismus, ja, sie läuft ihnen geradewegs zuwider. Ein auf Arbeitsteilung und Tausch beruhendes Wirtschaftssystem bedarf des Friedens, wenn es gedeihen soll. Das objektive, vernünftige Interesse aller am Tauschverkehr Beteiligten verlangt ihn. Im Zeitalter der Weltwirtschaft [...] hat der Krieg seinen letzten ökonomischen Sinn verloren.«[26]

Von der Theorie zur Praxis

Aber haben diese Ideen auch Anwendung gefunden, hat man versucht, sie umzusetzen? Zumindest eine Reihe von Politikern und Staatsmännern hat sich in den vergangenen zweihundert Jahren vom Optimismus der Aufklärung, dass eine Welt ohne Krieg möglich sei, anstecken lassen. Um sie und wie sie in bestimmten internationalen Krisensituationen reagiert haben, soll es auf den folgenden Seiten gehen.

Zunächst aber führt *Dieter Langewiesche* in das weite Themenfeld Liberale

---

24 Vgl. NORMAN ANGELL: The Great Illusion. A Study of the Relation of Military Power in Nations to their Economic and Social Advantage. 3. Aufl. London 1911. [Zuerst 1910] Vgl. auch zur Rezeption JÖRN LEONHARD: Die Büchse der Pandora. Geschichte des Ersten Weltkriegs. 5., durchgeseh. u. erw. Aufl. München 2014, S. 73f.
25 WALTHER RATHENAU: Rede auf der Tagung des Reichsverbandes der deutschen Industrie. Gehalten in München am 28. September 1921, in: DERS.: Gesammelte Reden. Berlin 1924, S. 241–264, hier: S. 264.
26 WILHELM RÖPKE: Internationale Ordnung. Erlenbach – Zürich 1945, S. 98.

und Krieg ein. Er weist darauf hin, dass selbst Kant und nach ihm viele liberale Politiker Kriege als etwas Natürliches angesehen haben. Mehr noch: In der Regel waren militärische Konflikte im 19. und frühen 20. Jahrhundert auf die eine oder andere Weise das entscheidende Vehikel, um die beiden Hauptziele der Liberalen zu realisieren: die Etablierung eines Nationalstaats und die Schaffung eines liberalen Verfassungsstaats. Insofern akzeptierten sie den Krieg und sein Pendant im Inneren, die Revolution, als ein notwendiges Übel, waren jedoch zugleich auf eine Einhegung beider Phänomene bedacht. Aber auch darüber hinaus betrachteten Liberale Kriege als legitim, vor allem im Zusammenhang mit der Kolonisierung der außereuropäischen Welt.

In seinen Ausführungen über die Bedeutung des Kriegs für das Denken von Thomas Jefferson weist *Jasper M. Trautsch* nach, dass der amerikanische Präsident – fußend auf den Ideen der Aufklärung – Demokratien grundsätzlich für friedliebend, Monarchien hingegen für außenpolitisch aggressiv hielt. Aus dieser Einsicht resultierte ein auf den ersten Blick höchst widersprüchlicher Kurs. Einerseits war Jefferson um den Erhalt des Friedens bemüht und reduzierte in den ersten Jahren seiner Präsidentschaft die Aufwendungen für Armee und Marine. Andererseits verfolgte er das Ziel, die verbliebenen europäischen Mächte aus Nordamerika zu verdrängen, und betrieb eine sehr robuste Außenhandelspolitik. Fast unvermeidlich trugen diese Ambitionen ihm und seinen Nachfolgern Konflikte ein. Mehrere Kriegsdrohungen, kleinere militärische Auseinandersetzungen und die gewaltsame Vertreibung der Ureinwohner gehören zur Bilanz seiner Regierungszeit. Doch letzten Endes sollten diese Maßnahmen dazu beitragen, Jeffersons Vision zu verwirklichen: In der Beherrschung der gesamten nordamerikanischen Landmasse, wenn nicht sogar des kompletten Kontinents, sah der Präsident die Voraussetzung für eine agrarisch geprägte, freiheitliche und friedliche Nation, die keine kriegslüsternen Nachbarn zu fürchten hatte.

Der große britische Liberale William Ewart Gladstone, der im letzten Drittel des 19. Jahrhunderts mehrfach das Amt des Premierministers bekleidet hat, verkörperte den Typus des friedliebenden, fortschrittsgläubigen Staatsmanns vielleicht in seiner reinsten Form. »Gladstone really believed in Cobden's theory that men were growing too civilised for war«, notierte der 15. Earl of Derby, ein ehemaliger konservativer Außenminister, am 19. Juli 1870, kurz nach Ausbruch des deutsch-französischen Kriegs, in sein Tagebuch und fügte süffisant hinzu: »Hence the event found them [Gladstone und sein Kabinett] astonished and perplexed ...«[27]. Dennoch sollte Gladstone zwölf Jahre später in Ägypten intervenieren. *Wolfgang Egner* verdeutlicht in seinem Aufsatz über Gladstone

---

27 EDWARD HENRY STANLEY: Tagebucheintrag, 19. Juli 1870, in: Selection from the Diaries of Edward Henry Stanley, 15th Earl of Derby, September 1869 – March 1878. Hrsg. von John Vincent. London 1994, S. 66.

und die britische Okkupation Ägyptens, dass diese Maßnahme nicht in direktem Widerspruch zu Gladstones allgemeinen Überzeugungen stand. Denn der evangelikale Christ hegte einerseits tief sitzende Vorbehalte gegen den Islam und verabscheute die Herrschaftsmethoden der muslimischen Machthaber als barbarisch und unzivilisiert. Andererseits sah und empfand Gladstone in Übereinstimmung mit dem britischen Selbstverständnis seiner Zeit das Vereinigte Königreich als Hort des Fortschritts schlechthin. Angesichts des enormen zivilisatorischen Gefälles erschien ihm das britische Eingreifen in Ägypten daher vertretbar. Hatte sich nicht auch John Stuart Mill für derartige Missionen in unzivilisierten Staaten ausgesprochen?[28] Ausschlaggebend für die Intervention in Ägypten aber war schließlich ein arabischer Aufstand, der das Land am Nil politisch zu destabilisieren und die europäischen Investitionen zu gefährden drohte – nicht zuletzt auch diejenigen Gladstones, der einen Gutteil seines privaten Vermögens in Ägypten angelegt hatte. Das eigenmächtige Agieren der britischen Soldaten vor Ort, die in Anbetracht der Unruhen entschlossen handelten, kam als weiteres, kriegsbegünstigendes Moment hinzu.

Einige Jahre später profilierte sich der aufstrebende britische Politiker David Lloyd George als Liberaler in der Tradition William Gladstones. Vor allem den Krieg, den das Vereinigte Königreich um die Wende zum 20. Jahrhundert gegen die Buren in Südafrika führte, verurteilte der liberale Unterhausabgeordnete mit scharfen Worten und aus grundsätzlichen Erwägungen. Doch Lloyd George war, wie *Andreas Rose* in seinem Beitrag über die britische Entscheidung für den Eintritt in den Ersten Weltkrieg vor Augen führt, ein »moderner Vollblutpolitiker«. Wenn es darauf ankam, ordnete er die hochfliegenden Ideale den Interessen seiner Partei oder auch seinem persönlichen Fortkommen unter. Entsprechend handelte der Schatzkanzler Lloyd George in der Julikrise von 1914. Obwohl die Kriegsgegner im Kabinett des liberalen Premierministers Herbert H. Asquith in Lloyd George ihren Anführer erblickten, zögerte der versierte Taktierer eine eindeutige Festlegung so lange hinaus, bis der Einmarsch deutscher Truppen in Belgien ihm ein willkommenes Argument lieferte, dem Kriegseintritt zuzustimmen; und letztlich trug die liberale Partei – von einigen radikalen Pazifisten abgesehen – diesen Schritt mit.

Tiefer verwurzelte Überzeugungen besaß der amerikanische Präsident Woodrow Wilson. Der strenggläubige Calvinist betrachtete den Krieg als eine unmoralische, sündige Angelegenheit und auch er glaubte mit Kant, dass demokratische Staaten an sich friedliebend seien. Angesichts des Ausbruchs des Ersten Weltkriegs begann er, die Idee eines Friedensbunds zu entwickeln.

---

28 Vgl. JOHN STUART MILL: A Few Words on Non-Intervention, in: DERS.: Essays on Equality, Law, and Education. Collected Works, Bd. 21. Hrsg. von John M. Robson und mit einer Einführung von Stefan Collini. Toronto – Buffalo – London 1984, S. 109–124. [Zuerst 1848]

Manfred Berg bezeichnet deshalb in seinem Aufsatz über Wilson und den Eintritt der USA in den Ersten Weltkrieg dessen Entscheidung für ein amerikanisches Eingreifen in den europäischen Konflikt als »Ironie des Schicksals«. Noch im Januar 1917 stellte Wilson vor dem US-Senat seine Idee für eine Weltfriedensordnung vor, die auf freiem Handel und allgemeiner Abrüstung beruhen und großen wie kleinen Nationen gleiche Rechte einräumen sollte. Als die deutsche Reichsleitung am 1. Februar 1917 den uneingeschränkten U-Bootkrieg erklärte und bald danach mehrere amerikanische Schiffe versenkt wurden, war der Kriegseintritt jedoch unumgänglich. In seiner Begründung beließ es Wilson allerdings nicht dabei, auf die deutsche Aggression hinzuweisen. Wie der demokratische Präsident in seiner Rede vor dem Kongress am 2. April 1917 ausführte, sollten durch den Waffengang weitreichende Ziele verwirklicht werden, unter anderem nichts Geringeres als »the ultimate peace of the world and [...] the liberation of its people«[29].

Auch John F. Kennedy war ein Mann hehrer außenpolitischer Ambitionen, und viele Zeitgenossen betrachteten den jungen Demokraten als Heilsbringer, der eine neue Ära des Friedens und der Liberalität einleiten würde. Tatsächlich formulierte Kennedy, als er am 20. Januar 1961 zum 35. Präsidenten der Vereinigten Staaten vereidigt wurde, mit Blick auf den Ost-West-Konflikt eine verheißungsvolle Vision: »And if a beachhead of cooperation may push back the jungle of suspicion, let both sides join in creating a new endeavor, not a new balance of power, but a new world of law, where the strong are just and the weak secure and the peace preserved«[30]. *Peter Busch* zeigt in seinem Kapitel über John F. Kennedy und den Vietnamkrieg jedoch, wie der Präsident sich immer stärker in Südostasien engagierte. In Kennedys kurzer Amtszeit stieg die Zahl der US-Militärberater, die im südlichen Teil Vietnams eingesetzt waren, von 800 auf 16.000 an, gleichermaßen wurden die Waffenlieferungen massiv ausgeweitet. Diese Politik basierte auf der Einschätzung, dass die Auseinandersetzung um Vietnam im Kalten Krieg einen hohen symbolischen Wert habe, weshalb Kennedy es für notwendig hielt, in diesem Konflikt seine Entschlossenheit zu demonstrieren.

Auf intellektuellen Pfaden, die sich grundsätzlich von den bisher geschilderten unterscheiden, entwickelte sich das Denken des Grünen-Politikers Joschka Fischer. Wie bei vielen Mitgliedern der Achtundsechziger-Bewegung war die Zeit des Nationalsozialismus *ein*, wenn nicht *der* entscheidende Be-

---

29 WOODROW WILSON: An Address to a Joint Session of Congress, 2. April 1917, in: ARTHUR S. LINK (Hrsg.): The Papers of Woodrow Wilson, 69 Bde., Bd. 41. Princeton 1983, S. 519–527, hier: S. 525.
30 JOHN F. KENNEDY: Inaugural Address, 20. Januar 1961, in: GERHARD PETERS / JOHN T. WOOLLEY (Hrsg.): The American Presidency Project, verfügbar unter: http://www.presidency.ucsb.edu/ws/index.php?pid=8032 [12. Oktober 2017].

zugspunkt seiner Überlegungen. Auch wenn Fischer nach einer frühen Karriere als Straßenkämpfer nicht eigentlich als Pazifist bezeichnet werden kann, so hatte er doch aus der Geschichte des »Dritten Reichs« die Lehre »Nie wieder Krieg!« (zumindest was Deutschland betraf) gezogen. Sie stand neben dem anderen Grundsatz »Nie wieder Auschwitz!« Wie *Hans Kundnani* in seinem Beitrag über Joschka Fischer und die deutsche Beteiligung am Krieg gegen Serbien erläutert, gerieten diese beiden Prinzipien infolge der Massenmorde während der Jugoslawienkriege der 1990er Jahre und insbesondere nach dem Massaker an etwa 7.000 Bosniern in Srebrenica 1995 in Konflikt miteinander. Srebrenica war, kurz gesagt, Fischers Damaskuserlebnis, der nun zu einem Befürworter von humanitären Interventionen wurde. Als Außenminister der rot-grünen Bundesregierung war Fischer 1999 maßgeblich mitverantwortlich für den ersten Kampfeinsatz deutscher Truppen nach 1945 im Ausland. Um massive Menschenrechtsverletzungen im Kosovo zu verhindern, beteiligte sich die Bundeswehr am Luftkrieg der NATO gegen Serbien.

Ebenfalls ein erklärter Verfechter humanitärer Interventionen war der britische Premierminister Tony Blair. Zu Beginn seiner Amtszeit versprach der Labour-Politiker, seine Außenpolitik werde eine ethische Ausrichtung enthalten, und sein Außenminister Robin Cook verkündete sogar, die Menschenrechte in das Zentrum seiner Arbeit stellen zu wollen. 1999, nach den erfolgreichen Luftschlägen der NATO gegen Serbien, präsentierte Blair der Weltöffentlichkeit einen Kriterienkatalog für gerechte Kriege. Als Reaktion auf die Anschläge vom 11. September 2001 entschloss sich der britische Regierungschef, die Amerikaner bei ihrem Kampf gegen den Terrorismus zu unterstützen – und das nicht nur in Afghanistan, sondern auch bei dem sehr viel umstritteneren Feldzug gegen den irakischen Diktator Saddam Hussein. *Victoria Honeyman* erklärt in ihren Ausführungen über Blair und den Irakkrieg dessen Nibelungentreue gegenüber den USA mit der Neigung des Labour-Vorsitzenden, in Schwarz-Weiß-Schablonen zu denken, und mit dessem ausgeprägten Selbstvertrauen. Blair war stets zutiefst davon überzeugt, das Richtige zu tun. Die moralische Dimension, die er für seine Außenpolitik anfangs beansprucht hatte, rückte hingegen im Laufe seiner Regierungszeit mehr und mehr in den Hintergrund, sofern sie nicht ohnehin Teil einer politischen Vermarktungsstrategie gewesen war.

Barack Obama erweckte während seines Präsidentschaftswahlkampfs 2008 sowie in den ersten Monaten seiner Amtszeit den Eindruck, er sei ein linksliberaler Friedenspolitiker, und die frühzeitige Auszeichnung mit dem Friedensnobelpreis 2009 verstärkte diese Wahrnehmung noch. *Thomas Freiberger* porträtiert in seinem Aufsatz über Obama und den Drohnenkrieg den 44. Präsidenten der USA hingegen als liberalen christlichen Realisten. Beeinflusst von dem protestantischen Theologen Reinhold Niebuhr betrachtete Obama die Geschichte als ewigen Kampf zwischen Gut und Böse. Auf den Einsatz von

Waffengewalt völlig zu verzichten, kam für ihn angesichts der Herausforderung durch Diktatoren und Terroristen daher nie in Frage. Den Irakkrieg lehnte Obama nur ab, weil er ihn für überflüssig und für eine Verschwendung amerikanischer Ressourcen hielt. Stattdessen konzentrierte er sich während seiner Präsidentschaft auf den Kampf gegen den Terrorismus, steigerte in diesem Zusammenhang die Zahl der Drohnenangriffe im Vergleich zu seinem Vorgänger um ein Vielfaches und baute die amerikanischen Fähigkeiten auf dem Gebiet der Spionage und der Netzwerkkriege aus.

Einordnungen und Fragen

Bei dieser *tour d'horizon* sind einige Unterschiede zu Tage getreten. Manche Protagonisten dieses Bandes hingen vergleichsweise fest ihren progressiven Überzeugungen an wie William Gladstone oder Woodrow Wilson, für andere, etwa für David Lloyd George oder Tony Blair, besaßen ihre grundsätzlichen Einsichten einen weniger verbindlichen Charakter. Auch die Gründe für die Kriegserklärungen divergierten. Gladstone verfolgte in Ägypten das nüchterne Kalkül, europäisches Recht und Ordnung wiederherzustellen, für Joschka Fischer war die humanitäre Intervention zugunsten des Kosovo hingegen eine hochmoralische Angelegenheit. Wilson sah sich im April 1917 aufgrund der deutschen Aggressionen dazu gezwungen, in den Ersten Weltkrieg einzutreten, während sich Lloyd George zweieinhalb Jahre zuvor stark von machttaktischen Erwägungen hatte leiten lassen.

Allen Eigenheiten zum Trotz sind die vorgestellten Politiker und Staatsmänner als liberale beziehungsweise linksliberale Interventionisten etikettiert worden. Das geschah auf der Grundlage, dass die hier behandelten politischen Akteure eine gemeinsame Idee verbindet. Lässt man einmal die innen-, wirtschafts- und sozialpolitische Perspektive beiseite und konzentriert sich auf die außenpolitischen Spielarten liberalen Gedankenguts, so lassen sich drei mögliche Positionen identifizieren: erstens eine Politik des *laissez-faire*, zweitens eine Richtung, die mit dem traditionellen machtpolitischen Instrumentarium einen interessengeleiteten Kurs verfolgt, und drittens eine idealistische Strömung, deren Vertreter auf eine grundlegende Neugestaltung der internationalen Beziehungen abzielen.[31] Die in diesem Band versammelten Persönlichkeiten gehören – mal mehr, mal weniger – sämtlich der letzten Kategorie von Politikern

---

31 Vgl. dazu grundlegend LOTHAR GALL: Liberalismus und Auswärtige Politik. In: KLAUS HILDEBRAND / REINER POMMERIN (Hrsg.): Deutsche Frage und europäisches Gleichgewicht. Köln – Wien 1985, S. 31–46.

an, die für ihr Handeln einen grundsätzlichen, ja letztlich universalen Anspruch erheben.

Dass einem Vertreter der Labour Party[32] und sogar einem Grünen-Politiker[33] das Label des Liberalismus beziehungsweise Linksliberalismus angeheftet werden kann, hängt auch mit der starken Diversifizierung zusammen, die diese politische Richtung in der Forschung der vergangenen Jahre erfahren hat. Je nach nationalem und zeitlichem Kontext konnten und können Inhalte, Ziele und Trägergruppen stark variieren. Der Liberalismus, der nach dieser Analyse übrig bleibt, ist ein äußerst schillerndes und vielgestaltiges Phänomen, vergleichbar einem weit verzweigten Gebäude, das im Laufe der Jahrhunderte noch unzählige weitere An- und Umbauten über sich ergehen lassen musste.[34] Zusätzlich begünstigt werden diese Einordnungen durch die »Entkonturierung«[35] des Libe-

---

32 Im Inneren hielt Tony Blair im Großen und Ganzen an dem marktwirtschaftlichen Liberalismus seiner Vorvorgängerin im Amt Margaret Thatcher fest, ergänzte ihn allerdings um sozialpolitische Maßnahmen und ummantelte seine Außenpolitik mit einer Rhetorik der Menschenrechte. Roy Jenkins hat ihn deshalb frühzeitig in die Ahnenreihe der großen britischen Liberalen am Ende des 19. und Anfang des 20. Jahrhunderts aufgenommen. Vgl. DOMINIK GEPPERT: Konservative Revolutionen? Thatcher, Reagan und das Feindbild des *Consensus Liberalism*, in: ANSELM DOERING-MANTEUFFEL / JÖRN LEONHARD (Hrsg.): Liberalismus im 20. Jahrhundert. Stuttgart 2015, S. 271–289, hier: S. 288; sowie ROY JENKINS: The British Liberal Tradition. From Gladstone to Young Churchill, Asquith, and Lloyd George – Is Blair Their Heir? Toronto – Buffalo – London 2001.
33 Das klassische liberale Thema der Menschenrechte, das die Grünen in den 1980er Jahren für sich entdeckt haben, stellte einen der wichtigsten intellektuellen Bezugspunkte dar, über die Mitglieder dieser Partei sich dem Linksliberalismus annäherten. Da die Menschenrechte für Joschka Fischer bei seinem Eintreten für eine humanitäre Intervention im Kosovo eine zentrale Rolle spielten, erscheint auch seine Aufnahme in das Politikertableau dieses Bandes gerechtfertigt. Vgl. allgemein zu liberalen Anknüpfungspunkten der Grünen FRANK BÖSCH: Krisenkinder. Neoliberale, die Grünen und der Wandel des Politischen in den 1970er und 1980er Jahren, in: DERS. / THOMAS HERTFELDER / GABRIELE METZLER (Hrsg.): Grenzen des Neoliberalismus. Der Wandel des Liberalismus im späten 20. Jahrhundert. Stuttgart 2018, S. 39–60, hier: S. 46–50; sowie zu ihrem Menschenrechtsengagement JAN ECKEL: Die Ambivalenz des Guten. Menschenrechte in der internationalen Politik seit den 1940ern. 2. Aufl. Göttingen 2015, S. 577, 579, 686. In ihrer Gründungsphase war der Liberalismus allerdings mitnichten ein programmatischer Schwerpunkt der Grünen. Vgl. SILKE MENDE: »Nicht rechts, nicht links, sondern vorn«. Eine Geschichte der Gründungsgrünen. München 2011.
34 Vgl. dazu maßgeblich JÖRN LEONHARD: Liberalismus. Zur historischen Semantik eines europäischen Deutungsmusters. München 2001. Eine verbindliche Definition des Linksliberalismus liegt aufgrund eines Mangels an Forschungen zu diesem Thema noch nicht vor. Eine vor kurzem erschienene Studie räumt unumwunden ein, »dass eine empirisch gesättigte, linksliberale Ideen und Praktiken gleichermaßen in den Blick nehmende Untersuchung noch aussteht«. FRANK BÖSCH / THOMAS HERTFELDER / GABRIELE METZLER: Grenzen des Neoliberalismus. Der Wandel des Liberalismus im späten 20. Jahrhundert, in: DIES. (Hrsg.), Grenzen des Neoliberalismus (wie Anm. 33), S. 13–36, hier: S. 32f.
35 ANSELM DOERING-MANTEUFFEL / JÖRN LEONHARD (Hrsg.): Liberalismus im 20. Jahrhundert – Aufriss einer historischen Phänomenologie, in: DIES. (Hrsg.), Liberalismus (wie Anm. 32), S. 13–32, hier: S. 31. Vgl. auch ebd., S. 31f.

ralismus, die seit seinem historischen »Sieg« im Kalten Krieg zu beobachten ist. Nach dem Zusammenbruch des Kommunismus 1989/90 wurde er zumindest in der westlichen Welt zu einer Art politischem Allgemeingut, auf das sich viele berufen. Folglich büßte er auch an Trennschärfe und Profil ein.

Der Triumph von 1989/90 brachte aber nicht nur eine Verwischung der Konturen des Liberalismus mit sich, er läutete auch eine rund fünfundzwanzig Jahre dauernde »Ära der Werte«[36] in der internationalen Politik ein. Die Verteidigung von Menschenrechten und die Verbreitung von Demokratie wurden in westlichen Staaten zu entscheidenden Argumenten, um militärische Interventionen zu rechtfertigen, insbesondere gegenüber dem eigenen Wahlvolk. Das vieldiskutierte Konzept der *Responsibility to Protect*, das den Waffengang aus humanitären Gründen in den Rang einer moralischen Pflicht erhebt, stieg zu einer wirkmächtigen Denkfigur auf. So ist es auch kein Zufall, dass drei der insgesamt acht in diesem Buch betrachteten Interventionen in diese Zeit fallen: Joschka Fischers Engagement für den Kosovokrieg, Tony Blairs Entscheidung für den Feldzug im Irak und Barack Obamas forcierte Fortsetzung des Drohnenkriegs. Doch lässt sich noch eine zweite Hochphase liberaler Interventionen ausmachen. Sie umfasst in etwa das letzte Drittel des sogenannten langen 19. Jahrhunderts, das interessanter- oder paradoxerweise auch als Epoche des Hochimperialismus gilt. 1882 griff William Gladstone mit militärischen Mitteln in Ägypten ein, sein politischer »Enkel« David Lloyd George war im August 1914 entscheidend daran beteiligt, das Vereinigte Königreich in den Ersten Weltkrieg zu führen, und 1917 schalteten sich die USA unter Präsident Woodrow Wilson in den europäischen Konflikt ein. Hier können diese Häufungen nur benannt werden. Welche politischen, sozialen oder kulturellen Faktoren es waren, die eine idealistisch motivierte Außenpolitik begünstigten oder sogar herbeiführten, ist Aufgabe weiterer Forschungen.[37]

Gleichwohl sollen am Ende dieses Beitrags einige Beobachtungen zu diesem Komplex stehen. Betrachtet man das Tableau der Philosophen, Gelehrten, Intellektuellen und Politiker, das bis hierin entfaltet wurde, so verblüfft die Vielfalt der sozialen, wirtschaftlichen und religiösen Hintergründe. Bürgerliche Gelehrte wie John Locke oder Immanuel Kant stehen neben einem Aristokraten wie Baron

---

36 Eric Gujer: Die neue Weltordnung. Zürich 2018, S. 9. Vgl. zum folgenden ebd., S. 9–15.
37 Auch die diversen Publikationen, die in jüngster Zeit das Phänomen der humanitären Intervention in den Blick genommen haben, haben diese »inneren« Faktoren noch nicht vollständig ausgeleuchtet. Vgl. Gary J. Bass: Freedom's Battle. The Origins of Humanitarian Intervention. New York 2008; Davide Rodgno: Against Massacre. Humanitarian Interventions in the Ottoman Empire, 1815–1914. Princeton – Oxford 2012; Brendan Simms / David J. B. Trim (Hrsg.): Humanitarian Intervention. A History. Cambridge 2011; Fabian Klose (Hrsg.): The Emergence of Humanitarian Intervention. Ideas and Practice from the Nineteenth Century to the Present. Cambridge 2016.

Montesquieu. Die gesellschaftliche Spannbreite zwischen dem Sklaven haltenden Plantagenbesitzer Thomas Jefferson und dem einstigen revolutionären Aktivisten Joschka Fischer, der in einem kleinbürgerlichen Milieu aufgewachsen ist, könnte größer kaum ausfallen. Auch die ökonomischen Unterschiede waren zum Teil enorm. Richard Cobden stammte aus ärmlichen, David Lloyd George aus bescheidenen Verhältnissen, ganz im Gegensatz zu William E. Gladstone und John F. Kennedy, die sich von Hause aus auf kapitale Vermögen stützen konnten. Die Aktivisten der französischen Revolution mit ihrem antiklerikalen Impuls, aber auch der Liberale Benjamin Constant vertraten in religiösen Fragen vollkommen andere Ansichten als der Evangelikale Gladstone, der Presbyterianer Woodrow Wilson und der ebenfalls gläubige Tony Blair.

»Wenn es je eine weltweit verbreitungstaugliche und geradezu ansteckende politische Idee gegeben hat, dann sollte es eigentlich der Liberalismus sein«[38] – die angeführten Protagonisten mit ihren höchst unterschiedlichen Profilen bestätigen diese These Jürgen Osterhammels auf eindrucksvolle Weise.

Etwas anders sieht es bei einem Blick auf den nationalen Kontext aus. Die erwähnten Vordenker bilden noch eine bunte Schar, bestehend aus den Engländern John Locke und John Stuart Mill, dem Schotten Adam Smith, dem Franzosen Montesquieu, den Deutschen Herder und Kant, dem Schweizer Benjamin Constant und den Amerikanern Francis Fukuyama und Michael Doyle. Die Hauptfiguren dieses Bandes sind dagegen (von Joschka Fischer einmal abgesehen) sämtlich Angelsachsen. Damit soll nicht behauptet werden, dass es in den anderen Nationen keine Politiker mit entschiedenen Friedensabsichten gegeben hat, aber sie führten, wenn sie in die absoluten Spitzenpositionen gelangt waren, eben keine Kriege. Auch bezüglich dieses auffälligen angelsächsischen Übergewichts besteht also Klärungsbedarf, zumal den Amerikanern und vor allem den Briten gemeinhin ein besonderer Pragmatismus in der Politik – aber nicht nur dort – nachgesagt wird.[39] Oder ist vielleicht gerade der Umstand, dass Jefferson, Gladstone und die anderen sich mehr oder weniger entgegen ihren grundsätzlichen Überzeugungen doch zur Kriegführung entschlossen, letztlich der verkappte Ausdruck einer tief verwurzelten angelsächsischen Abneigung gegen allzu abstrakte Ideen?

---

38 Jürgen Osterhammel: Liberalismus als kulturelle Revolution. Die widersprüchliche Weltwirkung einer europäischen Idee. Hrsg. von der Stiftung Bundespräsident-Theodor-Heuss-Haus. Stuttgart 2004, S. 13.
39 Vgl. dazu etwa John Burnside: I don't believe it, in: *Frankfurter Allgemeine Zeitung*, 20. Juni 2016.

Dieter Langewiesche

Liberale und Krieg – Einige einführende Überlegungen

Liberale Überzeugungen verpflichten nicht zum Pazifismus. Das lässt sich bereits an Immanuel Kant, dem großen Denker des Ewigen Friedens und des Liberalismus, beobachten. Den Angriffskrieg verdammte er entschieden, den Verteidigungskrieg nicht. Krieg war ihm das Größte aller Übel, der »Zerstörer alles Guten«, doch er nannte ihn auch »ein unentbehrliches Mittel«, das menschliche Geschlecht kulturell »weiter zu bringen; und nur nach einer (Gott weiß wann) vollendeten Cultur würde ein immerwährender Friede für uns heilsam und auch durch jene allein möglich sein«.[1] Geschichte entwarf Kant als ein Lernfeld voller Fehlschritte auf dem Fortschrittsweg der Menschheit, dessen Ende nicht abzusehen sei. Auch wenn die Menschen falsch handeln, etwa durch Krieg oder Gewalt anderer Art, diene dies dazu, sich an die »ewige Norm« anzunähern: eine nach den »Freiheitsgesetzen« der Republik organisierte »bürgerliche Gesellschaft«, die im Zusammenspiel mit anderen eine friedliche Weltgesellschaft ermöglichen werde. Dieser Weg zur »weltbürgerlichen Gesellschaft«, aufgefächert in Staaten, die im Innern und untereinander auf Gewalt verzichten, sah Kant der Menschheit *a priori* vorgegeben. Doch die Menschen, die auf diesem Weg unterwegs sind, bleiben darauf angewiesen, aus historischen Irrwegen zu lernen. Da Menschen nun einmal aus »krummem Holze« sind, aus denen »nichts ganz Gerades gezimmert werden« könne, ist ein Ende dieses Weges nicht abzusehen – »Gott weiß wann«. Kants Friedensphilosophie gründet auf einer Anthropologie, in welcher »der Krieg aber selbst [...] keines beson-

---

1 IMMANUEL KANT: Der Streit der Fakultäten, in: KÖNIGLICH PREUSSISCHE AKADEMIE DER WISSENSCHAFTEN (Hrsg.): Kants gesammelte Schriften. Kant's Werke, Bd. 7. Berlin 1907, S. 1–116, hier: S. 91 [Zuerst 1798]; IMMANUEL KANT: Mutmaßlicher Anfang der Menschengeschichte, in: ebd., Bd. 8. Berlin 1912, S. 107–123, hier: S. 121 [Zuerst 1786]. Die Kant-Ausgabe ist Online zugänglich: https://korpora.zim.uni-duisburg-essen.de/kant/verzeichnisse-gesamt.html [9. Juni 2018]. Zu dieser Kant-Deutung vgl. auch OTFRIED HÖFFE (Hrsg.): Immanuel Kant. Schriften zur Geschichtsphilosophie. Berlin 2011; darin insbes. DERS.: Zum Ewigen Frieden, Erster Zusatz, S. 157–173; und DIETER LANGEWIESCHE: Über Geschichte a priori und die Machbarkeit von Geschichte als Fortschritt. Der Streit der Fakultäten, 2. Abschnitt, 7–10, S. 215–227.

deren Bewegungsgrundes« bedarf. Er »scheint auf die menschliche Natur gepfropft zu sein und sogar als etwas Edles [...] zu gelten«.² Auf dem langen Weg zum inneren und äußeren Frieden erkannte Kant in der Revolutionsgewalt im Staatsinnern (Bürgerkrieg) und im Krieg zwischen Staaten eine Art Notrecht, wenn anders Blockaden auf dem Weg zum Zukunftsziel nicht zu überwinden waren. Beide Formen von Gewalt, Revolution und Krieg, müssen jedoch eingedämmt werden. Hier setzte Kant auf Institutionalisierung in Gestalt der Republik, die er als Staatsform der Gewaltentrennung im Innern und der Kriegszähmung zwischen Staaten bestimmte.

Liberale im Europa des 19. Jahrhunderts stimmten mit der zwiespältigen Haltung Kants zum Krieg überein. Deshalb war es keine Besonderheit, wenn Carl von Rotteck im Staats-Lexikon, dem Grundbuch des südwestdeutschen Liberalismus in der ersten Hälfte des 19. Jahrhunderts, den Krieg als kulturelle Kraft würdigte:

> Die Erfüllung des Wunsches nach einem allgemeinen und ewigen Frieden ist jedoch kaum zu erwarten, und wenn sie ja Statt fände, so würde es wahrscheinlich auf Unkosten noch höherer Güter geschehen, als diejenigen sind, deren Verlust der Krieg uns aussetzt. Der Preis dafür oder das Mittel seiner Herstellung möchte nämlich die Errichtung eines Weltreiches [...] sein, folglich der Untergang aller Freiheit der Völker, wie der Einzelnen [...]. Schon dadurch, daß er solches äußerste Unheil verhütet, erscheint der Krieg als unermeßlich wohlthätig. Er setzt nämlich voraus und erhält die Selbständigkeit der einzelnen Nationen, und nährt in ihnen die Kraft und den Muth, die sie solcher Selbständigkeit werth macht. Und trotz aller Leiden und Schrecknisse, trotz aller Grausamkeiten, Rechtsverachtungen, Verwüstungen und Verwilderungen, die er nach sich zieht, ist gleichwohl der Krieg die Quelle manches Guten und Heilsamen. [...] Der Krieg ruft alle menschlichen Kräfte zur Thätigkeit auf, setzt alle Leidenschaften in Bewegung und eröffnet allen Tugenden wie allen Talenten die weiteste Sphäre der Ausübung. Ohne Krieg, d.h. eingewiegt in allzu langen Frieden, würden die Völker erlahmen, in Feigheit, Knechtssinn und schnöden Sinnengenuß versinken, so wie das stehende Wasser faul wird [...]. Jedenfalls ist der Kriegsmuth die unentbehrlichste Schutzwehr für Freiheit und Recht, und die Kriegskunst das Product wie das Bollwerk der Civilisation.³

Auch wer unter den Liberalen nicht der anthropologischen Überzeugung anhing, der Krieg gehöre zur menschlichen Natur, fand plausible Gründe, auf den Krieg als Instrument politischen Handelns nicht grundsätzlich zu verzichten. Im Kern beruhte diese Bereitschaft zum Krieg auf der empirischen Beobachtung, die

---

2 KANT, Streit (wie Anm. 1), S. 91f.; DERS.: Idee zu einer allgemeinen Geschichte in weltbürgerlicher Absicht, in: KÖNIGLICH PREUSSISCHE AKADEMIE DER WISSENSCHAFTEN (Hrsg.): Kants gesammelte Schriften. Kant's Werke, Bd. 8, S. 15–32, hier: S. 23 [Zuerst 1784]; IMMANUEL KANT: Zum Ewigen Frieden, in: ebd., S. 341–386, hier: S. 365 [Zuerst 1796].
3 CARL VON ROTTECK: Krieg, in: Staats-Lexikon oder Encyclopädie der Staatswissenschaften. Hrsg. v. CARL VON ROTTECK u. CARL WELCKER, Bd. 9. Altona 1840, S. 491–509, hier: S. 508f.

eigenen Ziele, von deren Fortschrittlichkeit man überzeugt war, würden sich anders nicht erreichen lassen. Dies gilt insbesondere für das Hauptziel, das Liberale anstrebten: den Nationalstaat als Verfassungsstaat. Liberale wollten den überkommenen Staat grundlegend reformieren. Sie hatten einen Verfassungsstaat vor Augen, in dem die staatsbürgerliche Mitwirkung am Staat ebenso gesichert sein sollte wie der Schutz vor dem Staat. Dieser Staat als Freiheitsgarant nach innen sollte stark genug sein, auch gegen Angriffe von außen zu schützen. Dazu bedürfe es eines Staats, der sich auf die Unterstützung der gesamten Bevölkerung verlassen kann. Das ermögliche nur der Nationalstaat, in dem sich alle als Nationsgenossen verbunden fühlen. Nur ein solcher Staat sei fähig, den imperialistischen Wettbewerb unter den mächtigen Staaten zunächst Europas und dann der gesamten Welt zu bestehen. Alle diese Ziele seien ohne Kriegsfähigkeit nicht zu erreichen. Diese Lehre entnahmen auch Liberale, die wie Immanuel Kant überzeugt waren, der republikanische Staat der Zukunft werde »nicht kriegssüchtig«[4] sein, der Geschichte.

Der Nationalstaat verwandelte die »Fürstensouveränität des alten Obrigkeitsstaates [...] in die Volkssouveränität des neuen Volksstaates«, so hatte Otto Hintze 1931 in einem bedeutenden, noch heute lesenswerten Aufsatz die Geschichte des Staats in Europa seit dem Mittelalter bis zur Französischen Revolution bilanziert. Doch im Gegensatz zu Kant war Hintze überzeugt, mit dem Nationalstaat, auch wenn er eine Republik ist, werde nicht die Kriegsgeschichte des Staats enden. Auch der Nationalstaat bleibe angewiesen auf den Krieg als »das große Schwungrad für den gesamten politischen Betrieb des modernen Staates«, entstanden in einer »Atmosphäre beständiger Rivalität«. Der Übergang vom Fürsten- zum Nationalstaat schwäche die Kriegsfähigkeit nicht, sondern stärke sie. »Alle Egoismen des modernen Staates erhalten durch das nationale Prinzip eine ideologische Rechtfertigung; sie erscheinen als ›sacro egoismo‹. Politik und Kriegführung [...] werden viel gewaltiger und furchtbarer.«[5] Otto Hintze hatte die Erfahrung des Ersten Weltkriegs vor Augen. Die spätere internationale Forschung hat seine Sicht auf den Staat als Machtmaschine bestätigt.[6]

Liberale haben sich als Verfechter des nationalen Verfassungsstaats politisch profiliert, und sie haben ihn in ihren Staatstheorien begründet. Es kann deshalb

---

4 Kant, Streit (wie Anm. 1), S. 88.
5 Otto Hintze: Wesen und Wandlung des modernen Staats, in: Otto Hintze: Staat und Verfassung. Gesammelte Abhandlungen zur allgemeinen Verfassungsgeschichte. Hrsg. v. Gerhard Oestreich. 3. Aufl. Göttingen 1962, S. 470–496, hier: S. 486f., 480. [Zuerst 1931]
6 Vgl. etwa Wolfgang Reinhard: Geschichte der Staatsgewalt. Eine vergleichende Verfassungsgeschichte Europas von den Anfängen bis zur Gegenwart. München 1999; Charles Tilly: War Making and State Making as Organized Crime, in: Peter Evans / Dietrich Rueschemeyer / Theda Skocpol (Hrsg.): Bringing the State Back. Cambridge 1985, S. 169–187; sowie in weltgeschichtlicher Perspektive Azar Gat: War in Human Civilization. Oxford 2006.

nicht verwundern, dass sie auch die Kriegsgeschichte auf dem Wege zu diesem Staat als notwendig akzeptiert haben, selbst wenn sie hofften, dass liberale Nationalstaaten friedliche Wege finden würden, die Konkurrenz untereinander auszutragen. Für diese Hoffnung bot das 19. Jahrhundert durchaus Anlass. Bevor dies erörtert und nach der Rolle der Liberalen dabei gefragt wird, gilt es zunächst die beiden Grundregeln zu betrachten, die Reformer aller Richtungen, die auf den starken Nationalstaat setzten, aus der Geschichte ableiteten: kein Nationalstaat ohne Krieg und keine erfolgreiche Revolution zur Veränderung von Staat und Gesellschaft ohne Krieg.[7]

(Fast) Kein Nationalstaat ohne Krieg

Liberale gehörten in allen europäischen Staaten zu denen, die den Nationalstaat verlangten. Er stand an der Spitze ihres politischen Forderungskatalogs. In Deutschland war der Liberalismus bis zur Gründung des Nationalstaats 1871 mehr als eine bloße Partei. Liberale Ideen durchdrangen vielmehr die Nationalbewegung, die sich in einer Vielfalt von Organisationen formiert hatte. Liberale formulierten ihre Ziele und stellten ihre wichtigsten Sprecher in der Öffentlichkeit. Im Nationalstaat bündelten sich ihre Zukunftserwartungen. Er sollte die liberalen Freiheitsvorstellungen im Staat und ihre Forderungen nach Teilhabe am Staat verwirklichen. Nach außen sollte er als Repräsentant der Nation auftreten, ihr eine geachtete Position in der Machtkonkurrenz unter den Staaten sichern. Der liberale Nationalstaat war als Machtstaat konzipiert. Deshalb zögerten die Liberalen ganz überwiegend nicht, sich am imperialistischen Wettbewerb zwischen den Staaten zu beteiligen.

Doch nicht nur die Expansion zum Empire forderte die Bereitschaft zum Krieg. Es gehörte zur historischen Erfahrung, dass kaum ein Nationalstaat ohne Krieg erzwungen werden konnte. Alle Nationalstaaten, die im 19. Jahrhundert durch Integration bestehender Staaten oder durch Sezession entstanden, waren Kriegsgeschöpfe. Es begann mit Belgien und Griechenland, setzte sich fort mit der Schweiz, Italien und Deutschland und schließlich mit den Balkanstaaten, die bis zum Ersten Weltkrieg aus den europäischen Besitzungen des Osmanischen Reichs hervorgingen. Alle diese Staatsgründungen entstanden im Krieg. Ob sie auch ohne Krieg möglich gewesen wären, können wir nicht wissen. Doch es ist unwahrscheinlich. Die einzige Ausnahme war die friedliche Sezession Norwegens von Schweden 1905.

---

7 Vgl. zum folgenden DIETER LANGEWIESCHE: Der gewaltsame Lehrer. Europas Kriege in der Moderne. München 2019. Auf weitere Literaturhinweise wird hier mit Verweis auf dieses Buch verzichtet. Es werden nur Zitate nachgewiesen.

Die größte Welle an Staatsgründungen löste das Ende des Ersten Weltkriegs aus. Wer verlor, war vom Untergang bedroht, da die Sieger das neue Europa als ein Europa der Nationalstaaten entwarfen. Das habsburgische und das osmanische Imperium gingen unter, das deutsche Kolonialreich ebenfalls. Österreich und Ungarn, die Kernstaaten des habsburgischen Imperiums, schrumpften zu Kleinstaaten, Deutschland verlor nicht nur seine Kolonien, sondern auch einen Teil seiner nationalstaatlichen Gebiete. Nur die Türkei wehrte sich militärisch gegen das Friedensdiktat der alliierten Sieger, das den Nachfolgerstaat des Osmanischen Reichs zwingen wollte, auch große Gebiete Anatoliens aufzugeben. Der heutige türkische Nationalstaat ging aus den Nachkriegskriegen vor allem gegen Italien und Griechenland hervor. Erst die (weitgehend) friedliche Selbstauflösung des Sowjetimperiums – weltgeschichtlich einzigartig – unterbrach die geschichtliche Regel: Staaten gehen aus Kriegen hervor. Die Entstehung der modernen Nationalstaaten bestätigte diese Regel.

Es kann deshalb nicht verwundern, dass die Liberalen, die sich mit dem Nationalstaat identifizierten und ihn als ihr Werk sahen, den Krieg als Handlungsinstrument in der internationalen Politik nicht verwarfen. Das bedeutet keineswegs, dass Liberale generell auf eine Kriegspolitik gesetzt hätten. Wo sie zum Krieg bereit waren und wo nicht, wie sie ihre Haltung begründeten, lässt sich nur in Fallstudien klären, wie sie in diesem Buch vorgelegt werden. Als Ausgangspunkt ist jedoch festzuhalten: Der Nationalstaat – ein zentrales Ziel liberaler Politik – ist fast überall in Kriegen geschaffen worden. Diese historische Erfahrung ist in die politische Überzeugung des Liberalismus eingegangen. Man musste darüber nicht eigens sprechen oder es in Parteiprogrammen festhalten.

Keine erfolgreiche Revolution ohne Krieg

Liberale waren keine politischen Revolutionäre. Doch sie lehnten Revolution als letztes Mittel, Reformen zu erzwingen, nicht ab. Sie sollte jedoch so schnell wie möglich beendet und die Reformpolitik in die staatlichen Institutionen verlagert werden. Deshalb zielte liberale Revolutionspolitik darauf, rasch die Regierung zu übernehmen oder an ihr beteiligt zu werden und ein Parlament wählen zu lassen, das eine Verfassung verabschiedet. Die liberale Ideal-Revolution war eine Verfassungsrevolution. Mit ihr sollte der gewaltsamen Revolution der Straße vorgebeugt und der parlamentarisch legitimierte Reformweg ohne Gewalt geöffnet werden.

Auch dieser politischen Grundhaltung im Liberalismus lag historische Erfahrung zugrunde. Man hatte vor allem die Französische Revolution von 1789 und ihren Verlauf vor Augen. Pointiert gesagt: Liberale wollten die Revolution beenden, bevor sie sich nach dem Muster des französischen Modells radikalisierte. Zu dieser Radikalisierung gehörten Revolutionsgewalt im Innern und Revolutionskrieg nach außen, sei es als Verteidigungs- oder als Angriffskrieg. Wo Revolutionen auf Staatsbildung zielten – mithin bei allen Revolutionen im 19. Jahrhundert außer den französischen –, war Krieg nicht zu vermeiden. Er trieb, so hatte man bei Frankreichs revolutionärer Transformation vom Fürsten- zum Nationalstaat gesehen, die Gewalt im Innern, den Bürgerkrieg, voran. Die belgische Revolution von 1830 vermied diese Radikalisierung. Krieg und Bürgerkrieg waren kurz. Deshalb lässt sie sich in ihrem Erfolg und in ihrer Gewaltbegrenzung als liberale Ideal-Revolution verstehen.

Der belgische Staat entstand 1830/31 durch revolutionäre Sezession vom Vereinigten Königreich der Niederlande, das 1814 geschaffen worden war, als eine Epoche der Revolutionen und der globalen Kriege zu Ende ging. Ob im Laufe der Zeit in dem neuen Staat Niederlande ein gemeinsames Nationalbewusstsein entstanden wäre, können wir nicht wissen, denn die Impulse, die von der französischen Julirevolution 1830 ausgingen, lenkten die belgische liberale Oppositionsbewegung in eine neue Richtung: Nicht mehr verbesserte Mitwirkungsrechte im niederländischen Gesamtstaat, sondern ein eigener belgischer Nationalstaat wurde das Ziel. Aus der Revolution zur Liberalisierung der Niederlande ging eine belgische Unabhängigkeitsbewegung unter liberaler Führung hervor. Sie setzte eine Regierung ein, und ein Nationalkonvent wurde gewählt, der eine Verfassung verabschiedete. Damit hatte sich der belgische Staat als liberaler Sezessionsstaat konstituiert. Dass er sich behaupten konnte, entschieden jedoch auch hier Kriegsgewalt und die Diplomatie der Großmächte.

In Belgien wurde damals eine Grundlinie sichtbar, die sich durch die Staatsbildungsrevolutionen des 19. Jahrhunderts in Europa zieht: Erfolgreich waren sie nur, wenn sie als liberale Revolutionen verliefen. Liberale Revolution bedeutete vor allem: begrenzt in ihrer Änderungsradikalität. Dies war notwendig, um die militärische und diplomatische Unterstützung von europäischen Großmächten zu finden. Nur wo diese Hilfe erreicht wurde, waren die nationalen Bewegungen in ihrem Willen zum eigenen Staat erfolgreich. So 1830 in Belgien und Griechenland und dann in Serbien, Rumänien, Bulgarien, Montenegro und schließlich Albanien. Gemeinsam war all diesen Staatsgründungen, die sich liberale Verfassungen gaben, dass sie ein monarchisches Haupt erhielten, zum Teil importiert aus dem Ausland, aus einem der kleinen Fürstentümer. Die einzige Ausnahme war die Schweiz, die sich nach einem kurzen Krieg zur föderativen Nationalrepublik vereinte. Überall sonst sicherte das monarchische Haupt, dass sich die neuen Staaten in die europäische Staatenordnung einfügten. Sie blieb trotz aller Revolutionen bis zum Ende des Ersten Weltkriegs monarchisch geprägt. Im 19. Jahrhundert lernten die Monarchien Europas, sich mit dem Nationalstaat, der in Frankreich und den USA als Republik revolutionär in die Weltgeschichte getreten war, zu versöhnen. Anders als in beiden Amerikas brachten in Europa die Nationalrevolutionen und Sezessionskriege Monarchien hervor. In diesen bekrönten Revolutionen liefen der Wille der europäischen Großmächte, die territoriale Machtordnung Europas möglichst zu bewahren, und der Wille der Liberalen, Krieg und Revolution zu begrenzen, zusammen. Aus Kriegen und Revolutionen gingen neue Nationalstaaten mit liberalen Verfassungen hervor, doch sie fügten sich in die Machtordnung ein, die der Wiener Kongress geschaffen hatte. Und zugleich wurde die Änderungsgewalt im Innern begrenzt. Zur Radikalisierung der Revolution nach dem französischen Modell kam es nirgendwo. Verfassung und monarchisches Haupt wurden zum Doppelsymbol dieser Form von Staatsbildung durch Krieg und Revolution. Das entsprach der liberalen Grundhaltung: Reform, nicht Revolution. Wo aber Revolution nicht zu vermeiden war, dort sollte sie schnell in Verfassungsbahnen eingedämmt werden. Die Revolution institutionalisieren – so lässt sich der Kern des liberalen Handlungsmodells bestimmen.

Auch bei der Entstehung des schweizerischen, des deutschen und des italienischen Nationalstaats wurde es bewahrt. Die Vereinigungen der einzelnen deutschen und italienischen Staaten stellte die Staatenordnung Kongress-Europas vor ihre größte Herausforderung. Denn sie setzten Sezession von der Habsburgermonarchie, eine der Hauptmächte der europäischen Ordnung, voraus, und sie provozierten in Frankreich die Furcht vor einem auch machtpolitisch überlegenen Deutschland. Zeitgenossen nannten die deutsche Einigung eine Revolution von oben. In Italien verband sie sich mit einer republikanischen Nationalbewegung, die unter Garibaldi mit eigenen Militärkräften die Einigungskriege vorantrieb. Doch auch in Italien erhielt der neue Nationalstaat ein gekröntes Haupt. Wie in Deutschland war es der König des Staats, der den Krieg gewagt und gesiegt hatte.

In Italien wie in Deutschland entstanden monarchische Nationalstaaten mit liberalen Verfassungen. Sie stellten aber nicht alle Liberalen zufrieden. Doch dass diese nationalen Einigungskriege duellartig entschieden und die Gefahr eines großen europäischen Kriegs ebenso vermieden werden konnte wie der Ausbruch von Revolutionen – in Italien und in Frankreich schien sich dies abzuzeichnen –, ließ die allermeisten Liberalen über unerfüllte Erwartungen hinwegsehen. Ihr Hauptziel war erreicht: der eigene Nationalstaat als Verfassungsstaat. Dass er in Italien wie in Deutschland als ein Kriegsgeschöpf ins Leben trat, entsprach der historischen Normalität. Warum hätten Liberale dagegen opponieren sollen?

Noch einmal – Liberale und der Krieg

Liberale schlossen Krieg und Revolution nicht aus, um ihre Ziele zu erreichen. Warum das so war, sollten die bisherigen Erörterungen verständlich machen. Es wäre historisch nicht angemessen, die Frage, wie Liberale zum Krieg standen, darauf auszurichten, ob Liberale als Pazifisten auftraten. Liberale Pazifisten hätten sich damit abfinden müssen, ihr großes Ziel, den eigenen Nationalstaat als Verfassungsstaat, nicht erreichen zu können. Nirgendwo, auch nicht im Vereinigten Königreich Großbritannien und Nordirland, verzichteten die Monarchen freiwillig auf ihre historisch überkommene Machtfülle. Der Verfassungsstaat musste erzwungen werden. In England und in Frankreich wurden deshalb Könige hingerichtet. Ohne Revolutionen und Kriege war also dieser Staat, den die Liberalen forderten, nach aller historischen Erfahrung nicht zu haben. Doch sie setzten nicht auf Wandel der Staatsordnung um jeden Preis. Um das Verhältnis von Liberalismus und Krieg zu bestimmen, ist es deshalb notwendig, Krisenzeiten empirisch zu untersuchen, um zu erkennen, wo Liberale zu Krieg und Bürgerkrieg bereit waren, um ihre Ziele zu erreichen, und wo nicht. Und wie sie dies begründeten. Dazu abschließend nur einige wenige Hinweise.

Lange Zeit konnten Liberale auf Kriege nur reagieren. Erst seit sie Regierungsämter besetzten, waren sie in der Lage, über Krieg und Frieden mitzuentscheiden. Am frühesten gelang ihnen dies in Großbritannien. Der langsame Übergang zum parlamentarischen Regierungssystem brachte im 19. Jahrhundert auch Liberale an die Schalthebel der Macht. Bei allem Streit unter den britischen Liberalen über den Nutzen von Kolonien – der Parlamentarismus, der liberale Minister und Premierminister ermöglichte, hat (milde gesagt) den Aufstieg Großbritanniens zur führenden Weltmacht mit dem größten Imperium nicht beeinträchtigt.

Auch ein Liberaler wie John Stuart Mill, der sich ungewöhnlich früh für Frauenemanzipation und gegen Sklavenhandel und Sklaverei engagierte, fand es in keiner Weise problematisch, seine liberalen Überzeugungen mit imperialer Expansion zu vereinbaren. Sein bedeutendes Werk über die Repräsentativ-Regierung (1861), an dem sich Liberale in vielen Staaten schulten, schloss er mit einem Kapitel (Kap. 18) zur Kolonialpolitik. Dort bekannte er sich zum »Ideal der Herrschaft eines freien Volkes über ein barbarisches oder halbbarbarisches« und zur Pflicht der »civilisirten Nation zum Besten des unterworfenen Landes« zu regieren. Zuvor hatte er dargelegt, warum nach seiner Meinung das Prinzip der Nichtintervention gegenüber unzivilisierten Völkern nicht gelte. Er sah mehrere Gründe, die es rechtfertigen, in den Krieg zu ziehen, ohne zuvor angegriffen oder bedroht worden zu sein. Einen Grund erblickte er in einem starken Zivilisationsgefälle. Es sei ein »schwerer Irrtum« (»grave error«) anzunehmen, die »Regeln internationaler Moral« (»rules of international morality«)

zwischen zivilisierten Nationen gälten auch gegenüber »Barbaren« (»barbarians«). Ihnen helfe es, erobert zu werden. Denn für sie sei »Unabhängigkeit und Nationalität« (»independence and nationality«), ansonsten Grundlage für die Veredelung eines Volkes, nur hemmend. »Barbaren haben keine Rechte als eine Nation« (»barbarians have no rights as a nation«). Ihr Recht bestehe darin, so rasch wie möglich zur Nation entwickelt zu werden. Deshalb beruhe die Kritik an der Kriegspolitik der Franzosen in Algerien oder der Engländer in Indien auf einem »falschen Grundsatz« (»wrong principle«).[8] Aus dem Völkerrecht leitete Mill eine Art Pflicht zur fürsorglich-erzieherischen Eroberung ab – eine koloniale Zivilisierungsmission, wie man heute dieses Konzept zu nennen pflegt. Sein »benevolent despotism« forderte einen »colonialism with a human face«.[9] Doch selbst er war auf Krieg oder Kriegsdrohung angewiesen. Das wusste Mill. Auch deshalb lehnte er Nichtintervention als generelle Regel ab. Er meinte zwar, Großbritannien könne »ohne seine Colonien sehr wohl bestehen«, doch besser mit ihnen. Die Hauptvorteile einer starken britischen Kolonialmacht sah er jedoch bei den anderen – den Kolonisierten und der internationalen Staatengemeinschaft.[10]

John Stuart Mill entwarf eine *pax colonialis* oder *pax imperialis*. Obwohl alle Imperien und Kolonialreiche aus kriegerischen Eroberungen hervorgegangen sind, betrachtete er sie als Institutionen des Friedens. Vor allem dem britischen Empire traute er diese Fähigkeit zu, obwohl das Weltreich Großbritannien, das auf dem Höhepunkt seiner Macht in allen Erdteilen Gebiete besaß, ein Empire des permanenten Kriegs war. In der viktorianischen Ära gab es kein einziges Jahr ohne Krieg; sehr oft führte London Kriege in verschiedenen Weltregionen gleichzeitig.[11] Mill hätte dieser Befund nicht überrascht. Denn eine Welt, in der die »barbarischen« und »halbbarbarischen« Völker die »civilisirteren Nationen« an Zahl noch weit überwiegen und ein Ende des kolonialen Erziehungsweges noch lange nicht abzusehen sei, müsse eine Welt des Kriegs sein. Diese Überzeugung hatte er als Mitarbeiter der British East India Company gewonnen und als liberaler Denker theoretisch begründet. Sein liberales Weltbild harmonierte mit der imperialen *pax britannica* als einer Zeit permanenter kolonialer Kriege.

---

8 Alle Zitate aus JOHN STUART MILL: Betrachtungen über Repräsentativ-Regierung. Mit Genehmigung des Verfassers übersetzt von Eduard Wessel. Gesammelte Werke, Bd. 8. Leipzig 1873, S. 247. [Zuerst engl. unter dem Titel: Considerations on Representativ Government, 1861]; sowie DERS.: A Few Words on Non-Intervention, in: Collected Works, Bd. 21. [Zuerst 1859] Diese Edition steht online zur Verfügung: http://oll.libertyfund.org/titles/mill-the-collected-works-of-john-stuart-mill-volume-xxi-essays-on-equality-law-and-education#lf0223-21_head_040 [9. Juni 2018].
9 DAVID THEO GOLDBERG: Liberalism's Limit: Carlyle and Mill on the ›The Negro Question‹, in: *Nineteenth-Century Contexts* 22 (2000), S. 203–216, hier: S. 211.
10 MILL, Betrachtungen (wie Anm. 8), S. 244.
11 Vgl. BYRON FARWELL: Queen Victorias Little Wars. New York 1972, Appendix II, S. 364–371.

Nach dem Ende der Weltkriege, die europäische Staaten im 18. und frühen 19. Jahrhundert geführt hatten, begann bis zum nächsten Weltkrieg, den man den Ersten zu nennen pflegt, eine historisch ungewöhnliche Zeit. Der europäische Kontinent wurde von Kriegen und Revolutionen erschüttert, und dennoch ging aus diesen Umbrüchen kein gesamteuropäischer Krieg hervor. Die Staatsbildungskriege in Europa wurden als Regionalkriege ausgetragen – selbst in Italien und in Deutschland, obwohl hier europäische Großmächte militärisch aufeinander stießen. Und auch die zahlreichen imperialen Expansionskriege europäischer Staaten lösten keinen gesamteuropäischen Krieg aus. Außerhalb Europas konkurrierten nach dem Friedensschluss auf dem Wiener Kongress europäische Staaten machtpolitisch, aber sie führten dort keine Kriege gegeneinander.

Wo Regierungen parlamentarisch aus dem Parlament heraus gebildet wurden, wie in Großbritannien und in Frankreich, waren an dieser Machtpolitik mit dem Willen, Kriege zwischen europäischen Staaten zu vermeiden oder zumindest regional zu begrenzen, liberale Minister beteiligt. Auch wo das noch nicht der Fall war, so in Deutschland, wird man sagen dürfen, dass diese Politik den liberalen Vorstellungen entsprach. Man wollte den eigenen Staat machtpolitisch konkurrenzfähig machen, aber Kriege dort, wo man sie für unerlässlich hielt, um Ziele durchzusetzen, begrenzen, damit sie nicht in Weltkriege übergingen, wie es in der zweiten Hälfte des 18. Jahrhunderts und bis in die napoleonische Ära mehrfach geschehen war. Deshalb ist es in dieser Perspektive angemessen, das »kurze« 19. Jahrhundert zwischen 1814 und 1914 ein liberales zu nennen. Auch wenn die Politik der Kriegsbegrenzung meist von Monarchen und ihren Regierungen, die sich nicht zum Liberalismus bekannten, verantwortet wurde. Liberale Überzeugungen und die Politik nicht-liberaler Monarchen stimmten hier überein. Das war ein wesentlicher Grund, warum sich Liberale mit der Staatsform Monarchie arrangierten. Sie ließ sich »nationalisieren«, sie widersprach nicht der Schaffung von Nationalstaaten und nicht der kolonialen und imperialen Expansion. Sie widersprach auch nicht dem Verfassungsstaat und der Parlamentarisierung. Es kann deshalb nicht überraschen, dass der Liberalismus in Europa nicht zum Widerpart der Staatsform Monarchie wurde, selbst wenn Liberale gegen illiberale Monarchen opponierten.

Nach dem Ersten Weltkrieg wurde alles anders. Der liberale parlamentarische Nationalstaat schien in Europa zu triumphieren und zur Normalität zu werden. Doch die Auflösung der Habsburgermonarchie und des Osmanischen Reichs hinterließen in Europa Nationalstaaten, die in Wirklichkeit Mehrnationen-Staaten waren. In kaum einem dieser Staaten war man mit den neuen Grenzen zufrieden. Es entstand ein Europa des Revisionismus, in dem radikale Zukunftsentwürfe stärkeren Zuspruch fanden als liberale. Liberale konnten in Kontinentaleuropa zunehmend weniger die staatliche Politik gestalten und ihr

Rückhalt in der Gesellschaft ging ebenfalls zurück. Als das Europa des Revisionismus zu einem Europa des Kriegs wurde und einen erneuten Weltkrieg auslöste, hatte die moderate liberale Haltung zu Krieg und Revolution, wie sie im 19. Jahrhundert entstanden war, keine Chance mehr.

Jasper M. Trautsch

Expansions- als Friedenspolitik: Krieg im Denken von Thomas Jefferson

Einleitung

Mit Thomas Jefferson (1743–1826) war zum ersten Mal in der Geschichte ein Anhänger der Theorie des republikanischen Friedens, derzufolge Republiken grundsätzlich friedfertig, Monarchien dagegen stets bellizistisch sind, Regierungsoberhaupt eines westlichen Staats. Seine Überzeugung, dass militärische Konflikte das Fundament von Republiken untergraben, ließ ihn dem Krieg als einem Mittel zur Durchsetzung politischer Ziele abschwören. In einem scheinbaren Widerspruch zu seiner pazifistischen Grundeinstellung standen jedoch seine ambitionierten außenpolitischen Ziele: der sich auf den ganzen nordamerikanischen Kontinent und sogar die Karibik beziehende Expansionsdrang sowie der Wunsch, die Märkte der europäischen Staaten und ihrer Kolonien für den amerikanischen Handel zu öffnen. Beide Ziele waren kaum mit friedlichen Mitteln zu erreichen und führten dann auch zu Kriegen mit Großbritannien, den Barbareskenstaaten[1] und den Indianerstämmen beziehungsweise ließen Jefferson während seiner Präsidentschaft (1801–1809) gegenüber Frankreich und Spanien zumindest Kriegsdrohungen aussprechen.

Wie dieser Artikel zeigt, waren das auf Frieden pochende Denken und die Krieg in Kauf nehmende Politik für Jefferson aber nicht unvereinbar. Tatsächlich erschienen ihm territoriale und kommerzielle Expansion notwendige Bedingungen für den langfristigen Erhalt der republikanischen Staatsform und damit der inhärenten Friedfertigkeit der USA. Die in jüngster Zeit wiederholt von US-Administrationen zur Legitimierung ihrer Außenpolitik aufgestellte Behauptung, dass die Ausbreitung demokratischer Prinzipien angeblich notwendig für

---

[1] Als Barbareskenstaaten werden die Regentschaften von Tripolis, Tunis und Algier zwischen dem 16. und frühen 19. Jahrhundert bezeichnet. Obwohl sie formell zum Osmanischen Reich gehörten, verfügten sie de facto über weitreichende Autonomie und verfolgten auch eine jeweils eigene Außenpolitik. Das Sultanat Marokko wird üblicherweise auch zu den Barbareskenstaaten gezählt.

die Sicherheit Amerikas sei, lässt sich damit historisch bis zu Jefferson zurückverfolgen.²

Dass Jefferson sich grundlegende Gedanken zum Themenkomplex Krieg und Frieden gemacht hat, ist keinesfalls unbekannt. Jeffersons Biographen sowie Diplomatiehistoriker, die seine Außenpolitik untersuchten, haben sich auch mit seiner Einstellung zum Krieg beschäftigt und seine pazifistische Grundtendenz herausgestellt sowie kritisch diskutiert.³ Veröffentlichungen, deren Fokus auf der Frage liegt, wie er Ursachen und Folgen von Kriegen beziehungsweise Bedingungen für anhaltenden Frieden einschätzte und in welchen ideengeschichtlichen Kontext sein diesbezügliches Denken einzuordnen ist, sind dagegen rar.⁴ Dieser Artikel analysiert deshalb die Rolle von Krieg im Denken von Jefferson, setzt seine Überlegungen zu seiner außenpolitischen Praxis in Beziehung und legt eine Deutung seines Friedensprojekts vor.⁵

---

2 Für die Relevanz der Überzeugung, dass Amerikas Sicherheit durch Demokratieexport vergrößert würde, in der jüngsten Vergangenheit siehe VOLKER DEPKAT: Die Ausbreitung von Demokratie als Friedensprogramm unter den US-Präsidenten William J. Clinton und George W. Bush, in: JOST DÜLFFER / GOTTFRIED NIEDHART (Hrsg.): Frieden durch Demokratie? Genese, Wirkung und Kritik eines Deutungsmusters. Essen 2011, S. 209–226.

3 Zu den zuverlässigsten und ausführlichsten Biographien von Jefferson zählen: DUMAS MALONE: Jefferson and His Time, 6 Bde. Boston 1948–1981; MERRILL D. PETERSON: Thomas Jefferson and the New Nation. A Biography. New York 1970. Beide betrachten Jefferson als pragmatischen Pazifisten. Zur Außenpolitik Jeffersons siehe vor allem: HENRY ADAMS: History of the United States of America during the Administrations of Thomas Jefferson and James Madison, 9 Bde. New York 1889–1891; LOUIS MARTIN SEARS: Jefferson and the Embargo. Durham 1927; LAWRENCE S. KAPLAN: Entangling Alliances with None. American Foreign Policy in the Age of Jefferson. Kent 1987; ROBERT W. TUCKER / DAVID C. HENDRICKSON: Empire of Liberty. The Statecraft of Thomas Jefferson. New York 1990; FRANCIS D. COGLIANO: Emperor of Liberty. Thomas Jefferson's Foreign Policy. New Haven 2014.

4 Eine Ausnahme bilden die Veröffentlichungen von Reginald C. Stuart, die allerdings schon etwas älteren Datums sind: REGINALD C. STUART: Thomas Jefferson and the Function of War: Policy or Principle?, in: *Canadian Journal of History* 11 (1976), S. 155–171; DERS.: Thomas Jefferson and the Origins of War, in: *Peace & Change* 4 (1977), S. 22–27; DERS.: The Half-Way Pacifist. Thomas Jefferson's View of War. Toronto 1978. Vgl. außerdem J. G. DE ROULHAC HAMILTON: The Pacifism of Thomas Jefferson, in: *Virginia Quarterly Review* 31 (1955), S. 607–620.

5 Bei den Zitationen wird, wenn möglich, auf die folgende Ausgabe von Jeffersons Schriften zurückgegriffen, da sie unter den bisher komplettierten Editionen die umfassendste ist: ANDREW A. LIPSCOMB / A. E. BERGH (Hrsg.): The Writings of Thomas Jefferson, 20 Bde. Washington, D.C. 1903–1907 (hiernach WTJ). Sollten die zu zitierenden Quellen darin nicht enthalten sein, wird folgende Ausgabe verwendet: PAUL LEICESTER FORD (Hrsg.): The Works of Thomas Jefferson, 12 Bde. New York 1904–1905 (hiernach TJW). In wenigen Fällen muss auf die neueste Ausgabe seiner Schriften, die allerdings noch nicht fertiggestellt ist, verwiesen werden: JULIAN P. BOYD u. a. (Hrsg.): The Papers of Thomas Jefferson, bis dato 43 Bde. Princeton 1950– (hiernach PTJ). Schließlich wird aus den Originaldokumenten, die in der Library of Congress zu finden sind, zitiert, wenn die entsprechenden Quellen noch nicht ediert sind.

Jefferson als Pazifist

Gemäß der Theorie des republikanischen Friedens, die im Laufe des 18. Jahrhunderts von europäischen Philosophen der Aufklärung wie Jean-Jacques Rousseau, Baron de Montesquieu und Immanuel Kant entworfen worden war, sind Monarchien von Natur aus kriegerisch, da angeblich nur regelmäßige militärische Auseinandersetzungen mit auswärtigen Mächten die Alleinherrschaft der Monarchen und den Ausschluss der Bürger von politischer Teilhabe legitimierten. Darüber hinaus würden nur Monarchen leichtfertig mit Waffen ausgetragene Konflikte provozieren, da sie weder ihr Leben noch ihren prunkvollen Lebensstil dafür riskieren müssten. Im Gegensatz dazu sind Republiken nach dieser Theorie grundsätzlich friedfertig, da in ihnen die Bürger über den Einsatz von Waffen zu entscheiden hätten und sie kaum je freiwillig einen Krieg beschließen würden, den sie über ihre Steuern zu finanzieren und – noch viel entscheidender – unter Einsatz ihres Lebens zu führen hätten. Kriegführung sei mit der republikanischen Staatsform außerdem nicht kompatibel, weil ein längerer Kriegszustand notwendigerweise die Zentralisierung politischer Macht sowie die Unterordnung der zivilen unter die militärischen Autoritäten zur Folge hätte.[6]

Die Theorie des republikanischen Friedens war in Nordamerika im späten 18. Jahrhundert allgemein bekannt und wurde zum Dogma im Denken der liberalen beziehungsweise demokratisch-egalitären Republikaner (im Gegensatz zu den konservativen und elitären Föderalisten, die keinen Zusammenhang zwischen aggressiver Außenpolitik und monarchischer Staatsform annahmen, sondern Kriegsursachen in menschlichen Ambitionen und Emotionen ausmachten). Besonders Jefferson, die unumstrittene Führungsfigur der Republikaner, war ein Anhänger dieser Theorie und gab regelmäßig seiner Auffassung Ausdruck, dass die USA als Republik notwendigerweise friedliebend seien. »No country perhaps was ever so thoroughly against war as ours«, hatte er 1793 als Außenminister dem US-Botschafter in Paris geschrieben. »These dispositions pervade every description of its citizens.«[7] Als Vizepräsident erklärte er 1799 Elbridge Gerry, der zu jener Zeit in diplomatischer Mission in Paris weilte, in einem langen Brief, in dem er sich angesichts des von den Föderalisten provozierten amerikanischen Seekriegs gegen Frankreich mit den Ursachen und Folgen von Krieg auseinandersetzte: »It is their [the people's] sweat which is to earn all the expenses of the war, and their blood which is to flow in expiation of

---

6 Zur Theorie des republikanischen Friedens siehe ausführlicher JASPER M. TRAUTSCH: The Genesis of America. U.S. Foreign Policy and the Formation of National Identity, 1793–1815. Cambridge 2018, S. 173 ff.
7 JEFFERSON an Gouverneur Morris, 20. April 1793, in: TJW (wie Anm. 5), Bd. 7, S. 281 f., hier: S. 281.

the causes of it.« Die Amerikaner, die im Gegensatz zu den Europäern selbst über ihre Regierung entschieden, hätten demnach kein Interesse an unnötigen militärischen Konflikten.⁸ Nach seinem Amtsantritt als Präsident stellte er fest: »Peace is our most important interest.«⁹ Dem polnischen Freiheitskämpfer Thaddeus Kosciusko erläuterte er nach Ende seiner Präsidentschaft erneut: »Peace then has been our principle, peace is our interest, and peace has saved to the world this only plant of free and rational government now existing in it.«¹⁰

Nicht nur würde eine von den Bürgern gewählte Regierung deshalb freiwillig keinen Krieg beginnen; sollte den USA ein Krieg aufgezwungen werden, konnte ein solcher für Jefferson auch die republikanische Staatsform Amerikas gefährden. »[O]ur constitution is a peace establishment – It is not calculated for war. War would endanger its existence«, stellte er 1806 fest.¹¹ Er begründete diese Furcht vor den Folgen eines Kriegs damit, dass militärische Auseinandersetzungen stets zu einer Konzentration politischer Macht in der Exekutive auf Kosten des Parlaments führen würden. »War [...] is the moment when the energy of a single hand shows itself in the most seducing form.«¹² Er schlussfolgerte: »In fine, if war takes place, republicanism has everything to fear.«¹³

Jefferson war deshalb gegen ein stehendes Heer und eine große Flotte an Kriegsschiffen.¹⁴ In seiner ersten jährlichen Ansprache an den Kongress mahnte er, dass es weder notwendig noch mit der republikanischen Staatsform vereinbar sei, »that a standing army should be kept up in time of peace«.¹⁵ Denn ein stehendes Heer »may overawe the public sentiment«.¹⁶ Während seiner zweiten

---

8 JEFFERSON an Elbridge Gerry, 26. Januar 1799, in: WTJ (wie Anm. 5), Bd. 10, S. 74–86, hier: S. 83. Die Tatsache, dass die USA und Frankreich – zwei republikanisch verfasste Staatswesen – sich zu dieser Zeit im Krieg miteinander befanden, bewies nun eigentlich, dass die Theorie des republikanischen Friedens falsch war. Jefferson erklärte den sogenannten Quasi-War aber gerade dadurch, dass er den Föderalisten unterstellte, diese seien in Wahrheit Monarchisten. Zum Quasi-War siehe ALEXANDER DECONDE: The Quasi-War. The Politics and Diplomacy of the Undeclared War with France, 1797–1801. New York 1966.
9 JEFFERSON an William Short, 3. Oktober 1801, in: WTJ (wie Anm. 5), Bd. 10, S. 284–288, hier: S. 287.
10 JEFFERSON an Thaddeus Kosciusko, 13. April 1811, in: ebd., Bd. 13, S. 40–43, hier: S. 41f.
11 JEFFERSON an William Plumer, 2. April 1806, in: WILLIAM PLUMER: Memorandum of Proceedings in the United States Senate, 1803–1807. Hrsg. von Everett Summerville Brown. New York 1923, S. 470.
12 JEFFERSON an Hector St. John de Creve-Coeur, 9. August 1788, in: WTJ (wie Anm. 5), Bd. 7, S. 113–116, hier: S. 115.
13 JEFFERSON an Thaddeus Kosciusko, 21. Februar 1799, in: ebd., Bd. 10, S. 115f., hier: S. 116.
14 Generell lehnte Jefferson die Entwicklung moderner Staatlichkeit ab, da er sie als Bedrohung der republikanischen Ordnung deutete. So war er gegen die Aufnahme von Schulden durch die Bundesregierung, die Erhebung von Bundessteuern, die Etablierung einer Nationalbank sowie den Aufbau eines größeren zentralisierten Verwaltungsapparats.
15 JEFFERSON: First Annual Message, 8. Dezember 1801, in: WTJ (wie Anm. 5), Bd. 3, S. 327–340, hier: S. 334.
16 JEFFERSON an Elbridge Gerry, 26. Januar 1799, in: ebd., Bd. 10, S. 74–86, hier: S. 77.

Amtszeit erklärte er: »The spirit of this country is totally adverse to a large military force.«[17] Bürgermilizen waren seiner Ansicht nach völlig ausreichend, um die USA vor einer Invasion zu schützen. Denn diese seien letztlich viel motivierter und deshalb effektiver als Berufssoldaten, da sie doch ihre Familien, ihr Eigentum und ihre Freiheit verteidigen würden, statt ihr Leben für die Interessen eines Tyrannen aufs Spiel zu setzen. Außerdem seien Milizen besser geeignet, um Invasionen abzuwehren, da sie über das ganze Land verteilt seien.[18] Jefferson betrachtete deshalb »a well-disciplined militia – our best reliance in peace« und als eines der »essential principles of our Government«, wie er in seiner Inaugurationsrede deutlich machte.[19]

Auch einer Marine in Friedenszeiten stand er skeptisch bis feindlich gegenüber, da eine solche die USA unfreiwillig in einen Krieg hineinziehen könnte. Seinem Vorgänger als Präsident erklärte er wenige Jahre vor seinem Tod: »collision [...] between the vessels of war of different nations [...] beget wars and constitute the weightiest objection to navies«.[20] Nach dem Unabhängigkeitskrieg hatte er sogar schon einmal mit dem Gedanken gespielt, aus dem gleichen Grund auf eine amerikanische Handelsflotte zu verzichten. »And, perhaps, to remove as much as possible the occasions of making war, it might be better for us to abandon the ocean altogether, that being the element whereon we shall be principally exposed to jostle with other nations.«[21] Neben der Gefahr, dass eine Marine zu Konflikten mit anderen Staaten führen könnte, machte Jefferson auch die hohen Kosten geltend. Er war gegen »a navy, which, by its own expenses and the eternal wars in which it will implicate us, will grind us with public burthens, and sink us under them«. Eine kleine Flotte, »as may protect our coasts and harbors«, sei völlig ausreichend.[22] Im Kriegsfall könnten zudem – analog zu den Bürgermilizen – Freibeuter eingesetzt werden, um dem Feind auf hoher See entgegenzutreten.

In seinem ersten Amtsjahr reduzierte er dementsprechend die Größe der Armee um fast die Hälfte (von 6.000 auf 3.312 Mann).[23] Außerdem verkleinerte er das Personal der Marine und ließ sieben Fregatten auflegen. Nur sechs Fregatten wurden im aktiven Dienst belassen (von denen weitere nach dem Ersten Bar-

---

17 JEFFERSON an Chandler Price, 28. Februar 1807, in: ebd., Bd. 11, S. 159f., hier: S. 160.
18 Vgl. JEFFERSON: First Annual Message, 8. Dezember 1801, in: ebd., Bd. 3, S. 327–340, hier: S. 334.
19 JEFFERSON: First Inaugural Address, 4. März 1801, in: ebd., Bd. 3, S. 317–323, hier: S. 321f.
20 JEFFERSON an John Adams, 1. November 1822, in: ebd., Bd. 15, S. 400–403, hier: S. 403.
21 JEFFERSON: Notes on the State of Virginia, in: ebd., Bd. 2, S. 1–261, hier: S. 241.
22 JEFFERSON an Elbridge Gerry, 26. Januar 1799, in: ebd., Bd. 10, S. 74–86, hier: S. 77. Vgl. auch DERS., Notes on the State of Virginia (wie Anm. 21), S. 242.
23 Vgl. THEODORE CRACKEL: Mr. Jefferson's Army. Political and Social Reform of the Military Establishment, 1801–1809. New York 1987.

bareskenkrieg eingemottet wurden), die restlichen Kriegsschiffe wurden verkauft.[24]

Jefferson als Bellizist

Da Jefferson kein Philosoph war, der sich ausschließlich auf abstrakte Weise mit politischen Problemen beschäftigen konnte, sondern Staatsmann, der aktiv Politik gestaltete und sich praktischen Herausforderungen zu stellen hatte, ist zu eruieren, wie sich seine friedliche Einstellung auf seine Außenpolitik auswirkte.[25] Dabei fällt ein offensichtlicher Widerspruch zwischen seiner unbedingt friedlichen Grundeinstellung und seinen äußerst ambitionierten außenpolitischen Zielen ins Auge. Anders als man es von einem Pazifisten erwarten würde, war Jefferson alles andere als isolationistisch. Stattdessen verfolgte er eine doppelte Agenda: territoriale Ausdehnung und kommerzielle Expansion.

Jefferson hing der Vision an, dass die USA eines Tages den gesamten nordamerikanischen Kontinent umfassen würden.[26] Er bedauerte es, dass Kanada nicht schon während des Unabhängigkeitskriegs habe erobert werden können, drückte wiederholt die Hoffnung aus, dass die britischen Provinzen in Nordamerika annektiert werden könnten, und unterstützte deshalb auch die Invasion Britisch-Nordamerikas im amerikanisch-britischen Krieg von 1812.[27] Im Süden hoffte er, das von Spanien gehaltene Florida für die USA in Besitz nehmen zu können.[28] Der nächste logische Schritt war die Inkorporation von Kuba in die

---

24 Für Jeffersons Marinepolitik nach seinem Amtsantritt siehe CRAIG L. SYMONDS: Navalists and Antinavalists. The Naval Policy Debate in the United States, 1785–1827. Newark 1980, S. 82–104. Im Zuge der zunehmenden Spannungen im amerikanisch-britischen Verhältnis beschloss der Kongress 1806, den US-Küstenschutz zu verstärken, anstatt neue Fregatten zu bauen. Jefferson zog eine kleine und günstige Flotte von Kanonenbooten einer Marine von kostspieligen hochseetauglichen Kriegsschiffen vor. Erstere, glaubte er, würden zur Verteidigung der nordamerikanischen Küste ausreichen, während letztere die USA zwangsläufig in nicht gewinnbare Seekriege gegen Großbritannien oder Frankreich hineinziehen würden. Vgl. SPENCER C. TUCKER: The Jeffersonian Gunboat Navy. Columbia 1993; GENE A. SMITH: »For the Purposes of Defense«. The Politics of the Jeffersonian Gunboat Program. Newark 1995.
25 Jefferson war sowohl als amerikanischer Gesandter in Paris (1785–1789), Außenminister (1790–1793) sowie als Präsident (1801–1809) außenpolitisch tätig.
26 Vgl. JASPER M. TRAUTSCH: Thomas Jefferson, in: CHRIS J. MAGOC / DAVID BERNSTEIN (Hrsg.): Imperialism and Expansionism in American History, 4 Bde. Santa Barbara 2015, Bd. 2, S. 404–407.
27 Vgl. JEFFERSON an James Madison, 27. April 1809, in: WTJ (wie Anm. 5), Bd. 12, S. 272–277, hier: S. 277; DERS. an William Duane, 4. August 1812, in: Thomas Jefferson Papers (Library of Congress).
28 Vgl. JEFFERSON an James Madison, 19. April 1809, in: WTJ (wie Anm. 5), Bd. 12, S. 271f., hier: S. 272; DERS. an James Madison, 17. August 1809, in: ebd., S. 304–306, hier: S. 306.

Union, für die Jefferson wiederholt warb.²⁹ Im Westen erkannte er in der Macht, die im Besitz von New Orleans und der Mississippimündung war und der weiteren Expansion der USA damit im Wege stand, »our natural and habitual enemy«, wie er 1802 Amerikas Gesandtem in Paris erläuterte. Deshalb beauftragte er Robert R. Livingston, Napoleon zum Verkauf der Stadt und ihrer Umgebung an die USA zu überreden.³⁰ Grundsätzlich sah Jefferson keine Begrenzung des amerikanischen Expansionismus. »But who can limit the extent to which the federative principle may operate effectively?« fragte er in seiner zweiten Inaugurationsrede.³¹ Denn die USA hatten keine fest markierten, historisch gewachsenen Grenzen. Die Ausdehnung des amerikanischen Territoriums könne schlicht dadurch erfolgen, dass neue Staaten als gleichberechtigte Mitglieder in die Union aufgenommen würden, sofern sie über eine republikanische Verfassung verfügten und eine Bevölkerung von mindestens 60.000 Einwohnern hätten.³² Jefferson behauptete deshalb: »no constitution was ever before so well calculated as ours for extensive empire«, wie er nach Ablauf seiner zweiten Amtszeit seinem Nachfolger, dem 4. Präsidenten der USA James Madison (1751–1836), anvertraute. Es sei zwangsläufig, dass »such an empire for liberty« eines Tages zumindest den gesamten nordamerikanischen Kontinent umspannen würde.³³

Neben der territorialen verfolgte Jefferson das Ziel einer kommerziellen Expansion: Die Märkte der europäischen Nationen sowie ihrer Kolonien, besonders in der Karibik, sollten für den amerikanischen Handel geöffnet werden. Freihandel war das Ideal, Handelsverträge, die das Prinzip der Meistbegünsti-

---

29 Vgl. JEFFERSON an James Madison, 27. April 1809, in: ebd., S. 272–277, hier: S. 277; DERS. an James Monroe, 24. Oktober 1823, in: ebd., Bd. 15, S. 477–480, hier: S. 479. Am 27. September 1822 notierte Außenminister John Quincy Adams in sein Tagebuch, dass Kriegsminister John C. Calhoun Jefferson in einer Kabinettssitzung damit zitiert habe, »that we ought, at the first possible opportunity, to take Cuba«. CHARLES FRANCIS ADAMS (Hrsg.): The Memoirs of John Quincy Adams, 12 Bde. Philadelphia 1874–1877, Bd. 6, S. 70.
30 JEFFERSON an Robert Livingston, 18. April 1802, in: WTJ (wie Anm. 5), Bd. 10, S. 311–316, hier: S. 312.
31 JEFFERSON: Second Inaugural Address, 4. März 1805, in: ebd., Bd. 3, S. 375–383, hier: S. 377f.
32 Dieser Expansionsmechanismus war in der Northwest Ordinance von 1787 und der Verfassung festgehalten und im Enabling Act von 1802 spezifiziert worden. Für Jeffersons Vision eines expandierenden »empire of liberty« siehe auch JULIAN P. BOYD: Thomas Jefferson's ›Empire of Liberty‹, in: *Virginia Quarterly Review* 24 (1948), S. 538–554; PETER S. ONUF: Jefferson's Empire. The Language of American Nationhood. Charlottesville 2000. Für Jeffersons maßgeblichen Einfluss auf die Land Ordinance of 1784, aus der die Northwest Ordinance hervorging, siehe REGINALD HORSMAN: Thomas Jefferson and the Ordinance of 1784, in: *Illinois Historical Journal* 79 (1986), S. 99–112.
33 JEFFERSON an James Madison, 27. April 1809, in: WTJ (wie Anm. 5), Bd. 12, S. 272–277, hier: S. 277.

gung festschrieben, das Minimum.³⁴ Als Amerikas Botschafter in Paris erklärte Jefferson 1785 sein handlungsleitendes Prinzip so: »Our people have a decided taste for navigation and commerce [...]; and their servants are in duty bound to calculate all their measures on this datum: we wish to do it by throwing open all the doors of commerce, and knocking off its shackles.«³⁵ Bereits in seinen *Notes on the State of Virginia*, seinem einzigen zu seinen Lebzeiten veröffentlichten Buch, in dem er gegen Ende der Amerikanischen Revolution seine politische Philosophie und seine Vision für Amerika systematisch darlegte, hatte er diese Politik vertreten: »Our interest will be to throw open the doors of commerce, and to knock off all its shackles, giving perfect freedom to all persons for the vent of whatever they may choose to bring into our ports, and asking the same in theirs.«³⁶ Dabei sah er sich nicht nur als Diener der Interessen der amerikanischen Bürger, sondern auch als Verteidiger eines universell gültigen Ideals, wie er 1791 als Außenminister verdeutlichte: »An exchange of surplusses [sic!] and wants between neighbor nations, is both a right and a duty under the moral law.«³⁷

Als Botschafter in Paris versuchte er deshalb, einen neuen Handelsvertrag mit Frankreich zustande zu bringen, der den bilateralen Warenaustausch liberalisieren und das französische Westindien für den amerikanischen Handel öffnen würde. Es sei im Interesse der Vereinigten Staaten, »that every port of France, and of every other country, should be free«, wie er dem französischen Offizier Marquis de Lafayette, der zuvor im Amerikanischen Unabhängigkeitskrieg auf Seiten der Rebellen gekämpft hatte, erklärte.³⁸ Als Außenminister sowie als Präsident schlug er Wirtschaftssanktionen gegen Großbritannien vor, um das frühere Mutterland, das seinen ehemaligen Kolonien nach Erlangung ihrer Unabhängigkeit ihre Handelsprivilegien entzogen hatte, zur Akzeptanz besserer Konditionen für den Güteraustausch zu zwingen.³⁹

Jeffersons expansive Ziele schienen in einem krassen Gegensatz zu seiner pazifistischen Grundeinstellung zu stehen. Denn sie ließen sich kaum mit

---

34 Für Jeffersons Handelspolitik siehe MERRIL D. PETERSON: Thomas Jefferson and Commercial Policy, 1783–93, in: *William and Mary Quarterly* 22 (1965), S. 584–610; DORON BEN-ATAR: The Origins of Jeffersonian Commercial Policy and Diplomacy. New York 1993.
35 JEFFERSON an G. K. van Hogendorp, 13. Oktober 1785, in: WTJ (wie Anm. 5), Bd. 5, S. 180–184, hier: S. 183f.
36 JEFFERSON: Notes on the State of Virginia (wie Anm. 21), S. 240.
37 JEFFERSON an William Short, 28. Juli 1791, in: ebd., Bd. 8, S. 216–223, hier: S. 219. Bereits vor Amerikas Unabhängigkeit hatte er auf Freihandel als einem natürlichen Recht gepocht. Vgl. JEFFERSON: On the Instructions Given to the First Delegation of Virginia to Congress, in August 1774, in: ebd., Bd. 1, S. 181–211, hier: S. 189.
38 JEFFERSON an Marquis de Lafayette, 15. Juni 1786, in: ebd., Bd. 5, S. 346–347, hier: S. 347.
39 Vgl. JEFFERSON: Report on the Privileges and Restrictions on the Commerce of the United States in Foreign Countries, 16. Dezember 1793; und DERS.: Second Annual Message, 15. Dezember 1802, in: ebd., Bd. 3, S. 261–283, hier: S. 276 und S. 340–348, hier: S. 341.

friedlichen Mitteln erreichen, auch wenn Jefferson gehofft haben mag, dass die europäischen Mächte durch »peaceable coercion« gezwungen werden könnten, ihre merkantilistische Wirtschaftspolitik aufzugeben, und dass es Amerika möglich sein würde, auf dem Verhandlungsweg zu expandieren – »Conquérir sans guerre«, wie der französische Diplomat Louis Marie Turreau es nannte.[40] Die amerikanischen Ureinwohner würden ihre Länder nicht ohne Gegenwehr verlassen. Es war auch nicht zu erwarten, dass Frankreich, Großbritannien und Spanien ihre Besitzungen in der »Neuen Welt« kampflos übergeben würden. Wie Jefferson ebenfalls feststellen musste, öffneten die europäischen Mächte weder bedingungslos ihre Märkte für amerikanische Produkte noch respektierten sie die neutralen Handelsrechte der USA während der Koalitions- und Napoleonischen Kriege. Schließlich kümmerte Jeffersons Ziel, den Amerikanern einen ungestörten Handel zu ermöglichen, auch die Piraterie betreibenden Barbareskenstaaten in Nordafrika erst einmal wenig.

Während Jeffersons Präsidentschaft wurde denn auch die Politik der gewaltsamen Vertreibung der Indianer gen Westen konzipiert. Jeffersons Plan, die amerikanischen Ureinwohner davon zu überzeugen, den europäischen Lebensstil anzunehmen, Landwirtschaft zu betreiben und ihre Jagdgründe an die Bundesregierung zu verkaufen, ging nicht auf. Angesichts ihrer Weigerung, große Teile der von ihnen beanspruchten Gebiete abzugeben, ging Jefferson schon 1803 dazu über, ihre gewaltsame Umsiedlung in die Regionen jenseits des Mississippis zu befürworten.[41]

Jefferson drohte Frankreich mit Krieg, um Napoleon zum Verkauf von New Orleans zu nötigen. Nachdem er 1801 erfahren hatte, dass Frankreich Louisiana von Spanien erhalten hatte, ließ er 1802 den amerikanischen Gesandten in Paris, Robert R. Livingston, Napoleon übermitteln, dass ein Konflikt unvermeidbar sei, sollte die Louisiana-Frage nicht zu Amerikas Gunsten geklärt werden.[42] Im Januar 1803 schrieb er James Monroe, der nach Paris geschickt worden war, um Livingston zu unterstützen, »war cannot be distant«, sollte Napoleon einem Verkauf von New Orleans und seiner Umgebung an die USA nicht zustimmen.[43] Um seine Drohung zu unterstreichen, fügte er hinzu, dass, auch wenn er selbst

---

40 JEFFERSON an George Logan, 21. März 1801, in: TJW (wie Anm. 5), Bd. 9, S. 219f., hier: S. 220; LOUIS MARIE TURREAU an Charles-Maurice de Talleyrand-Périgord, le 20 Messidor, an 13 (9. Juli 1805), in: Archives du Ministère des Affaires Étrangères: Correspondence Politique, États-Unis (Fotokopien in der Library of Congress), Bd. 58, S. 190–208, hier: S. 200.
41 Vgl. BERNARD W. SHEEHAN: Seeds of Extinction. Jeffersonian Philanthropy and the American Indian. Chapel Hill 1973.
42 Vgl. JEFFERSON an Robert Livingston, 18. April 1802, in: WTJ (wie Anm. 5), Bd. 10, S. 311–316. Vgl. auch DERS. an Monsieur Dupont de Nemours, 25. April 1802, in: ebd., S. 316–319.
43 JEFFERSON an James Monroe, 13. Januar 1803, in: ebd., S. 343–346, hier: S. 344.

einen Krieg vermeiden wollte, die amerikanische Öffentlichkeit ihn zum Handeln zwingen könnte.⁴⁴ Darüber hinaus warnte er, dass die USA bereit seien, ein Bündnis mit Großbritannien gegen Frankreich einzugehen, sollte Napoleon nicht nachgeben.⁴⁵ Die Kriegsdrohungen fanden ihren Weg zum französischen Staatsoberhaupt auch über den französischen Botschafter in den USA.⁴⁶ Ob das Säbelrassen Napoleon beeindruckt und 1803 zum Verkauf Louisianas, eines Territoriums von über 800.000 Quadratmeilen östlich des Mississippis, an die USA veranlasst hat, lässt sich aus den Quellen heraus nicht abschließend beantworten. Die meisten Historiker gehen aber zumindest davon aus, dass Jeffersons Drohungen ernst gemeint waren.⁴⁷

Auch gegenüber Spanien trat er mit der Androhung von Gewalt auf, um dieses dazu zu zwingen, Westflorida an die USA abzutreten. Mit dem fragwürdigen Argument, dass der Kauf Louisianas von Frankreich auch das spanische Westflorida enthalten habe, verlangte Jefferson die Abtretung dieses Gebiets.⁴⁸ Gegenüber seinem Außenminister machte er deutlich, dass er, um ganz Florida zu bekommen, auch zu einem Krieg bereit sei.⁴⁹ Als die spanische Regierung sich nicht einschüchtern ließ, gebrauchte Jeffersons Nachfolger dann tatsächlich militärische Mittel. Während Spanien sich im Krieg mit Frankreich befand und nach einem Aufstand anglo-amerikanischer Siedler, die sich in Westflorida niedergelassen hatten, erklärte Madison, dass das Territorium zu annektieren sei, und ließ dort Truppen einmarschieren.⁵⁰

Jeffersons außenpolitische Agenda brachte die USA auch mit dem früheren Mutterland in Konflikt. Um Großbritannien während der Napoleonischen Kriege

---

44 Vgl. REGINALD C. STUART: War and American Thought. From the Revolution to the Monroe Doctrine. Kent 1982, S. 116 f.
45 JEFFERSON an Robert Livingston, 18. April 1802, in: WTJ (wie Anm. 5), Bd. 10, S. 311–316, hier: S. 313.
46 Vgl. LOUIS PICHON an Charles-Maurice de Talleyrand-Périgord, le 12 Nivôse, an 10 (2. Januar 1802); le 18 Messidor, an 10 (7. Juli 1802); le 2 Nivôse, an 11 (23. Dezember 1802); le 29 Pluviôse, an 11 (18. Februar 1803), in: Archives du Ministère des Affaires Étrangères: Correspondence Politique, États-Unis (Fotokopien in der Library of Congress), Bd. 54, S. 15–17vo, hier: S. 17 f.; S. 410–415vo, hier: S. 413; Bd. 55, S. 125–127vo, hier: S. 125 f.; S. 292–301vo, hier: S. 300.
47 Vgl. ALEXANDER DECONDE: This Affair of Louisiana. New York 1976, S. 115, 135; MALONE, Jefferson (wie Anm. 3), Bd. 4, S. 285 f.; GILBERT CHINARD: Thomas Jefferson. The Apostle of Americanism, 2. überarb. Aufl. Boston 1948, S. 406; IRVING BRANT: James Madison, 6 Bde. Indianapolis 1941–1961, Bd. 4, S. 80; BRADFORD PERKINS: The First Rapprochement. England and the United States, 1795–1805. Philadelphia 1955, S. 167.
48 Vgl. TUCKER / HENDRICKSON, Empire (wie Anm. 3), S. 137–156.
49 Vgl. JEFFERSON an James Madison, 16. August 1807, in: WTJ (wie Anm. 5), Bd. 11, S. 326 f.
50 Für die sogenannte West Florida Controversy siehe vor allem ISSAC J. COX: The West Florida Controversy, 1798–1813. A Study in American Diplomacy. Baltimore 1918; J. C. A. STAGG: Borderlines in Borderlands. James Madison and the Spanish-American Frontier, 1776–1821. New Haven 2009, S. 52–86.

zur Respektierung von Amerikas neutralen Handelsrechten, wie Jefferson sie verstand, sowie zur Öffnung seiner Märkte zu zwingen, bat er 1807 den Kongress, ein Embargo zu verhängen – in dem Glauben, dass Großbritannien mehr auf die landwirtschaftlichen Güter Amerikas als dieses auf verarbeitete Produkte aus Großbritannien angewiesen sei und dass das frühere Mutterland deshalb keine andere Wahl habe, als dem ökonomischen Druck der USA nachzugeben. Als sich diese Annahme als Trugschluss erwies und die Unterdrückung des Außenhandels den Amerikanern mehr als den Europäern zusetzte, fühlte sich sein Nachfolger 1812 angesichts eines zuvor von Jefferson angestachelten anglophoben Nationalismus dazu genötigt, den Kongress um eine Kriegserklärung zu bitten. Mit dem Krieg von 1812 würden die USA dabei, so zumindest die Hoffnung der Republikaner, nicht nur ihre Handelsinteressen und neutralen Rechte durchsetzen, sondern durch eine Eroberung Kanadas auch ihr Territorium maßgeblich erweitern.[51]

Aber nicht nur Madison sah sich gezwungen, angesichts der während Jeffersons Präsidentschaft aufgetürmten außenpolitischen Probleme zu militärischen Mitteln zu greifen. Auch Jefferson selbst setzte die Marine in dem sogenannten Ersten Barbareskenkrieg (1801-1805) ein, um Amerikas Außenhandelsinteressen zu verteidigen. Die Barbareskenstaaten sandten zu dieser Zeit regelmäßig Kaperschiffe aus, die Handelsschiffe aus jenen Staaten, die sich weigerten, Tributzahlungen zu leisten, aufbrachten, um die erbeutete Fracht und die gefangengenommenen Seemänner zu verkaufen. Während die vorhergehenden Administrationen von George Washington (1732-1799) und John Adams (1735-1826) den Schutz amerikanischer Schiffe durch Geldzahlungen erlangt hatten, zog Jefferson es vor, die Marine nach Nordafrika zu entsenden, um die nordafrikanischen Herrscher auf militärischem Wege zu zwingen, künftig von Angriffen auf amerikanische Schiffe abzulassen.[52]

---

51 Zum Krieg von 1812 siehe vor allem DONALD R. HICKEY: The War of 1812. A Forgotten Conflict, Jubiläumsausgabe. Urbana 2012. Zur umfangreichen Literatur zum Konflikt siehe JASPER M. TRAUTSCH: The Causes of the War of 1812. 200 Years of Debate, in: *Journal of Military History* 77 (2013), S. 273-293. Zur von Jefferson maßgeblich befeuerten Dynamik des amerikanischen Nationalismus, die Madison und den Kongress 1812 zur Kriegserklärung zwang, siehe DERS.: ›Mr. Madison's War‹ or the Dynamic of Early American Nationalism?, in: *Early American Studies* 10 (2012), S. 630-670, hier: S. 643-665.

52 Die umfassendste und zuverlässigste der zahlreichen Monographien zu den Barbareskenkriegen ist FRANK LAMBERT: The Barbary Wars. American Independence in the Atlantic World. New York 2005.

Jeffersons Expansions- als Friedenspolitik

Die Diskrepanz zwischen Jeffersons Denken und Handeln hat die Geschichtswissenschaft seit langem beschäftigt.[53] Von diplomatiegeschichtlicher Seite wurde dieser Widerspruch häufig damit erklärt, dass Jefferson eben ein Idealist gewesen sei, der seine Prinzipien im Regierungsalltag einfach nicht in die Tat habe umsetzen können. In dieser Interpretation erscheint Jefferson naiv und weltfremd, da seine theoretisch hergeleiteten Positionen den Praxistest nicht bestanden hätten.[54] Eine andere Erklärung für die Kluft zwischen Jeffersons prinzipiellem Anspruch und der Wirklichkeit seiner Politik tut seine tugendhaften Äußerungen als reine Rhetorik ab. Demnach sei Jefferson ein Realist gewesen, der tatsächlich eine knallharte Interessenpolitik verfolgt habe, diese aber öffentlich dadurch legitimiert habe, indem er hehre Werte beschworen habe und moralistisch aufgetreten sei.[55] Eine weniger freundliche Lesart dieser Interpretation sieht in Jefferson kaum mehr als einen skrupellosen Opportunisten (vor allem wenn es um seine Einstellung zur Sklaverei, zu den amerikanischen Ureinwohnern oder zu Bürgerrechten geht).[56]

Tatsächlich lässt sich der Widerspruch zwischen seiner pazifistischen

---

53 Schon zu seinen Lebzeiten kritisierten Jeffersons politische Gegner ihn als »hypocrite«. ALEXANDER HAMILTON an James A. Bayard, 16. Januar 1801, in: HENRY CABOT LODGE (Hrsg.): The Works of Alexander Hamilton, 12 Bde. New York 1904, Bd. 10, S. 412–419, hier: S. 413. Vgl. auch JAMES H. READ: Alexander Hamilton's View of Thomas Jefferson's Ideology and Character, in: DOUGLAS AMBROSE / ROBERT W. T. MARTIN (Hrsg.): The Many Faces of Alexander Hamilton. The Life & Legacy of America's Most Elusive Founding Father. New York 2006, S. 77–106.

54 Vgl. TUCKER / HENDRICKSON, Empire (wie Anm. 3), S. 221; PETER P. HILL: The Early National Period, 1775–1815, in: ROBERT D. SCHULZINGER (Hrsg.), A Companion to American Foreign Relations. Malden 2003, S. 48–63, hier: S. 51. Sehr kritisch gegenüber Jeffersons Außenpolitik sind BRADFORD PERKINS: Prologue to War. England and the United States, 1805–1812. Berkeley 1961; REGINALD HORSMAN: The Causes of the War of 1812. Philadelphia 1962; PAUL A. VARG: Foreign Policies of the Founding Fathers. East Lansing 1963; BURTON SPIVAK: Jefferson's English Crisis. Commerce, Embargo, and the Republican Revolution. Charlottesville 1979.

55 Als Realist, dessen idealistische Rhetorik man nicht überbewerten sollte, wird Jefferson gesehen von JAMES R. SOFKA: The Jeffersonian Idea of Security. Commerce, the Atlantic Balance of Power, and the Barbary War, 1786–1805, in: Diplomatic History 21 (1997), S. 519–544; WALTER A. MCDOUGALL: Promised Land, Crusader State. The American Encounter with the World Since 1776. Boston 1997, S. 15–38. Reginald Stuart erklärte den Widerspruch damit, dass Jefferson zwei Rollen gespielt habe: Fernab der Regierung sei er »reflective philosopher«, als Außenminister und Präsident dagegen »man in power« gewesen. STUART, Origins (wie Anm. 4), S. 24.

56 Vgl. PAUL FINKELMAN: Slavery and the Founders. Race and Liberty in the Age of Jefferson. Armonk 1996; HENRY WIENCEK: Master of the Mountain. Thomas Jefferson and His Slaves. New York 2012; ROBERT J. MILLER: Native America, Discovered and Conquered. Thomas Jefferson, Lewis & Clark, and Manifest Destiny. Westport 2006; LEONARD W. LEVY: Jefferson and Civil Liberties. The Darker Side. Cambridge 1963.

Grundeinstellung und der militärische Konflikte provozierenden Außenpolitik aber auflösen: Jeffersons ambitionierte Ziele stellten seinen auf Frieden pochenden Republikanismus nicht in Frage, sondern ergaben sich gleichsam daraus. Zum einen erschien Jefferson die territoriale Expansion über den nordamerikanischen Kontinent notwendig, um den agrarischen Charakter der USA zu bewahren. In diesem sah er eine Voraussetzung für die Sicherung der republikanischen Staatsform und damit des Friedens. Denn nur grundbesitzende Farmer hätten genügend persönliche Unabhängigkeit, um eine Republik aufrechtzuerhalten.[57] »Those who labor in the earth are the chosen people of God [...], whose breasts He has made His peculiar deposit for substantial and genuine virtue«, wie er in seinen *Notes on the State of Virginia* festhielt. Tugendhaftigkeit aber sei die Basis für eine von Bürgern getragene Republik. »It is the manners and spirit of a people which preserve a republic in vigour. A degeneracy in these is a canker which soon eats to the heart of its laws and constitution.« Mit Lohnarbeitern in Manufakturbetrieben und Kaufleuten sei eine Republik dagegen nicht aufrechtzuerhalten. Denn beide seien abhängig: erstere von ihren Arbeitgebern und letztere von »the casualties and caprice of customers«. Abhängigkeit aber »begets subservience and venality, suffocates the germ of virtue, and prepares fit tools for the designs of ambition«. Um eine Industrialisierung Amerikas zu verhindern, müssten deshalb die von Großbritannien, Frankreich und Spanien gehaltenen Territorien im Norden, Westen und Süden des Kontinents gewonnen werden, damit die wachsende Bevölkerung der USA neues Land zur agrarischen Betätigung finden und nicht gezwungen sein würde, sich in Manufakturen in Städten zu verdingen. So ließe sich eine Europa vergleichbare sozio-ökonomische Entwicklung vermeiden.[58] Jeffersons Maxime war, »that as few as possible shall be without a little portion of land« und dass die USA deshalb expandieren müssten.[59]

Zum anderen war für Jefferson neben der territorialen auch eine kommerzielle Expansion notwendig, um die Republik zu bewahren. Denn die Amerikaner würden sich nur dann landwirtschaftlich betätigen, wenn sie die Überschüsse profitabel ins Ausland verkaufen könnten, um es sich im Gegenzug leisten zu können, verarbeitete Produkte aus Europa zu importieren. Schließlich war ihm bewusst, dass die Amerikaner nicht bereit sein würden, sich auf eine

---

57 Für die Bedeutung des Wunsches, dass Amerika durch territoriale Expansion eine gesellschaftliche Entwicklung, wie sie sich bereits in Europa vollzogen hatte, vermeiden könnte, in der frühen amerikanischen Republik siehe DREW R. MCCOY: The Elusive Republic. Political Economy in Jeffersonian America. Chapel Hill 1980.
58 JEFFERSON, Notes on the State of Virginia (wie Anm. 21), S. 228–230.
59 JEFFERSON an James Madison, 28. Oktober 1785, in: PTJ (wie Anm. 5), Bd. 8, S. 681–683, hier: S. 682. Vgl. auch DERS. an James Madison, 20. Dezember 1787, in: WTJ (wie Anm. 5), Bd. 6, S. 385–393.

Subsistenzwirtschaft zu beschränken und auf Konsumprodukte zu verzichten.[60] Jefferson schlug deshalb vor: »for the general operations of manufacture, let our work-shops remain in Europe. It is better to carry provisions and materials to workmen there, than bring them to the provisions and materials, and with them their manners and principles. The loss by the transportation of commodities across the Atlantic will be made up in happiness and permanence of government.«[61] Für die praktische Politik hieß dies, dass es Amerikas Ziel sein müsse, »to [...] pursue agriculture, and open all the foreign markets possible to our produce«.[62]

Die territoriale und kommerzielle Expansion waren nach Jefferson aber nicht nur notwendig, um die republikanische Staatsform durch eine Perpetuierung der agrarischen Basis der amerikanischen Gesellschaft zu bewahren. Für ihn waren sie auch eine Voraussetzung für den Erhalt des Friedens.[63] Zum einen glaubte er, dass eine kommerzielle Expansion die Möglichkeit bot, dem Krieg als Instrument der Außenpolitik zu entsagen. Zwar war Jefferson kein Anhänger der Theorie, nach der ökonomische Interdependenz automatisch zu Frieden führe. Im Gegenteil: Er argumentierte wiederholt, dass internationaler Warenaustausch Rivalitäten und Animositäten provozieren würde, die sich in einem Krieg entladen könnten.[64] Aber er war davon überzeugt, dass, wenn Europa wirtschaftlich von den USA abhängig würde (sei es vom Import landwirtschaftlicher Produkte aus den USA oder vom Export verarbeiteter Produkte in die USA), Amerika sich gegen Ungerechtigkeiten wehren könne, ohne auf militärische Mittel zurückgreifen zu müssen, nämlich mit dem Instrument der Wirtschaftssanktionen oder eines kompletten Embargos. Ökonomische Kriegführung war, so Jefferson, für eine Republik ein geeigneter Ersatz für militärische Auseinandersetzungen. So sprach der dritte Präsident, der sich nach der soge-

---

60 Zum Zusammenhang von kommerzieller Expansion und Republikanismus siehe DREW R. McCOY: Republicanism and American Foreign Policy. James Madison and the Political Economy of Commercial Discrimination, 1789 to 1794, in: *William and Mary Quarterly* 31 (1974), S. 633–646.
61 JEFFERSON, Notes on the State of Virginia (wie Anm. 21), S. 230.
62 JEFFERSON an Charles Lilburne Lewis, 10. Januar 1789, in: PTJ (wie Anm. 5), Bd. 14, S. 427f., hier: S. 428.
63 Jefferson war sich zu diesem Zeitpunkt offenbar noch nicht bewusst, dass die territoriale Expansion nach Westen zum Auseinanderbrechen der Union und zum Bürgerkrieg führen würde, da sie das Problem der Sklaverei auf die nationale Agenda bringen und die divergierenden Interessen des Nordens und Südens immer unmittelbarer in Konflikt treten lassen würde. Vgl. STEVEN E. WOODWORTH: Manifest Destinies. America's Westward Expansion and the Road to the Civil War. New York 2010.
64 Für die Bedeutung der Theorie, dass internationale wirtschaftliche Verflechtungen friedensstiftend wirken, in der frühen amerikanischen Republik siehe DAVID M. FITZSIMONS: Tom Paine's New World Order. Idealistic Internationalism in the Ideology of Early American Foreign Relations, in: *Diplomatic History* 19 (1995), S. 569–582.

nannten Chesapeake-Affäre von 1807 – einem Angriff des britischen Kriegsschiffs HMS *Leopard* auf die amerikanische USS *Chesapeake*, deren Kapitän sich geweigert hatte, sein Schiff nach britischen Deserteuren durchsuchen zu lassen – dazu entschied, Großbritannien mit einem Abbruch der Handelsbeziehungen statt mit einer Kriegserklärung zu bestrafen, davon, »that there are peaceable means of repressing injustice, by making it the interest of the aggressor to do what is just, and abstain from future wrong«.⁶⁵ Schon zu einem früheren Zeitpunkt – nach dem britischen Regierungserlass vom 6. November 1793, mit dem Großbritannien während der Koalitionskriege den amerikanischen Handel mit Französisch-Westindien unterband – hatte er als Außenminister erklärt, dass er dafür sei, auf die Krise mit Wirtschaftssanktionen statt mit militärischen Aktionen zu reagieren: »I love peace, and I am anxious that we should give the world still another useful lesson, by showing to them other modes of punishing injuries than by war.«⁶⁶

Zum anderen war ihm als Gegner von einem stehenden Heer, das seiner Meinung nach stets eine Gefahr für die zivile Regierung darstellte, bewusst, dass man darauf nur verzichten konnte, solange man nicht von außen bedroht war. Daraus folgte der Gedanke, dass Sicherheit ohne ein permanentes Militär nur gewährleistet werden konnte, wenn die USA keine Nachbarn hätten, vor denen sie sich fürchten müssten, ergo: nach der Vertreibung aller europäischen Mächte vom nordamerikanischen Kontinent.

In den 1780er Jahren war der Zusammenhang von republikanischer Staatsform und Freiheit von äußeren Bedrohungen für Jefferson ausschlaggebendes Argument für den Zusammenschluss der Einzelstaaten innerhalb der Union gewesen. Denn wenn diese unabhängig voneinander wären, müssten sie stets befürchten, Opfer des Angriffs eines Nachbarn zu werden, und deshalb stehende Heere zur Verteidigung unterhalten, die irgendwann auch zur Unterdrückung der eigenen Bevölkerung eingesetzt werden könnten, so Jeffersons Sorge. Ohne den föderalen Bund würde Amerika folglich »an arena of gladiators« werden.⁶⁷ Er war sich sicher: »it could not but occur to every one, that these separate independencies, like the petty States of Greece, would be eternally at war with each other«. Nur ein Zusammenschluss »would ensure eternal peace«.⁶⁸

---

65 JEFFERSON an William H. Cabell, 29. Juni 1807, in: WTJ (wie Anm. 5), Bd. 11, S. 256f., hier: S. 257. Zur Chesapeake-Affäre siehe SPENCER C. TUCKER / FRANK T. REUTER: Injured Honor. The Chesapeake-Leopard Affair, June 22, 1807. Annapolis 1996.
66 JEFFERSON an Tench Coxe, 1. Mai 1794, in: WTJ (wie Anm. 5), Bd. 9, S. 284–286, hier: S. 285. Vgl. auch JEFFERSON an Madison, 24. März 1793, in: TJW (wie Anm. 5), Bd. 7, S. 250–252.
67 JEFFERSON an Elbridge Gerry, 13. Mai 1797, in: WTJ (wie Anm. 5), Bd. 9, S. 380–386, hier: S. 385.
68 JEFFERSON, The Anas, in: WTJ (wie Anm. 5), Bd. 1, S. 265–492, hier: S. 266f. Nach David C. Hendrickson, der Jeffersons Logik eines Friedens durch Zusammenschluss auch in den Schriften zahlreicher anderer »Gründungsväter« der USA fand, war die Verfassung von 1787

Nachdem dies erreicht und die Union aus den ursprünglich souveränen Staaten unter der neuen Verfassung konsolidiert worden war, war der nächste Schritt die Ausdehnung der USA Richtung Pazifik und Golf von Mexiko und die damit einhergehende Vertreibung der europäischen Mächte, um Nordamerika dauerhaft zu befrieden. »When our strength will permit us to give the law of our hemisphere«, schrieb Jefferson kurz vor Beginn des Kriegs von 1812 und der Invasion Kanadas, »it should be that the meridian of the mid-Atlantic should be the line of demarkation between war and peace, on this side of which no act of hostility should be committed, and the lion and the lamb lie down in peace together.«[69] Kaum hatte der militärische Konflikt begonnen, gab er deshalb der Hoffnung Ausdruck, dass er zur »final expulsion of England from the American continent« führen werde.[70]

Als zahlreiche lateinamerikanische Kolonien in den 1810er und 1820er Jahren ihre Unabhängigkeit von Spanien und Portugal erklärten, wandte er den gleichen Gedanken auf die gesamte »Neue Welt« an. Sobald ganz Lateinamerika unabhängig sei, würde die westliche Hemisphäre »no longer [...] be involved in the never-ceasing broils of Europe«, prophezeite er Alexander von Humboldt. »The insulated state in which nature has placed the American continent, should so far avail it that no spark of war kindled in the other quarters of the globe should be wafted across the wide oceans which separate us from them.« Zwar stand er der Fähigkeit der früheren spanischen und portugiesischen Kolonien, Republiken aufzubauen und zu erhalten und damit selbst friedliebende Staaten zu werden, skeptisch gegenüber. Entscheidender war jedoch, dass die USA weiter expandieren und ihr System ausbreiten würden, sobald die europäischen Mächte vertrieben wären, da die lateinamerikanischen Länder zu schwach seien, um für die USA eine Gefahr darzustellen. »And you will see the epoch now [...] ahead of us; and the numbers which will then be spread over the other parts of the American hemisphere, catching long before that the principles of our portion of it, and concurring with us in the maintenance of the same system.«[71] In dem Maße, wie »the foothold which the nations of Europe had in either America, is slipping from under them, so that we shall soon be rid of their neighborhood«,

---

deshalb ein »Friedensvertrag«, der aus Amerika eine Sicherheitsgemeinschaft machte. DAVID C. HENDRICKSON: Peace Pact. The Lost World of the American Founding. Lawrence 2003.
69 JEFFERSON an John Crawford, 2. Januar 1812, in: WTJ (wie Anm. 5), Bd. 13, S. 117–119, hier: S. 119.
70 JEFFERSON an William Duane, 4. August 1812, in: Thomas Jefferson Papers (Library of Congress). Vgl. auch JEFFERSON an Madame de Tessé, 8. Dezember 1813, in: WTJ (wie Anm. 5), Bd. 14, S. 25–29, hier: S. 29.
71 JEFFERSON an Alexander von Humboldt, 6. Dezember 1813, in: WTJ (wie Anm. 5), Bd. 14, S. 20–25, hier: S. 22.

würden Amerika in Zukunft Kriege erspart bleiben.⁷² Denn »the European system [...] is essentially belligerent«, das »American system« dagegen »essentially pacific«.⁷³ Letztlich würde also erst die Expansion der USA über den gesamten nordamerikanischen Kontinent, wenn nicht gar darüber hinaus nach Lateinamerika, dauerhaften Frieden in der westlichen Hemisphäre garantieren.

Zusammenfassung und Beurteilung

Für Jefferson bestand kein Widerspruch zwischen seiner Überzeugung, dass Republiken grundsätzlich friedlich und die USA als »Land der Freiheit« damit auch ein »Land des Friedens« seien, und seiner expansionistischen Außenpolitik, die aggressiv die Ausdehnung des US-Territoriums Richtung Norden, Westen und Süden betrieb und die die Öffnung ausländischer Märkte für amerikanische Produkte anstrebte. Denn für ihn waren Sicherheit vor äußeren Bedrohungen sowie die Möglichkeit, überschüssige Agrarprodukte gewinnbringend exportieren zu können, notwendige Voraussetzungen für die dauerhafte Stabilität von Amerikas republikanischen Institutionen. Darüber hinaus würde die wirtschaftliche Abhängigkeit europäischer Staaten von den USA letztere in die Lage versetzen, mit Embargos und Importverboten statt mit militärischen Mitteln ihre Interessen durchzusetzen. Schließlich würde erst die Annexion des bislang noch nicht zu den USA gehörenden Territoriums in Nordamerika den Kontinent dauerhaft befrieden.

Eine Beurteilung dieser als Expansionspolitik konzipierten Friedenspolitik muss zunächst einmal festhalten, dass nach Jefferson nur anglo-amerikanische beziehungsweise weiße Siedler in den Genuss der republikanischen Selbstregierung kommen sollten. Die amerikanischen Ureinwohner hätten seiner Auffassung nach zwar theoretisch einen Platz in der expandierenden amerikanischen Republik finden können, wenn sie den Lebensstil der europäischen Einwanderer übernommen hätten; aber diese Hoffnung Jeffersons wurde in der Praxis nicht nur durch die Weigerung vieler Indianer, ihre Kultur aufzugeben, sondern auch durch die Landgier und den Rassismus der vorrückenden Siedler zunichte gemacht. Für die schwarzen Sklaven sah Jefferson noch nicht einmal die hypothetische Möglichkeit einer erfolgreichen Integration in sein »empire of liberty«. Schließlich sprach er auch den katholischen Spaniern und Portugiesen die Fähigkeit zur Selbstregierung ab.

Aber auch diejenigen, die Jefferson für qualifiziert hielt, eine Republik aufrechtzuerhalten, begrüßten nicht unbedingt die Versuche der USA, sie zu in-

---

72 JEFFERSON an James Monroe, 11. Juni 1823, in: ebd., Bd. 15, S. 435–439, hier: S. 436.
73 JEFFERSON an James Madison, 23. März 1815, in: ebd., Bd. 14, S. 290–294, hier: S. 292.

korporieren. Dies mussten die dreizehn rebellierenden Kolonien in den 1770er Jahren feststellen, als ihre nördlichen Nachbarn sich weigerten, ihre Revolution zu unterstützen.[74] 1812 wiederum wurde Jefferson eines Besseren belehrt, als er glaubte, die Einnahme Kanadas im Krieg gegen England sei »a mere matter of marching«, weil die Kanadier die Invasoren angeblich willkommen heißen und ihnen keinen Widerstand entgegensetzen würden.[75]

Langfristig vielleicht noch entscheidender aber ist, dass die Jeffersons Denken über den Krieg zugrundeliegende Theorie des republikanischen Friedens ein globales Sicherheitsproblem für die USA schuf. Denn schließlich war die Kehrseite dieser Theorie, nach der Republiken prinzipiell friedfertig sind, die Annahme, dass Monarchien inhärent bellizistisch sind. Amerika war also grundsätzlich und ständig von den europäischen Mächten, die angeblich dauerhaft Krieg führten, bedroht. Wiederholt behauptete er, dass die »armed despots« Europas darauf angewiesen seien, »the dog of war« dazu zu nutzen, ihre Völker zu unterdrücken.[76] An anderer Stelle bemerkte er sarkastisch: »Blessed effect of a kingly government, where a pretended insult to the sister of a king, is to produce the wanton sacrifice of a hundred or two thousand of the people who have entrusted themselves to his government, and as many of his enemies!«[77] Ein friedfertiges Nebeneinander schien nicht möglich. Auch ein friedliches Land wie Amerika würde deshalb regelmäßig dazu gezwungen, Krieg zu führen, um sich gegen die Bedrohungen durch Monarchien zu verteidigen. Er stellte mit Bedauern fest: »Wars then must sometimes be our lot.« Denn »all the wise [we] can do, will be to avoid that half of them which would be produced by our own follies and our own acts of injustice; and to make for the other half the best preparations we can«.[78] US-Außenminister John Jay sagte er 1785 voraus: »Frequent wars without a doubt.« Schließlich würde die friedliche Einstellung der Amerikaner sie nur »from those wars which would have been produced by a contrary disposition« schützen, aber nicht vor denjenigen, die Europas Monarchien provozierten.[79] Aus der Theorie des republikanischen Friedens resultierte also eine Bedrohungswahrnehmung, die unabhängig von konkreten Anlässen und stattdessen ganz grundsätzlich war.[80] Die Überzeugung, dass die europäischen

---

74 Für die vergeblichen Versuche der Revolutionäre, im Unabhängigkeitskrieg Kanada zu erobern, siehe MARK R. ANDERSON: The Battle for the Fourteenth Colony. America's War of Liberation in Canada, 1774–1776. Hanover 2013.
75 JEFFERSON an William Duane, 4. August 1812, in: Thomas Jefferson Papers (Library of Congress).
76 JEFFERSON an James Madison, 6. September 1789, in: WTJ (wie Anm. 5), Bd. 7, S. 461.
77 JEFFERSON an John Rutledge, 6. August 1787, in: WTJ (wie Anm. 5), Bd. 6, S. 250–252, hier: S. 251.
78 JEFFERSON, Notes on the State of Virginia (wie Anm. 21), S. 241.
79 JEFFERSON an John Jay, 23. August 1785, in: WTJ (wie Anm. 5), Bd. 5, S. 93–96, hier: S. 94f.
80 Die sich aus der Theorie des republikanischen Friedens ergebende, mitunter jegliche Tat-

Monarchien gleichsam aus ihrer Natur heraus Kriege gegen die USA planten, brachte Jefferson ja überhaupt erst dazu, ihre komplette Vertreibung vom nordamerikanischen Kontinent anzustreben.

Zwar beschränkten sich seine expansiven Ziele auf die »Neue Welt«, glaubte er doch, dass kein europäischer Staat in der Lage sein würde, die USA ohne Basis auf dem nordamerikanischen Kontinent anzugreifen. Aber aus der Logik seines Denkens heraus musste der Expansionismus in dem Moment prinzipiell weitergehen, sobald der Atlantik aufgrund neuer Transport- und Waffentechnologien immer weniger eine Barriere zwischen Europa und Amerika darstellte. Gewiss hat Jefferson nie eine direkte militärische Intervention in Europa befürwortet, aber seine hartnäckige Sympathie für die Französische Revolution auch nach ihrer Radikalisierung sowie seine Kritik an der Neutralitätspolitik Washingtons machen deutlich, dass er die Republikanisierung Europas als in Amerikas unmittelbarem Interesse betrachtete.[81] Andersherum warnte er wiederholt, dass Amerika von Europas Monarchien bedroht sei und Großbritannien nach einem Sieg über Frankreich alles daran setzen würde, seine im amerikanischen Unabhängigkeitskrieg verlorenen Kolonien zurückzuerobern.[82] Ewiger Frieden konnte demnach erst herrschen, nachdem die gesamte Welt republikanisiert worden war.

Zwar war es wohl jenseits von Jeffersons Vorstellungskraft, dass die USA einmal die mächtigste Nation der Welt und damit auch in der Lage sein würden, militärische Macht in alle Weltregionen zu projizieren. Wendet man sein Denken über die Ursachen von Krieg und über die Voraussetzungen für dauerhaften Frieden aber auf das 20. Jahrhundert an, erhält man ein Plädoyer für den militärischen Demokratieexport. Denn Jefferson hielt Kriege ja für gerechtfertigt, wenn sie gegen Monarchien geführt wurden und zum Ziel hatten, die republikanische Staatsform zu schützen. Ebenso folgt aus der Logik von Jeffersons Friedenstheorie, dass sich nach der Ausdehnung der USA bis zum Pazifik und der Inbesitznahme Floridas und von Teilen Mexikos im Laufe des 19. Jahrhunderts Amerikas republikanische Expansions- zu einer demokratischen Interventionspolitik wandeln musste. Denn: War die Eroberung und Annexion des nur von Indianern bewohnten (und damit in den Augen Jeffersons frei verfüg-

---

sachen leugnende Bedrohungswahrnehmung der Republikaner im frühen 19. Jahrhundert wird dargelegt in TRAUTSCH, Genesis of America (wie Anm. 6), S. 180–188.
81 Für Jeffersons starrsiniges Festhalten an seinem Glauben an die Gerechtigkeit der Französischen Revolution siehe CONOR CRUISE O'BRIEN: The Long Affair. Thomas Jefferson and the French Revolution, 1785–1800. Chicago 1996.
82 Vgl. JEFFERSON an Charles W. F. Dumas, 6. Mai 1786; JEFFERSON an James Monroe, 16. Oktober 1816, in: WTJ (wie Anm. 5), Bd. 5, S. 309f., hier: S. 310; Bd. 15, S. 78–81, hier: S. 79f.; JEFFERSON an William Carmichael, 15. Dezember 1787, in: TJW (wie Anm. 5), Bd. 5, S. 363–368, hier: S. 364f.

baren) Landes abgeschlossen, ließ sich das »empire of liberty« nicht mehr erweitern. Um die Sicherheit Amerikas auszubauen, mussten nun stattdessen existierende und bevölkerte Staaten in Demokratien umgewandelt werden. In diesem Sinne kann Jefferson als Vorreiter der demokratischen Interventionspolitik seiner Nachfolger im 20. und frühen 21. Jahrhundert betrachtet werden.[83]

---

83 Die These, dass Jefferson eine geistig-politische Quelle für Amerikas spätere Demokratieexportpolitik war, sollte aber nicht darüber hinwegtäuschen, dass es erhebliche Unterschiede zwischen der Theorie des republikanischen Friedens im 18. und frühen 19. Jahrhundert und der demokratischen Friedenstheorie des 20. und 21. Jahrhunderts gibt. Vor allem ging es ersterer um klassische Republiken mit ihrer Gewaltenteilung, dem Primat des Rechts und den Wahlrechtsbegrenzungen, letztere hingegen verweist auf moderne Massendemokratien mit allgemeinem Wahlrecht und direkteren Formen der politischen Mitbestimmung durch das Volk.

Wolfgang Egner

William E. Gladstone und die britische Okkupation Ägyptens

Gladstone's action in Egypt is the most puzzling aspect of his policy. For the occupation and ultimate annexation of Egypt were contrary to his intention as well as contradictory of his principles. He wished to restrict, rather than to increase responsibilities and territorial obligations; he was anxious not to come into conflict with foreign Powers; he desired to encourage and not repress national movements whenever they manifested themselves. The Egyptian adventure, therefore, violated the fundamental principles of his policy.[1]

Die Okkupation Ägyptens 1882 stellt viele Historiker vor ein Rätsel. Das grüne Licht für diese Invasion war ausgerechnet von einer liberalen Regierung unter dem zur Personifikation eines fortschrittlichen Liberalismus erhobenen Premierministers William Ewart Gladstone (1809–1898) gegeben worden. Dass dieser Akt imperialistischer Machtpolitik solche Verwunderung sowohl unter Zeitgenossen wie auch unter Historikern auslösen konnte, liegt stark an der romantischen Verklärung des Liberalismus, die noch bis heute andauert.[2] Im obigen Zitat des britischen Diplomatiehistorikers Harold Temperley wird ausgeführt, dass die britische Machtübernahme in Ägypten Gladstones Förderung nationaler Unabhängigkeitsbewegungen und friedvoller Außenpolitik zuwiderlief. Von vielen britischen Historikern wurde die Invasion daher auf ein Bündel von nicht durch die Regierung kontrollierbarer Faktoren wie die *men on the spot*[3] zurückgeführt, die schließlich das britische Regierungspersonal im Londoner Whitehall vor vollendete Tatsachen gestellt hätten. Eine Minderheit britischer Historiker, wie beispielsweise Antony G. Hopkins,[4] bestand dagegen

---

1 HAROLD TEMPERLEY / LILLIAN M. PENSON: Foundations of British Foreign Policy: From Pitt (1792) to Salisbury (1902). Old and New Documents. Neudruck London 1966, S. 416.
2 Die Verklärung des Liberalismus wird thematisiert von: JÖRN LEONHARD: Liberalismus. Zur historischen Semantik eines europäischen Deutungsmusters. München 2001, S. 31, 543.
3 Dieses Konzept wurde im folgenden Aufsatz entwickelt: JOHN S. GALBRAITH: The »Turbulent Frontier« as a Factor in British Expansion, in: *Comparative Studies in Society and History* 2 (1960), S. 150–168.
4 Vgl. ANTONY GERALD HOPKINS: The Victorians and Africa: A Reconsideration of the Occupation of Egypt, 1882, in: *The Journal of African History* 27 (1986), S. 363–391.

darauf, dass die Okkupation Ägyptens eine Konsequenz der durch die liberale Partei angestoßenen wirtschaftlichen Entwicklung gewesen sei.[5] Diese beiden Erklärungsmodelle sind in der aktuellen historischen Forschung, insbesondere in der Debatte über den »liberal imperialism«,[6] zusammengeführt worden. Die gesamte Kontroverse demonstriert vor allem, was geschieht, wenn Liberale aus ihrer vorgeblichen Rolle fallen: öffentliche Irritation.

Entgegen immer noch auf Temperley Bezug nehmender Meinungen zeigt der vorliegende Aufsatz, dass es keinen Grund für eine solche Irritation gibt. Die liberalen Regierungsmitglieder – und allen voran Gladstone – leiteten in Ägypten keine Kehrtwende ein, sondern setzten konsequent die von ihnen geforderte Interventionspolitik um. Im Folgenden wird daher zunächst ein Pamphlet Gladstones aus dem Jahr 1877 ins Zentrum gestellt, in dem er sich gegen die Eroberung Ägyptens aussprach. Anhand dieses Textes wird exemplarisch verdeutlicht, dass sich die Okkupation Ägyptens 1882 in keinem Widerspruch zu zuvor formulierten liberalen Prinzipien befand. Damit wird die von Gladstone propagierte Spielart des Liberalismus in den Fokus gerückt, um die Aktionen dieses politischen Hauptakteurs auf ihre innere Kohärenz zu prüfen.

Dieser Test erfolgt in mehreren Schritten, die jeweils zeigen, dass die einzelnen Gründe für besagte Irritation nicht gegeben waren: Zuerst wird anhand der Biographie Gladstones nachgewiesen, dass er lediglich christliche Nationalbewegungen unterstützte und kein Pazifist war. Als zweiter Schritt wird der scheinbare Widerspruch zwischen Anti-Imperialismus und »humanitärer« Interventionen aufgehoben. In einem dritten Schritt wird die Okkupation Ägyptens thematisiert, die hauptsächlich auf Entscheidungen der *men on the spot* zurückzuführen ist. Gladstone selbst spielt in diesem Teil daher nur eine untergeordnete Rolle; die von ihm artikulierten liberalen Entwicklungsvorstellungen dagegen eine wichtige. Im vierten Schritt werden die nachträglichen Rechtfertigungen Gladstones für die Intervention untersucht. Diese stellten abermals keinen Bruch mit Gladstones liberalen Prinzipien dar, sondern legen vor allem nahe, dass die konsequente Verfolgung der 1877 formulierten Ideen schließlich zum Problem für seine Politik wurde.

---

5 Für eine detaillierte Erörterung der Literatur siehe: ROBERT T. HARRISON: Gladstone's Imperialism in Egypt: Techniques of Domination. Westport – London 1995, S. 67f.
6 Zum Beispiel im folgenden Aufsatz, der sich jedoch wieder stark mit einer moralischen Schuldzuweisung beschäftigt: JOHN NEWSINGER: Liberal Imperialism and the Occupation of Egypt in 1882, in: *Race & Class* 49 (2008), S. 54–75.

Die Person Gladstone

William Ewart Gladstone wurde 1809 in eine Kaufmannsfamilie geboren und war bereits in jungen Jahren für die konservative Partei in England aktiv. 1859 wechselte er während der Regierung Palmerstons das politische Lager und schloss sich der Whig-Partei an. Er wurde zu einem der zentralen Protagonisten, die der Partei ihre neue liberale Prägung gaben und zur Umbenennung in Liberal Party beitrugen. Neben seiner politischen Karriere betätigte er sich als Schriftsteller und profilierte sich als Spezialist für die Antike. Seine literarischen Fähigkeiten nutzte er auch politisch, um mit Pamphleten und in Zeitungsdebatten seine Positionen darzulegen und die Massen zu erreichen. Er übte damit auf das politische und gesellschaftliche Umfeld seiner Zeit einen Einfluss wie nur wenige aus. Nur seinem Erzrivalen Benjamin Disraeli (1804–1881) kam als Schriftsteller und Parteiführer eine ähnliche Wirkungsmacht zu, ein Antagonismus, der das politische Leben Gladstones bis zum Tod Disraelis überschattete. Trotz der Antipathie der Queen war er nach dem Wahlsieg der Liberalen 1880 ein unangefochtener Premierminister und damit in der zentralen Machtposition während der Ägyptenkrise. Von seinen Anhängern wurde er in dieser Zeit mit dem Akronym *GOM (Grand old Man)* bedacht.[7]

Unter ihm bildete die liberale Partei ein Sammelbecken für verschiedenste politische Strömungen wie die freihändlerische Manchester School oder die ein allgemeines Wahlrecht anstrebenden Radicals, die durch die Person Gladstones als Partei zusammengehalten wurden. Die von ihm geprägte Strömung des viktorianischen Liberalismus vereinte höchst gegensätzliche politische Auffassungen aus dem bürgerlichen Spektrum unter den Leitbegriffen: Friede, Einsparungen und Reform.[8] Hinzu kamen Gladstones eigene streng religiöse Überzeugungen, die häufig die Kritik an seinen Gegnern grundierten.[9] Seine christliche Gesinnung brachte zugleich eine starke Abwertung aller Nichtchristen und insbesondere eine antimuslimische Haltung mit sich. So argumentierte er beispielsweise in seinem Aufsatz *Aggression on Egypt and Freedom in the East* wie folgt: »Mohammedanism now appears, in the light of experience, to be radically incapable of establishing a good or tolerable government over civilized and Christian races [...].«[10] Diese Haltung machte ihn zum Förderer

---

7 Vgl. Dick Leonard: The Great Rivalry: Gladstone & Disraeli. London – New York 2013, S. 23–40, 176–185.
8 Vgl. Leonhard, Liberalismus (wie Anm. 2), S. 529f.
9 Vgl. Peter Cain: Radicalism, Gladstone, and the Liberal Ciritique of Disraelian ›Imperialism‹, in: Duncan Bell (Hrsg.): Victorian Visions of Global Order: Empire and International Relations in Nineteenth-Century Political Thought. Cambridge 2007, S. 215–238, hier: S. 219f.
10 William Ewart Gladstone: Aggression on Egypt and Freedom in the East, in: *The Nine-*

von christlichen Nationalbewegungen, etwa auf dem griechischen Festland oder den Ionischen Inseln; er unterstützte die Ausdehnung des griechischen Staats, etwa durch die Abtretung Thessaliens vom Osmanischen Reich.[11] Angesichts dieser Einstellung zum Islam ist es wenig verwunderlich, dass Gladstone die hauptsächlich muslimische Nationalbewegung Ägyptens völlig anders bewertete als die ähnlich motivierten christlichen Strömungen auf dem Balkan.[12] Die muslimischen Nationalbewegungen hatten für ihn nur den Deckmantel der Nation umgehängt und förderten in Wirklichkeit »military anarchy«[13]. Im Gegensatz zu Temperleys Darstellung Gladstones als Protektor nationaler Bewegungen, »wherever they manifested themselves«[14], bezog sich seine Unterstützung allein auf christliche Nationalismen. Gladstones spätere Ägyptenpolitik stellte in dieser Hinsicht also keinen Bruch mit seiner früheren Agenda dar.

Ähnlich verfehlt ist die verbreitete Charakterisierung Gladstones als Pazifist. Gladstone kritisierte zwar die meisten Kriege seiner Zeit als unnötig, andere dagegen, allen voran den Krimkrieg, trug er als politischer Akteur mit. Seiner eigenen Einschätzung nach folgte er den Ideen von Augustinus zum »Gerechten Krieg« und unterstütze folglich Waffengänge, die dieser Kategorisierung entsprachen, nach Kräften. Die meisten britischen Kriege seiner Zeit sah er jedoch nicht als gerechtfertigt an und übte harsche Kritik an den Regierungen, die sie führten.[15] Frieden war für ihn ein hohes Gut, das es jedoch nicht um jeden Preis zu erhalten galt. War ein militärisches Eingreifen dennoch einmal unvermeidlich, dann bevorzugte Gladstone multilaterale Interventionen, an denen möglichst mehrere christliche Mächte teilnehmen sollten.[16] In diesem Sinne waren auch militärische Operationen nicht gegen Gladstones Grundüberzeugung, solange mit ihnen »gerechte Ziele« verfolgt wurden.

---

    teenth Century 2 (August 1877), S. 149–166, zit. nach: PETER CAIN (Hrsg.): Empire and Imperialism: The Debate of the 1870s. Bristol 1999, S. 188–209, hier: S. 202.

11 Vgl. ROLAND QUINAULT: Gladstone and War, in: DERS. / ROGER SWIFT / RUTH CLAYTON WINDSCHEFFEL (Hrsg.): William Gladstone: New Studies and Perspectives. Farnham – Burlington 2012, S. 235–252, hier: S. 246.

12 Im folgenden Pamphlet nahm Gladstone am prononciertesten Stellung zum Balkan-Nationalismus: WILLIAM EWART GLADSTONE: Bulgarian Horrors and the Question of the East. London 1876.

13 Gladstone's speech at Penmaenmawr, in: *The Times*, 4. Oktober 1882, S. 6.

14 TEMPERLEY / PENSON, Foundations (wie Anm. 1), S. 416.

15 Vgl. QUINAULT, War (wie Anm. 11), S. 236–242.

16 Vgl. CAIN, Radicalism (wie Anm. 9), S. 227.

»Liberaler Imperialismus«

Wie eben gezeigt, gab es keinen grundsätzlichen Konflikt zwischen Gladstones allgemeinen politischen Positionen und einer britischen Intervention in Ägypten. Dennoch bezog er 1877 in seinem Aufsatz *Aggression on Egypt* explizit Stellung gegen eine britische Besetzung des Landes. Diese Streitschrift gegen den Journalisten Edward Dicey (1832-1911), ebenfalls ein Liberaler, kritisierte neben den selbstsüchtigen Motiven für die Okkupation vor allem ihre fehlende Umsetzbarkeit: »[...] we already have our hands too full. We have undertaken responsibilities of government, such as never were assumed before in the whole history of the world.«[17] Gladstone hielt die britischen Regierungskapazitäten für überbeansprucht. Er versuchte daher, seiner Partei weitere Expansionsbestrebungen auszureden, um sich verstärkt seinem innenpolitischen Reformprogramm widmen zu können. Gleichzeitig griff er mehrfach die amtierende, konservative Regierung für ihr leichtfertiges Abenteurertum und ihren Expansionsdrang an. Die größten Vorwürfe bezogen sich auf den Okkupationsvertrag für Zypern[18] sowie die Kriege in Afghanistan und gegen die Zulus.[19] Natürlich gehörte dies zu seiner Wahlkampfstrategie. Der Anti-Imperialismus war jedoch mehr als nur Polemik, sondern auch ein Bestandteil seines Weltbilds. Während die Befürworter des Empires die Kolonien als notwendige Absatzmärkte und Machtbasis des britischen Staats ansahen, betrachteten Gladstones Anhänger die außereuropäischen Besitzungen als Belastung. Gladstone zufolge trug selbst Indien nur einen kleinen Teil zum Staatshaushalt bei, während es das britische Militär über alle Maße beanspruche. Dennoch war er dagegen, den Subkontinent aufzugeben: »I hold, firmly and unconditionally, that we have indeed a great duty towards India, but that we have no interest in India, except the wellbeing of India itself [...].«[20] Für Gladstone war damit der Kolonialismus eine moralische Angelegenheit, die den Beherrschten zu dienen hatte. Doch, wie bereits ausgeführt, sah er auch die britischen Kapazitäten als beschränkt an. Um die Verantwortung gegenüber den bereits Kolonisierten wahrnehmen zu können, waren weitere territoriale Expansionen unbedingt zu vermeiden.

Die zugrunde liegende Zivilisierungsideologie ging weit über Gladstone hinaus. Spätestens seit John Stuart Mills Aufsatz *Civilization*[21] aus dem Jahr 1836

---

17 GLADSTONE, Aggression (wie Anm. 10), S. 191.
18 Für nähere Informationen siehe RIFAT UÇAROL: 1878 Cyprus Dispute and Ottoman-English Agreement: Handover of the Island to the British. Lefkoşa 2000. [Türk. 1978]
19 Vgl. WILLIAM EWART GLADSTONE: England's Mission, in: *The Nineteenth Century* 4 (1878), S. 560-584, zitiert nach: CAIN, Empire (wie Anm. 10), 230-260, hier: S. 238-240.
20 GLADSTONE, Aggression (wie Anm. 10), S. 193.
21 Vgl. JOHN STUART MILL: Civilization - Signs of the Times, in: *London and Westminster Review* 3 und 25 (1836), S. 1-28, Übersetzung in: HUBERTUS BUCHSTEIN / ANTONIA GEISLER

sahen sich die meisten Briten als Speerspitze der menschlichen Zivilisation. Aus ihr leiteten sie das Sendungsbewusstsein ab, ihre Standards in alle Ecken der Welt zu tragen und sie – wenn nötig – mit Waffengewalt gegen die Barbarei zu verteidigen und zu verbreiten. Hinzu kam häufig das religiöse Argument, Mitchristen in anderen Ländern vor Unterdrückung bewahren zu wollen.[22] Gladstone selbst und seine Anhänger waren glühende Verfechter dieser britischen Zivilisierungsmission.[23] In ihrem liberalen Fortschrittsglauben war Großbritannien der Heilsbringer für eine unterentwickelte Welt, die sowohl moralisch als auch kommerziell auf neue Stufen der Zivilisation gehoben werden sollte.[24] Völkerrechtsprofessoren wie John Westlake[25] oder sein Nachfolger in Cambridge Lassa Oppenheim[26] rechtfertigten solche Eingriffe, indem sie nur den zivilisierten Staaten Souveränität zugestanden. Zivilisierte Republiken oder Monarchien durften demnach auch in nicht zivilisierten Gebieten agieren, ohne dass dies eine Verletzung des Völkerrechts dargestellt hätte.

Die Briten machten neben Anarchie und Dekadenz vor allem despotische Herrscher für die Unterentwicklung jener Länder verantwortlich.[27] Die Beseitigung »unzivilisierter Herrschaftsstrukturen« war daher Teil der Zivilisierungsmission und machte auch militärische Interventionen gegen despotische Herrscher notwendig. Aus diesem Gedanken heraus entwickelte sich ein liberaler Imperialismus, der sich als moralische Mission verstand;[28] und im Fall einer Bedrohung christlicher Bevölkerungsteile sah Gladstone einen Grund, um sogar in intakten Staaten einzugreifen.

Was solche Interventionen betraf, konnte Großbritannien auf eine lange Tradition zurückblicken. Im 19. Jahrhundert agierte in vielen Fällen der briti-

---

(Hrsg.): John Stuart Mill. Liberale Gleichheit: Vermischte politische Schriften. Berlin 2013, S. 73–99.
22 Vgl. ANDREW PORTER: Christentum, Kontext und Ideologie. Die Uneindeutigkeit der »Zivilisierungsmission« im Großbritannien des 19. Jahrhunderts, in: BORIS BARTH / JÜRGEN OSTERHAMMEL (Hrsg.): Zivilisierungsmissionen. Imperiale Weltverbesserung seit dem 18. Jahrhundert. Konstanz 2005, S. 125–148.
23 Vgl. CAIN, Radicalism (wie Anm. 9), S. 228.
24 Vgl. LEONHARD, Liberalismus (wie Anm. 2), S. 532–535.
25 Vgl. JOHN WESTLAKE: Chapters on the Principles of International Law. Cambridge – Leipzig – New York 1894, S. 141.
26 Vgl. MATTHIAS SCHMOECKEL: Lassa Oppenheim, in: BARDO FASSBENDER / ANNE PETERS (Hrsg.): The Oxford Handbook of the History of International Law. Oxford 2012, S. 1152–1155.
27 Vgl. SANDRA DEN OTTER: ›A Legislating Empire‹: Victorian Political Theorists, Codes of Law, and Empire, in: DUNCAN BELL (Hrsg.): Victorian Visions of Global Order: Empire and International Relations in Nineteenth-Century Political Thought. Cambridge u. a. 2007, S. 89–112, hier: S. 95f.
28 Vgl. JÖRG FISCH: Völkerrecht, in: JOST DÜLFFER / WILFRIED LOTH (Hrsg.): Dimensionen internationaler Geschichte. München 2012, S. 151–168, hier: S. 154; PORTER, Christentum (wie Anm. 22), S. 125.

sche Staat als Interventionsmacht, so etwa im griechischen Unabhängigkeitskrieg. Auch wenn die osmanisch-ägyptische Flotte in der Seeschlacht von Navarino[29] ohne Autorisation durch die britische oder französische Regierung versenkt worden war, wurde diese Maßnahme von Gladstone als zielstrebiges Handeln der Whig-Partei gedeutet.[30] Das kollektive Vorgehen im Libanon und in Syrien 1860/61 stellte für den liberalen Regierungschef den Idealfall einer Intervention dar. Nach längeren Ausschreitungen gegen Christen und einem Massaker in Damaskus 1860 erfolgte ein sechsmonatiger britisch-französischer Eingriff, der ein neues Regierungssystem in der Region etablierte.[31] Gladstone sah in diesem Regimewechsel einen Erfolg seiner Partei: »in concert with Europe, they [the liberal party] compelled the Sultan to cut off the head of his tyrannical pasha, and to establish a government in Lebanon not dependent for its vital breath on Constantinople«[32]. Er selbst und seine Anhänger standen also Interventionen in osmanischen Territorien alles andere als ablehnend gegenüber.

Britische Ziele in Ägypten

Eine mögliche Okkupation Ägyptens wurde schon lange vor 1882 in Großbritannien kontrovers diskutiert. Hauptargument in diesen Debatten war stets die Bedeutung des Suezkanals als Verbindungsroute nach Indien. Der Kanal war nicht nur als Handelsweg von Bedeutung, sondern auch aufgrund der dort verlaufenden Telegrafenkabel als Kommunikationsknotenpunkt.[33] Für viele Briten war es ein Horrorszenario, dass Russland Ägypten oder auch nur Teile des Kanals besetzen und damit Großbritannien von seiner Kolonie in Indien abschneiden könne.[34] In den Vorstellungen vieler Konservativer, aber auch des Liberalen Dicey,[35] versprach eine britische Besetzung Ägyptens somit einen doppelten Zweck zu erfüllen. Sie sollte die unmittelbare Absicherung des Su-

---

29 Vgl. WILL SMILEY: War without War: The Battle of Navarino, the Ottoman Empire, and the Pacific Blockade, in: *Journal of the History of International Law 18* (2016), S. 42–69.
30 Vgl. GLADSTONE, Mission (wie Anm. 19), S. 233, 258f.
31 Vgl. DAVIDE RODOGNO: The ›Principles of Humanity‹ and the European Powers' Intervention in Ottoman Lebanon and Syria in 1860–1861, in: D. J. B. TRIM / BRENDAN SIMMS (Hrsg.): Humanitarian Intervention: A History. Cambridge u. a. 2011, S. 159–183.
32 GLADSTONE, Mission (wie Anm. 19), S. 259.
33 Vgl. VALESKA HUBER: Channelling Mobilities: Migration and Globalisation in the Suez Canal Region and Beyond 1869–1914. Cambridge – New York 2013, S. 85.
34 Vgl. DWIGHT E. LEE: Great Britain and the Cyprus Convention Policy of 1878. Cambridge – Oxford 1934, S. 11, 32–34.
35 Vgl. EDWARD DICEY: Our Route to India, in: *The Nineteenth Century 1* (Juni 1877), S. 665–685.

ezkanals sowie den Erwerb eines Militärstützpunkts ermöglichen, der eine wirkungsvolle britische Reaktion auf russische Aggressionen erlauben würde. Nach Gladstones Darstellung waren jedoch beide Funktionen irrelevant; zum einen sah er die Kaproute als Ausweichoption für den Suezkanal an und zum anderen besaß Russland für ihn nicht die Kapazitäten, sich bis nach Ägypten auszudehnen.[36] Für die Regierung Gladstone konnte somit nur die Situation in Ägypten selbst und nicht seine Rolle in einem geostrategischen Planspiel das Motiv für eine Okkupation sein. Den offiziellen Grund für den Eingriff bot schließlich die fehlende Sicherheit von Europäern und anderen in Ägypten lebenden Personen, die unter europäischem Schutz standen (Protegés).[37] Jenseits der Legitimationsstrategie Gladstones waren die wirtschaftlichen Verflechtungen mit Ägypten entscheidend. Beispielsweise befanden sich die Suezkanal-Aktien des ägyptischen Vizekönigs (Khedive) durch den von Benjamin Disraeli 1875 eingeleiteten Kauf in der Hand des britischen Staats.[38] Großbritannien besaß damit zwar nicht die Majorität in der Aktionärsversammlung, war jedoch Großaktionär. Gleichzeitig war die autonome osmanische Provinz hoch bei weiteren europäischen Anlegern verschuldet. Unter ihnen war auch Gladstone, der einen großen Teil seines privaten Vermögens in Ägypten investiert hatte.[39] Daher wurde die Verwaltung Ägyptens zu einer wichtigen Frage für das europäische Finanzwesen. Ökonomische Motive lieferten somit den eigentlichen Interventionsgrund, der von der internationalen Schuldenverwaltung Ägyptens verschleiert wurde. Wie im folgenden Abschnitt dargestellt wird, hoben Mitglieder dieser Verwaltung die völkerrechtlichen und humanitären Aspekte hervor, um eine europäische Intervention zu forcieren.

Internationale Schuldenverwaltung und nationalistischer Widerstand

Die ägyptische Regierung hatte sich bei europäischen Anlegern durch die Finanzierung von Modernisierungsprojekten, allen voran dem Bau des Suezkanals, und beträchtlichen Privatausgaben des Khediven Ismāʿīl (1830–1895) hoch verschuldet. Der Verkauf der Suezkanal-Anteile an die britische Regierung schob

---

36 Vgl. GLADSTONE, Aggression (wie Anm. 10), S. 195–197.
37 Vgl. DONALD MALCOM REID: The 'Urabi Revolution and the British Conquest, 1879–1882, in: M. W. DALY (Hrsg.): Modern Egypt – from 1517 to the End of the Twentieth Century. Cambridge 1998, S. 217–238, hier: S. 230.
38 Vgl. DAVID STEELE: Lord Salisbury: A Political Biography. London 1999, S. 110.
39 Vgl. REID, Revolution (wie Anm. 37), S. 230.

die Zahlungsunfähigkeit des Landes lediglich auf.⁴⁰ Im Zuge dieser Anteilskäufe stieg die wirtschaftliche Abhängigkeit Ägyptens von Großbritannien, und der Khedive musste Konzessionen zugunsten der Haupteigner eingehen.⁴¹ Er akzeptierte eine internationale Schuldenverwaltung (*caisse de la dette publique*), um weiter die benötigten Kredite zu erhalten. Zwei der sechs Mitglieder der Schuldenverwaltung mussten laut Vertrag gleichzeitig zu ägyptischen Ministern ernannt werden.⁴² Ein Brite erhielt den Posten des Finanzministers, ein Franzose den des Arbeitsministers.

Ismāʿīls Sohn und Nachfolger Taufīq (1852–1892) sah sich aufgrund der desolaten finanziellen Situation gezwungen, die zwei europäischen Ministerien zu verstegen.⁴³ Die duale französisch-britische Finanzkontrolle wurde in den ersten Jahren nach ihrer Etablierung nur leicht modifiziert.⁴⁴ Dieser informelle Finanzimperialismus⁴⁵ untergrub die lokale Herrschaft zunehmend, Khedive Taufīq galt nunmehr als reine Marionette der Europäer. Gleichzeitig sahen die Europäer die Finanzkommission als völkerrechtlich abgesichert an, und jeder Änderungsversuch seitens der ägyptischen Regierung wurde als Völkerrechtsbruch gebrandmarkt.⁴⁶

Das System der dualen Finanzkontrolle wurde von einem großen Teil einer ägyptisch-nationalistischen Elite als unberechtigter Einschnitt in die Souveränität Ägyptens angesehen. Seit 1880 wurden Petitionen an den Khediven gerichtet, die eine Lösung vom europäischen Einfluss forderten. Hauptträger dieses Widerstands waren das ägyptische Parlament und das arabischsprechende Offizierskorps. Khedive Taufīq selbst hatte letzterem erst den Aufstieg in die höheren Militärränge ermöglicht.⁴⁷ Unter den Beförderten war auch Aḥmad Urābī Bey, später Pascha (1841–1911). Dieser wurde ab 1881 zur Leitfigur der nationalistischen Bewegung. Urābī war gläubiger Muslim, von den Ideen des europäischen Nationalismus stark beeinflusst und arbeitete mit dem ägypti-

---

40 Vgl. LISA POLLARD: Nurturing the Nation: The Family Politics of Modernizing, Colonizing, and Liberating Egypt, 1805–1923. Berkley – Los Angles – London 2005, S. 76–78.
41 Zu einzelnen Kostenfaktoren siehe: AUSTEN HENRY LAYARD an Edward Henry Stanley, 15. Earl of Derby, 11. Januar 1878, in: The National Archives, Kew, Foreign Office (FO), 78/2776.
42 Vgl. STEPHEN D. KRASNER: Sovereignty: Organized Hypocrisy. Princeton 1999, S. 138.
43 Vgl. DAVID S. LANDES: Bankers and Pashas: International Finance and Economic Imperialism in Egypt. London – Melbourne – Toronto 1958, S. 318.
44 Vgl. MALCOM E. YAPP: The Making of the Modern Near East 1792–1923. Harlow u. a. 1987, S. 215.
45 Vgl. WOLFGANG J. MOMMSEN: Europäischer Finanzimperialismus vor 1914. Ein Beitrag zu einer pluralistischen Theorie des Imperialismus, in: *Historische Zeitschrift* 224 (1977), S. 17–81, hier: S. 24f.
46 Vgl. F. L. BERTIE: Memorandum. Summary of Negotations with France and the Powers respecting Egypt, September 1881 to September 1884, 3. November 1884, S. 1–9, in: The National Archives, Kew, Cabinet Secretary's Notebook 37/13, No. 43.
47 Vgl. REID, Revolution (wie Anm. 37), S. 224f.

schen Parlament und nationalistischen Kopten zusammen, von denen er den Schlachtruf »Ägypten den Ägyptern« übernahm.[48] Er nutzte seine leitende Position im ägyptischen Militär, um den Widerstand gegen die europäische Einflussnahme zu organisieren. Mit einem militärischen Coup gelang ihm die Umgestaltung der ägyptischen Innenpolitik. Das neu zusammengetretene ägyptische Parlament stand hinter Urābī, eine anti-europäische Grundstimmung dominierte auch die öffentlichen Debatten in den Zeitungen.[49] Der neue Premierminister Sami al-Barudi begann unverzüglich nach seinem Amtsantritt die Europäer aus dem ägyptischen Dienst zu entlassen.[50] Die internationale Schuldenverwaltung nahm dies als Beschneidung ihrer Rechte wahr, und ihre Mitglieder baten die jeweiligen Heimatregierungen um ein Einschreiten.

Auch die europäischen Konsulate empfahlen eine Intervention, und es gelang ihnen, Urābī als Diktator und Gefahr für alle Europäer darzustellen.[51] Die britische und die französische Regierung verfassten als erste Reaktion eine gemeinsame Protestnote, in der vom ägyptischen Parlament verlangt wurde, die internationalen Verträge einzuhalten. Andernfalls würden Paris und London eine Intervention gegen Ägypten einleiten.[52] Khedive Taufīq wollte auf diese Forderungen eingehen, musste jedoch dem Druck Urābīs nachgeben. Denn der Khedive befürchtete, dass die Stimmung im Parlament die Öffentlichkeit gegen ihn aufbringen könnte und zu anti-europäischen Ausschreitungen führen würde.

Doch der Khedive vermochte den öffentlichen Aufruhr nicht zu beruhigen. Frankreich und England reagierten auf Berichte über Gewalt gegen ihre Bürger, Untertanen und Protéges mit einem Flottenmanöver vor Alexandria zum Schutz europäischer Interessen.[53] Der britische Außenminister Lord Granville George Leveson-Gower (1815–1891) begründete dies folgendermaßen:

> England and France have acted alone because only their interests and those of Europeans were in danger. Neither Mussulman interests nor the right of the Sultan were threatened, and there seemed therefore to be no reason for Porte to take steps to protect them.[54]

Der britische Außenminister Granville nahm den Befund, dass die – vage definierten – europäischen Interessen in Alexandria der »muslimischen« Pforte als

---

48 Vgl. YAPP, Making (wie Anm. 44), S. 224.
49 Vgl. REID, Revolution (wie Anm. 37), S. 226f.
50 Vgl. POLLARD, Nurturing (wie Anm. 40), S. 81.
51 Vgl. REID, Revolution (wie Anm. 37), S. 230.
52 Vgl. BERTIE, Memorandum (wie Anm. 46), S. 1–9.
53 Vgl. ebd., S. 22.
54 GRANVILLE GEORGE LEVESON-GOWER, 2. EARL GRANVILLE an Frederick Hamilton-Temple-Blackwood, 1. Marquess of Dufferin and Ava, 23. Mai 1882, in: TEMPERLEY / PENSON, Foundations (wie Anm. 1), S. 417f.

nicht schützenswert erschienen, zum Anlass, eine Interventionsflotte aufzustellen. Der liberale Außenminister propagierte also eine Realpolitik und erläuterte in den zitierten Sätzen auch, warum der Sultan für besagte Interessen niemals eintreten würde. Die nach Konstantinopel telegrafierten Zeilen verbanden einen moralischen Liberalismus mit realpolitischen Vorstellungen. Die Regierung in London erklärte den Schutz einer europäischen, christlichen Solidargemeinschaft zu einem Staatsziel, das den gleichen Rang besaß wie der geostrategische Wert des Staats am Nil oder die Sicherung der eigenen Investitionen.

Als Teil dieser Realpolitik wurde zwischen der britischen und französischen Regierung vereinbart, Ägypten auf keinen Fall zu besetzen, da dies die nationalistischen Aufstände noch weiter hätte verschärfen können. Die Haltung des Sultans in Konstantinopel, des formalen Lehnsherrn des Khediven, stellte für Briten und Franzosen ein weiteres Hindernis dar. Abdülhamid II. beobachtete die Situation in Ägypten angespannt und plante selbst die Entsendung einer osmanischen Interventionstruppe. Ein solches Eingreifen galt es für die französisch-britische Allianz auf jeden Fall zu verhindern. Denn die Europäer befürchteten, dass eine militärische Intervention durch das Osmanische Reich die Rechte des Khediven empfindlich beschneiden würde[55] und Ägypten seine Autonomierechte verlieren könnte.[56] Insbesondere die eigenständige Finanzverwaltung, an die auch die internationale Schuldenverwaltung Ägyptens geknüpft war, sollte beibehalten werden, um europäische Anteilseigner zu schützen. Gleichzeitig betonte die britische Regierung vehement, selbst die Rechte des Sultans nicht einschränken zu wollen,[57] um Konflikten mit dem Monarchen vorzubeugen.

In Konstantinopel wurde am 11. Juli 1882 eine Botschafterkonferenz einberufen, um die Ägyptenkrise als Frage des »Europäischen Konzerts« zu besprechen.[58] Abgeordnete des osmanischen Staats waren offiziell eingeladen, doch der Sultan verweigerte die Teilnahme.[59] In seiner Abwesenheit verhandelten die europäischen Vertreter über eine angemessene Form der Intervention und über Wiedergutmachungszahlungen für die während des Aufstands an europäischem Besitz entstandenen Schäden.[60] Gladstone erklärte dort seine Zielsetzung für Ägypten: »to save constitutionalism and the true revolution from the grip of

---

55 Vgl. REID, Revolution (wie Anm. 37), S. 228.
56 Vgl. BERTIE, Memorandum (wie Anm. 46), S. 6–12.
57 Vgl. LORD GRANVILLE an Lord Dufferin, 23. Mai 1882, in: TEMPERLEY / PENSON, Foundations (wie Anm. 1), S. 418.
58 Vgl. HARRISON, Imperialism (wie Anm. 5), S. 115.
59 Vgl. REID, Revolution (wie Anm. 37), S. 227–232.
60 Vgl. LORD GRANVILLE an Lord Dufferin, 21. Juni 1882, in: TEMPERLEY / PENSON, Foundations (wie Anm. 1), S. 418f.

Arabi the usurper and dictator«.⁶¹ Gladstone übernahm das Vokabular der Finanzkommission. Er stilisierte Urābī zum Despoten und Grund für eine humanitäre Intervention.

Die europäischen Vertreter einigten sich auf ein Vorgehen gegen die Bewegung und baten den Sultan um eine Intervention, die aber klaren Begrenzungen unterlag: Der Status quo inklusive des Amts des Khediven sollte erhalten bleiben, es sollten keine Eingriffe in innere Angelegenheiten stattfinden und osmanische Truppen durften sich nur während einer begrenzten Zeit in Ägypten aufhalten.⁶² Der Sultan lehnte diesen Vorschlag ab und noch während in Konstantinopel verhandelt wurde, begann die in Alexandria anwesende Admiralität mit einer eigenmächtigen Aktion.

Die britische Okkupation

Anti-europäische Proteste eskalierten in Alexandria zu einer Straßenschlacht mit etlichen Toten. Urābī entsandte daraufhin Teile seiner Armee, um die Ordnung in der Küstenstadt wiederherzustellen. Nach Angaben der vor der Küste ankernden Flottenadmiralität begann das Militär daraufhin, direkt die Hafenanlagen zu befestigen.⁶³ Admiral Seymour verlangte schließlich ultimativ die sofortige Einstellung des Baus von Verteidigungsanlagen. Als das Ultimatum folgenlos verstrich, eröffneten die britischen Schiffe das Feuer. Die französische Marine beteiligte sich nicht an dem Angriff, da ihr Admiral auf einen Beschluss des französischen Parlaments bestand.⁶⁴ Während die französischen Offiziere auf einen Befehl aus Paris warteten, landeten die britischen Truppen unter dem Oberbefehl von Sir Garnet Wolseley⁶⁵ an der ägyptischen Küste. In kurzer Zeit nahmen sie die zentralen Städte Alexandria und Kairo ein.⁶⁶ Unterdessen lehnte das französische Parlament eine Intervention ab.⁶⁷ Daraufhin besetzte die britische Flotte im Alleingang den Suezkanal. Auf dem Schlachtfeld von Tel el-Kebir wurde kurz darauf der sogenannte Urābī-Aufstand durch die britischen Truppen

---

61 WILLIAM EWART GLADSTONE an Lord Dufferin, undatiert (wahrscheinlich zwischen dem 20. Juni und 11. Juli 1882 versendet), in: E. HERTSLET / E. C. HERTSLET (Hrsg.): British Foreign and State Papers, Bd. 74. London 1890, S. 522.
62 Vgl. BERTIE, Memorandum (wie Anm. 46), S. 26.
63 Vgl. REID, Revolution (wie Anm. 37), S. 231f.
64 Vgl. BERTIE, Memorandum (wie Anm. 46), S. 29f.
65 Für nähere Details zur Person Wolseleys siehe: ALAN G. JAMES (Hrsg.): The Master, the Modern Major General, and his Clever Wife: Henry James's Letters to Field Marshal Lord Wolseley and Lady Wolseley 1878–1913. Charlottesville – London 2012.
66 Vgl. JÜRGEN OSTERHAMMEL: Die Verwandlung der Welt. Eine Geschichte des 19. Jahrhunderts. 5. Aufl. München 2010, S. 577, 642f.
67 Vgl. BERTIE, Memorandum (wie Anm. 46), S. 29f.

niedergeschlagen, und der Khedive zu einer Annahme der britischen Bedingungen gezwungen.[68]

Die Okkupation erfolgte also ohne die Zustimmung der britischen Regierung. Die Außenminister in Paris und London wollten eine Invasion verhindern, da sie eine Zunahme des lokalen Widerstands und eine Verschlechterung des Ansehens bei der osmanischen Bevölkerung befürchteten. Die Entscheidung einzelner britischer Offiziere vor Ort führte die Okkupation herbei. Die Offiziere deuteten die vagen Befehle des Londoner Kabinetts (»in the event of resumption of work on fortifications to warn then destroy«[69]) als Grundlage für ihre eigenmächtige Intervention.[70] Pragmatiker, die es gewohnt waren, europäische Ordnungsvorstellungen mit Waffengewalt durchzusetzen, schufen damit ein Fait accompli, das die britische Regierung international unter Rechtfertigungsdruck setzte.

Das Kabinett in London plante daher – ganz in Übereinstimmung mit den Vorstellungen Gladstones – einen baldigen Abzug und kommunizierte dieses Vorhaben auch gegenüber der Öffentlichkeit im eigenen Land.[71] Die britischen Besatzungstruppen erwarteten daher in Kürze einen Rückzugsbefehl.[72] Obwohl die Okkupation niemals im öffentlichen Bewusstsein als dauerhaft wahrgenommen wurde, sollte Ägypten – abermals durch Verzögerungstaktiken der *men on the spot* – schließlich über Jahrzehnte besetzt bleiben.[73] Auch in den internationalen Beziehungen kam es zu keiner Festlegung des Status von Ägypten, eine Rechtsgrundlage in Form eines Vertrags über die britische Okkupation in Ägypten blieb aus.[74]

Aus der Perspektive der lokalen britischen Offiziere sollte sich die gesamte ägyptische Regierung der britischen Administration unterordnen.[75] Die Position und Person des Khedive sollte dennoch erhalten bleiben, genauso wie die rein formale Oberherrschaft des osmanischen Sultans (Suzeränität). Die lokale Bürokratie sollte soweit wie möglich übernommen werden.[76] Somit änderte sich insgesamt nur wenig an dem Verhältnis zwischen der britischen Schutzmacht und der ägyptischen Administrationselite.

---

68 Vgl. M. W. DALY: The British Occupation, 1882–1922, in: DERS. (Hrsg.): Modern Egypt – from 1517 to the End of the Twentieth Century. Cambridge 1998, S. 239–251, hier: S. 239f.
69 WILLIAM EWART GLADSTONE: Cabinet Minute, 3. Juli 1882, in: H. C. G. MATTHEW (Hrsg.): The Gladstone Diaries with Cabinet Minutes and Prime-Ministerial Correspondence. Oxford 1990, S. 291.
70 Vgl. TEMPERLEY / PENSON, Foundations (wie Anm. 1), S. 420.
71 Vgl. ROGER OWEN: Lord Cromer. Victorian Imperialist, Edwardian Proconsul. Oxford 2004, S. 187.
72 Vgl. POLLARD, Nurturing (wie Anm. 40), S. 83.
73 Vgl. OWEN, Cromer (wie Anm. 71), S. 187–206.
74 Vgl. PANAYIOTIS J. VATIKIOTIS: The History of Egypt. 2. Aufl. London 1980, S. 171.
75 Vgl. OWEN, Cromer (wie Anm. 71), S. 184–187.
76 Vgl. N. (ADMIRALTY): Memorandum as to my Mission to Egypt, 12. August 1884, S. 2, in: The National Archives, Kew, Cabinet Secretary's Notebook 37/13, No. 18.

Das eigenständige Handeln des britischen Militärs stellte die bisherige Zusammenarbeit mit Frankreich in Frage und führte zu einer Neuverhandlung dieses Verhältnisses. Die parallel stattfindenden Gespräche mit Frankreich bezüglich Tunesiens wurden von der britischen Regierung genutzt, um das System der dualen Kontrolle aufzulösen und England – im Austausch für Zugeständnisse hinsichtlich des Protektorats Tunesien[77] – als alleinige Schutzmacht in Ägypten zu etablieren. Zentrales Element der internationalen Vereinbarung war der Fortbestand einer Schuldenverwaltung, in der Vertreter aller Großmächte mit Ausnahme des Osmanischen Reiches vertreten waren.[78] Damit setzte Gladstone seinen Multilateralismus fort, schloss jedoch erneut muslimische Herrscher aus. Die formale Herrschaft des Sultans über Ägypten wurde nicht eingeschränkt, doch die Regierung Gladstones brachte Abdülhamid II. durch finanziellen und diplomatischen Druck dazu, den tatsächlichen britischen Einfluss in Ägypten anzuerkennen.[79] Dafür wurden weitere ägyptische Tributzahlungen an den Sultan in Aussicht gestellt, die bald darauf zur Deckung der osmanischen Staatsschulden bei europäischen Anlegern verwendet wurden.[80]

Evelyn Baring (1841–1917), der spätere Lord Cromer, wurde in das mit neuen Machtbefugnissen ausgestattete Amt des Generalkonsuls gehoben.[81] Dieser britische Beamte sollte schließlich die politischen Geschicke Ägyptens über Jahrzehnte prägen.[82] Der Khedive verlor dadurch weitgehend seinen Zugriff auf die Außenpolitik. Auch wurde er von Baring genötigt, die ägyptische Verwaltung mit europäischen Beamte zu ergänzen. Weiter veranlasste Baring die Absetzung von ihm nicht genehmen Ministern.[83] Im Sinne einer rein administrativen und technischen Zivilisierungsmission wollte er den ägyptischen Haushalt konsolidieren.[84] In seiner rassistischen Perspektive sah er die Ägypter in einem kindlichen Zustand gefangen und hielt sie folglich nicht für fähig, eine moderne

---

77 Vgl. MARY DEWHURST LEWIS: Divided Rule: Sovereignty and Empire in French Tunisia, 1881–1938. Berkeley – Los Angeles – London 2014, S. 26–28.
78 Vgl. ROBERT-TAREK FISCHER: Österreich im Nahen Osten. Die Großmachtpolitik der Habsburgermonarchie im Arabischen Orient 1633–1918. Wien – Köln – Weimar 2006, S. 230.
79 Vgl. WOLFGANG J. MOMMSEN: Der Hochimperialismus als historischer Prozess, in: KARL-GEORG FABER (Hrsg.): Historische Prozesse. München 1978, S. 248–265, hier: S. 265.
80 Vgl. BERTIE, Memorandum (wie Anm. 46), S. 54.
81 Vgl. OWEN, Cromer (wie Anm. 71), S. 183–186.
82 Vgl. MARKUS REINKOWSKI: Hapless Imperialists and Resentful Nationalists: Trajectories of Radicalization in the Late Ottoman Empire, in: DERS. / GREGOR THUM (Hrsg.): Helpless Imperialists: Imperial Failure, Fear and Radicalization. Göttingen – Bristol 2013, S. 47–67, hier: S. 62.
83 Vgl. DALY, Occupation (wie Anm. 68), S. 240f.
84 Vgl. JÜRGEN OSTERHAMMEL: Europe, the »West« and the Civilizing Mission. London 2006, S. 15f.

Selbstverwaltung aufzubauen.⁸⁵ Dies entsprach in großen Teilen Gladstones Vorstellungen von »muslimischen Völkern«. Die Londoner Pläne, das Land für einen britischen Abzug vorzubereiten, sah er als verfrüht an, da Ägypten in seinen Augen dafür noch nicht bereit war.⁸⁶ Diese Einschätzung spiegelte sich auch in seinen Reformen betreffend die ägyptischen Institutionen wider: Der zentrale Beamtenapparat, das Parlament oder regionale Verwaltungseinheiten blieben weitgehend machtlose oder von Briten dominierte Einrichtungen.⁸⁷

Das Vorgehen der britischen Besatzer in Ägypten war einerseits durch zahlreiche, vor allem lokale Faktoren geprägt, andererseits spielten auch unterschiedliche britische Debatten mit hinein. Die von Gladstone formulierten Ziele für Ägypten machten nur einen kleinen Teil dieser Faktoren aus, die jedoch ein grundlegendes Dilemma bargen: Um eine imperiale Überdehnung zu verhindern, sollte ein rascher Abzug vorbereitet werden, zugleich stellte man den Anspruch, das Zivilisationsniveau in Ägypten anheben zu wollen. Da die muslimische Mehrheit für Gladstone nicht zu einer »zivilisierten« Verwaltung von Christen fähig war,⁸⁸ konnten beide Ziele nicht gleichzeitig erreicht werden. Schlussendlich stellte die lokale britische Verwaltung die Zivilisierungsmission über den Abzug. Diese Unvereinbarkeit macht aber auch deutlich, dass die Verstetigung der britischen Herrschaft in Ägypten zumindest teilweise durchaus den Zielen der liberalen Regierung entsprach und dass die These eines kompletten Widerspruchs zwischen liberalen Prinzipien und der Okkupation Ägyptens verfehlt ist.

Rechtfertigungen

Die Londoner Regierung wurde durch ihre Marine, ihr Militär und ihre Verwaltung vor vollendete Tatsachen gestellt, das Kabinett hätte sich eine begrenztere Intervention gewünscht. Vor allem Gladstone hätte ein gemeinsames Vorgehen mit Frankreich bevorzugt, stellte sich in der Folgezeit aber voll hinter die Okkupation:

> The war has proved that our army is composed of men as brave as their forefathers. I should not speak of the mere triumph of armies in glowing terms were not the cause of the war justifiable. We have carried out this war from a love of peace, and, I may say, on the principles of peace. We have [been] putting down a military anarchy.⁸⁹

---

85 Vgl. EVELYN BARING, EARL OF CROMER: Modern Egypt, Bd. 1. London 1908, S. 2–8; DERS.: Modern Egypt, Bd. 2. London 1908, S. 425.
86 Vgl. POLLARD, Nurturing (wie Anm. 40), S. 94f.
87 Vgl. DALY, Occupation (wie Anm. 68), S. 243f.
88 GLADSTONE, Aggression (wie Anm. 10), S. 202.
89 Gladstone's speech at Penmaenmawr, in: The Times, 4. Oktober 1882, S. 6.

Der Krieg war in seiner Deutung wichtig, um den Weltfrieden zu bewahren und den Gefahren eines militärischen Despotismus entgegenzutreten. Er blieb somit seinen eigenen Prinzipien treu und handelte nach seinen liberalen Grundsätzen zur Verbesserung der gesamten Menschheit. Einen Widerspruch zu den liberalen Prinzipien sahen nur diejenigen, die in den Jahren zuvor Gladstones Polemiken gegen den Imperialismus Disraelis gelesen hatten. Gladstone selbst widerlegte jedoch Teile seiner damaligen Einwände in seiner Ansprache. Da die britische Intervention nicht aufgrund eines russischen Schreckgespensts, sondern zum Schutz der Europäer und zum Beenden der Anarchie erfolgt war, bezeichnete er diesen Krieg als gerecht. Der Widerspruch zu seiner zuvor geäußerten Überdehnungsthese blieb jedoch bestehen und wurde in dieser Rede nicht thematisiert. Um zumindest formal und in der Öffentlichkeit das Empire nicht noch zusätzlich zu belasten, wurde Ägypten niemals offiziell durch Großbritannien regiert, sondern lediglich der Khedive beratend unterstützt. Tatsächlich waren in Ägypten genauso wie in anderen britischen Einflusszonen – wie Kolonien oder Protektoraten – Offiziere des Vereinigten Königreichs stationiert, und der militärische Konflikt mit der sudanesischen Mahdi-Bewegung erforderte eine langfristige militärische Zusammenarbeit.[90] Schlussendlich war es der gewaltsame Tod General Gordons im Sudan und nicht die Okkupation Ägyptens, der das Prestige Gladstones nachhaltig beschädigte. In der Presse und in politischen Debatten wurde nun aus seinem Akronym GOM – MOG (Murder of Gordon).[91] Dass Gladstone lange zögerte, Ersatztruppen in den Sudan zu entsenden, war in der Tat eine konsequente Verfolgung seiner anti-imperialen Überzeugungen. Großbritannien hatte in seinem Weltbild keine Verpflichtungen gegenüber dem muslimischen Sudan, in dem im Gegensatz zu Ägypten wenige Christen, wie Kopten oder Europäer, ansässig waren. Nach seinem Pamphlet *Aggression on Egypt* von 1877 hätte ein Einschreiten in dieser Region unweigerlich weitere territoriale Expansionen in Afrika zur Folge gehabt und musste deshalb verhindert werden.[92] Er verweigerte sich daher dem Drängen der Militärs, den Expansionskurs fortzusetzen. Das Beharren auf seinen liberalen Prinzipien kostete Gladstone aber letzten Endes seine Popularität. Dies nutzte der Führer der konservativen Fraktion Robert Gascoyne-Cecil, der Marquess of Salisbury, um mit Hilfe der Queen eine Minderheitsregierung zu etablieren. Bei den Wahlen 1886 verloren die Liberalen dann auch ihre Mehrheit an die Konservativen.

---

90 Vgl. ERHARD OESER: Das Reich des Mahdi. Aufstieg und Untergang des ersten islamischen Gottesstaates. Darmstadt 2012.
91 Vgl. LEONARD, Rivalry (wie Anm. 7), S. 185.
92 Vgl. GLADSTONE, Aggression (wie Anm. 10), S. 203 f.

Fazit

Die Intervention in Ägypten stand also mitnichten in einem Widerspruch zu den liberalen Prinzipien, wie sie insbesondere Premierminister William Gladstone vertrat. Seine häufig angeführten Leitprinzipien – Friede, Einsparungen und Reform – können zwar vordergründig als ein Widerspruch zur Okkupation Ägyptens ausgelegt werden; dieser bestand jedoch in Gladstones Augen keineswegs. Er war vielmehr der Ansicht, dass ein Krieg letztendlich dem Frieden auch nutzen könne. Die Konsolidierung des britischen Staatshaushalts über die Sicherung der Investitionen in Ägypten sowie die Modernisierung des Lands am Nil waren weitere Ziele, die mit dem allgemeinen Fortschrittsglauben des liberalen Premierministers kompatibel waren. Verwunderung konnte allein auslösen, dass Gladstone fünf Jahre vor der Okkupation einen Aufsatz[93] veröffentlicht hatte, in welchem er sich dafür aussprach, dass Ägypten auf keinen Fall zu besetzen sei. Die Voraussetzungen hatten sich jedoch inzwischen entscheidend geändert: Die europäische Finanzverwaltung hatte die Urābī-Bewegung zu einem »Despoten« stilisiert, der europäische Leben und Investitionen bedrohte. Urābī aufzuhalten wurde somit für Gladstone zu einer gerechten Sache, die einen Krieg rechtfertigt. Zusätzlich war dies für die liberale Regierung keine imperialistische Maßnahme, da sie die Okkupation nur als kurzfristige Intervention ansah und eine baldige Räumung Ägyptens in Aussicht stellte. Die britische Verwaltung in Ägypten entschied sich jedoch anhand der unvereinbaren Forderungen für eine Verstetigung ihrer Präsenz, und so wäre es selbst im Falle einer längeren Regierungszeit Gladstones unwahrscheinlich gewesen, dass der britische Einfluss wieder aufgehoben worden wäre. Denn auch wenn hier die liberalen Legitimationsmodelle ins Zentrum gestellt wurden, spielten auch viele militärische, finanzielle und politische Interessen bei der Besetzung Ägyptens eine Rolle. Das britische Militär war immer noch vom geostrategischen Wert Ägyptens überzeugt, Gladstone wollte sowohl sein eigenes Kapital wie auch den Staatshaushalt sichern. Sein Pamphlet von 1877 ist in erster Linie in den Kontext seiner Rivalität mit Disraeli einzuordnen. Die in der politischen Auseinandersetzung vertretenen Argumente sollten auch nicht zwingend als liberale Prinzipien angesehen werden. Doch selbst wenn man taktische Äußerungen auf eine Ebene mit den Grundprinzipien seiner liberalen Gesinnung stellt, lässt sich überzeugend argumentieren, dass die Schrift *Aggression on Egypt* nicht im Widerspruch zum britischen Einmarsch in Kairo 1882 stand. Dieser war aus Gladstones Perspektive nun nicht mehr ein sinnloser imperialistischer Akt, sondern eine liberale Intervention zum Schutz der Christen in Ägypten vor Anarchie und dem Despotismus des Islams.

---

93 Vgl. ebd.

Andreas Rose

David Lloyd George und die britische Entscheidung für den Kriegseintritt von 1914

Die bekannteste und bis heute für Großbritannien folgenreichste Interventionsentscheidung der Geschichte wurde am 4. August 1914 getroffen. Der Entschluss, ausgerechnet einer liberalen Regierung, sich aktiv auf Seiten Frankreichs und Russlands am Krieg gegen die Mittelmächte zu beteiligen, erschien den Kabinettsmitgliedern nachträglich vielfach als unvermeidbares Resultat höherer Mächte. Marineminister Winston Churchill (1874-1965) etwa erkannte astronomische Gesetzmäßigkeiten am Werk,[1] Außenminister Edward Grey (1862-1933) gab zunächst den allgemeinen Umständen die Schuld dafür,[2] »that he himself had no power to decide policy«[3]. »No human individual«, so Grey, hätte damals den Krieg verhindern können.[4]

Auch dem Schatzkanzler David Lloyd George (1863-1945), lange als sogenannter »pro-Boer« beziehungsweise »little-Englander« des Pazifismus geziehen und vermeintlicher Führer der radikalliberalen Neutralisten im Kabinett von Premierminister Herbert H. Asquith (1852-1928),[5] wird der Hang nachgesagt, die Ereignisse im Nachhinein als eine Art Naturkatastrophe verklärt zu haben.[6] »The nations slithered over the brink into the boiling cauldron of war without any trace of apprehension or dismay [...] The nations backed their machines over the precipice [...] not one of them wanted war; certainly not on this scale«[7].

---

1 »One must think of the intercourse of nations in those days [...] as prodigious organizations of forces [...] which, like planetary bodies, could not approach each other in space without [...] profound magnetic reactions. [...] they were restrained and draw each other into dire collision.« WINSTON S. CHURCHILL: The World Crisis, Bd. 1 (1911-1914). London 1923, S. 45.
2 Vgl. EDWARD GREY: Twenty-five Years (1892-1916), Bd. 2. Toronto 1925, S. 10.
3 Edward Grey im Mai 1915, zit. nach: CAMERON HAZLEHURST: Politicians at War – July 1914 to May 1915. A Prologue to the Triumph of Lloyd George. London 1971, S. 52.
4 GEORGE TREVELYAN: Grey of Fallodon. London 1937, S. 250.
5 Vgl. PETER ROWLAND: The Last Liberal Governments: The Promised Land 1905-1910. London 1968, S. 39.
6 Vgl. NIALL FERGUSON: The Pity of War 1914-1918. London 1998, S. xxxvi.
7 DAVID LLOYD GEORGE: War Memoirs, Bd. 1. London 1933, S. 52 u. 55.

Der Krieg erschien ihm als »cataclysm«[8] und als »typhoon«[9]. »I felt like a man standing on a planet that had been suddenly wrenched from its orbit [...] and was spinning wildly into the unknown.«[10] Bei einem genaueren Blick in die Kriegserinnerungen Lloyd Georges fehlten ihm im Juli 1914 jedoch lediglich ein Bismarck, ein Palmerston oder Disraeli.[11] Kurz, es seien menschliche Unzulänglichkeiten und ein Mangel an Staatskunst im entscheidenden Augenblick gewesen und nicht etwa höhere Mächte, welche die »Urkatastrophe des 20. Jahrhunderts«[12] ausgelöst hätten. Die Krisenmanager von damals, allen voran seinen Parteikollege Edward Grey, erklärte er im Nachgang politisch für zu limitiert für die Friedenswahrung. »It is a mistaken view of history to assume that its episodes were entirely due to fundamental causes which could not be averted, and that they were not precipitated or postponed by the intervention of personality.«[13]

Ausgerechnet aber seine eigene wechselvolle und womöglich maßgebliche Rolle als Schatzkanzler und damit neben dem Premier- und dem Außenminister drittwichtigstem Kabinettsmitglied überhaupt, insbesondere als heimlicher Hoffnungsträger der Neutralisten,[14] erscheint heute nicht selten als Inbegriff des Dilemmas der britischen Liberalen als »party in government« – zwischen oppositionellem Idealismus und machtpolitischem Realismus in Verantwortung.

Fraglos ist Lloyd Georges Verhalten in den entscheidenden Tagen zwischen dem 24. Juli und dem 4. August 1914 ebenso gründlich seziert worden wie das seiner Kollegen und seit jeher Gegenstand zahlreicher Spekulationen.[15] Schließlich ge-

---

8 Ebd., S. 55.
9 Ebd., S. 57.
10 Ebd., S. 78.
11 Vgl. ebd., S. 57.
12 GEORGE F. KENNAN: The Decline of Bismarck's European Order. Franco-Russian Relations, 1875–1890. Princeton 1979, S. 3.
13 Lloyd George über Edward Grey, zit. nach: LLOYD GEORGE, War Memoirs (wie Anm. 7), S. 89.
14 Vgl. DUNCAN MARLOR: Fatal Fortnight. Arthur Ponsonby and the Fight for British Neutrality in 1914. Barnsley 2014, S. 48; LEWIS HARCOURT: Cabinet Notes, 31. Juli 1914, Vormittagssitzung (11 Uhr), in: Nachlass Lewis Harcourt, Bodleian Library, Oxford [BOD], noch unverzeichnet.
15 Vgl. zur Gesamteinordnung David Lloyd Georges HERBERT DU PARCQ: Life of David Lloyd George, 4 Bde. London 1912-13; DONALD MCCORMICK: The Mask of Merlin. A critical Biography of David Lloyd George. New York 1963; DAVID BROOKS: Lloyd George, For and Against, in: The Historical Journal 24 (1981), S. 223–230; PETER ROWLAND: Lloyd George. London 1975; DON M. CREGIER: Bounder from Wales: Lloyd George's Career before the First World War. Missouri 1976; MICHAEL FRY: Lloyd George and Foreign Policy, 2 Bde. Montreal 1977; JOHN GRIGG: Lloyd George: the People's Champion, 1902–1911. London 1978; DERS.: Lloyd George: From Peace to War, 1912–1916, Berkeley 1985; BENTLEY B. GILBERT: David Lloyd George - a Political Life, Bd. 1: Organizer of Victory 1912-16. London 1992; DERS.: Pacifist to Interventionist: David Lloyd George in 1911 and 1914. Was Belgium an issue?, in: The Historical Journal 28 (1985), S. 863–885; TRAVIS L. CROSBY: The Unknown Lloyd George. A Statesman in Conflict. New York 2014.

hörte er trotz seiner vielbeachteten, nahezu bellizistischen Warnung an das Kaiserreich im Verlauf der Zweiten Marokkokrise von 1911 allem Dafürhalten nach dennoch zu den entschiedenen Kriegs- und Rüstungsgegnern im radikalliberalen Lager.[16] Laut General Henry Wilson habe gerade Lloyd Georges scharfe Rede mehr zum Erhalt des Friedens beigetragen als alle anderen Aktionen, insbesondere das sträflich abwartende, ja lethargische »Prokrastinieren« von Außenminister Edward Grey.[17] Es war auch nicht zuletzt der Mansion-House-Rede vom 21. Juli 1911 geschuldet, dass der Schatzkanzler drei Jahre später erst recht zu den bestimmenden Figuren in der Regierung zählte. Schließlich hatte die Rede ihm sowohl auf dem liberal-imperialistischen als auch auf dem radikalliberalen Parteiflügel höchste Anerkennung verschafft und ihn somit zu einem potentiellen, weil für beide Flügel akzeptablen, Spitzenkandidaten für die nächsten Unterhauswahlen 1915 werden lassen. Ihm allein trauten seine radikalliberalen Kabinettskollegen im Sommer 1914 Widerstand und sogar eine Revolte gegen die Interventionisten um Edward Grey und Marineminister Winston Churchill zu. Noch am 27. Juli 1914 hatte er einer britischen Kriegsbeteiligung die Mehrheit abgesprochen.[18] Warum, so bleibt hier also zu fragen, hat ausgerechnet der einstige Kriegsgegner, der strenge Wächter über die imperialen Finanzen und Gegner der Dreadnoughtrüstung,[19] der Sachwalter liberaler Reformpolitik und Befürworter einer anglodeutschen Verständigung, der dem Kabinett wiederholt von den Kriegsbefürchtungen der Londoner City berichtete[20] und der selbst noch am 2. August, als das deutsche Vorrücken gegen Belgien bereits zur Downing Street 10 durchgesickert war, sich noch immer nicht vollständig überzeugt gegeben hat,[21] letztlich doch – noch dazu ohne jeglichen politischen Schaden – für die Intervention gestimmt? Warum kam es nicht wie schon 1911 zu einer erneuten öffentlichen Warnung, die womöglich die Berliner Wilhelmstraße davon abgehalten hätte, überhaupt mit einer britischen Neutralität zu rechnen? Welche Bedeutung für die letztliche Kriegsentscheidung hatte sein Stimmungswandel? Und schließlich, wie ist seine eigene Begründung, der ihm zuvor undenkbar scheinende Völkerrechtsbruch des

---

16 Vgl. ALAN J. P. TAYLOR: The Trouble Makers: Dissent over Foreign Policy, 1792–1939. London 1985, S. 22.
17 »Everyday the funk Edward Grey procrastinates brings us nearer to a possible war«. HENRY WILSON: Tagebucheinträge, 25., 27.–29. Juli 1911, in: Nachlass Henry Wilson, Imperial War Museum, London [IWH], HHW 1.
18 Vgl. LLOYD GEORGE: Rede im Unterhaus, 23. Juli 1914, in: Hansard, Parliamentary Debates [PD], 5. Serie, Bd. 65, Sp. 666–670; HAZLEHURST, Politicians (wie Anm. 3), S. 63; LLOYD GEORGE, War Memoirs (wie Anm. 7), S. 32–88; LEWIS HARCOURT: Cabinet Notes, 31. Juli 1914, Nachlass Lewis Harcourt (wie Anm. 14).
19 Vgl. CROSBY, Lloyd George (wie Anm. 15), S. 158–160.
20 Vgl. LLOYD GEORGE, War Memoirs (wie Anm. 7), S. 100–107.
21 Vgl. NICHOLAS A. LAMBERT: Planning Armageddon. British Economic Warfare and the First World War. Harvard 2012, S. 195.

Kaiserreichs in Form der Verletzung der belgischen Neutralität, zu bewerten? Immerhin hat nicht zuletzt diese Erklärung unzählige Historiker seither von der Relevanz Belgiens als letztendlich ursächlichen Faktor für die britische Intervention, ja sogar für den Weltkrieg insgesamt überzeugt.[22]

Dass es sich bei Belgien lediglich um eine zynische Schaufensterware gehandelt haben könnte, »a heaven-sent excuse«, hat dagegen bereits seine langjährige Sekretärin, Geliebte und spätere Ehefrau Frances Stevenson in ihren Erinnerungen preisgegeben.[23] Cameron Hazlehurst wiederum hat dies in seiner brillanten Analyse der einzelnen Motive der Kabinettsmitglieder zu dem Urteil gebracht, dass Lloyd George letztlich ein skrupelloser Opportunist gewesen sei, ohne jedoch dessen tieferen Beweggründen nachzuspüren.[24] Ging es Lloyd George lediglich um sein eigenes Fortkommen, wie auch Peter Rowland nahelegt,[25] oder hoffte er bis zuletzt auf einen guten Ausgang der Krise,[26] schließlich habe letztlich niemand eine Invasion Belgiens vorhersehen können, wie A.J.P. Taylor und Michael Fry verteidigend vorgebracht haben.[27] War es tatsächlich die Frage Belgiens, wie er selbst immer wieder hervorhob, welche ihn zu einem Interventionisten und schließlich entschlossenen »knock out«-Politiker werden ließ,[28] oder ging es ihm vornehmlich um die Geschlossenheit der Regierung und somit den liberalen Machterhalt? Schließlich hatten sowohl Grey als auch Asquith mit Rücktritt gedroht, sollte sich das Kabinett gegen eine direkte militärische Unterstützung Frankreichs wenden. Eine hier nur anzureißende, weiterführende Frage ist freilich, inwieweit Lloyd Georges bis zuletzt changierendes Auftreten das Londoner Krisenmanagement insgesamt beeinflusste, ja womöglich schwächte oder die Krise verschärfte?

Lloyd Georges Haltung in der Julikrise, so die hier vertretene Ausgangsthese, ist dabei nur zu verstehen, wenn man sie zum einen im Rahmen seiner eigenen außenpolitischen Grundüberzeugungen sowie im Kontext des edwardianischen Liberalismus insgesamt verortet und analysiert. Zum anderen gilt es, die damaligen Kabinetts- und Mehrheitsverhältnisse wie auch seine eigenen politischen Ambitionen im Auge zu behalten.[29] Die folgenden Ausführungen können hier freilich nur erste Anhaltspunkte liefern. Sie gehen deshalb zunächst auf die Grundlagen seines politischen Verständnisses ein und setzen diese in einem

---

22 Vgl. LLOYD GEORGE, War Memoirs (wie Anm. 7), S. 66.
23 FRANCES COUNTESS LLOYD GEORGE: The years that are past. London 1967, S. 73f.
24 Vgl. HAZLEHURST, Politicians (wie Anm. 3), S. 65.
25 Vgl. ROWLAND, Lloyd George (wie Anm. 15), S. 282.
26 Vgl. FRY, Lloyd George (wie Anm. 15), S. 193, 201.
27 Vgl. ALAN J. P. TAYLOR: Politics in Wartime. London 1964, S. 88; FRY, Lloyd George (wie Anm. 15), S. 1, 193, 201.
28 ROBERT J. SCALLY: The Origins of the Lloyd George Coalition. Princeton 1975, S. 251.
29 Vgl. CROSBY, Lloyd George (wie Anm. 15), bes. S. 170–174.

weiteren Schritt in den Kontext der in Spannung zueinanderstehenden außenpolitischen Überzeugungen der radikalliberalen Mehrheit und der liberalen Imperialisten. Schließlich geht es um die Wandlung Lloyd Georges vom Kriegsgegner und Abrüstungsbefürworter zum Interventionisten zwischen 1911 und 1914.

Von Llanystumdwy ins Schatzamt – Außenpolitische Ideen, 1890–1910

David Lloyd Georges politische Karriere begann in Wales. Noch bevor er im April 1890 mit einem Vorsprung von lediglich 19 Stimmen in einer traditionell konservativen Region im Nordwesten von Wales die Wahlen für die Liberalen gewann, war er drauf und dran, auf der Basis seiner 1888 gegründeten Zeitung *Udgorn Rhyddid* (*Trumpet of Freedom*) nach dem Vorbild des irischen Nationalisten Charles Stuart Parnell sogar eine walisische National Party ins Leben zu rufen.[30] Als jüngster Unterhausabgeordneter, mit einem Übermaß an Stolz auf die eigene Heimat ausgestattet, vertrat er klare nonkonformistische Ansichten, ergänzt von einer hohen Sensibilität für das nationale Selbstbestimmungsrecht kleinerer Völker.[31] Als Abgeordneter von Llanystumdwy in Caernarfonshire zählte er zweifelsohne zu den Außenseitern in Westminster, war damit aber zugleich besonders empfänglich für alles, was die politische Unterstützung von Minderheiten durch die liberale Partei und was deren Zusammenhalt anbetraf. Seine Ansichten zu außen-, sicherheits- und empirepolitischen Fragen oder dem europäischen Staatensystem gründeten dabei nicht auf einer intensiven intellektuellen Durchdringung entscheidender Problemlagen, sondern vielmehr auf tagespolitischem *common sense*, parteipolitischer Pragmatik und dem politischen Wettstreit mit den Tories.[32] Gleichwohl finden sich in seinen Reden unverrückbare liberale Eckpfeiler Gladstonescher Prägung: die Betonung des Humanitarismus, des Freihandels, der Pflege moralischer Integrität auch und gerade in außenpolitischen Fragen, die Ablehnung von Gewalt und das Beharren auf einer legitimen und gerechten *ultima ratio*. Boten ihm diese Grundsätze eine politische Orientierung, so wird gleichwohl noch zu zeigen sein, dass er sie im politischen Prozess durchaus flexibel zu handhaben wusste. So begriff er sich auch keineswegs als Anti-Imperialist oder Pazifist *per se*[33] und huldigte einer

---

30 Vgl. dazu http://www.bbc.co.uk/wales/history/sites/themes/figures/lloyd_george.shtml. [30. Juni 2016]
31 Vgl. u. a. PHILIP GUEDELLA (Hrsg.): D. Lloyd George. Gedanken eines Staatsmannes. Berlin 1929, S. 17–19, 63 f.; FRY, Lloyd George (wie Anm. 15), S. 21 f.
32 Vgl. für das Folgende insbesondere ebd.
33 Vgl. GRIGG, Lloyd George (wie Anm. 15), S. 13.

ganz bestimmten Form des Patriotismus, den er für eine große Verheißung für die Zukunft und eine Voraussetzung der Freiheit hielt.[34] Staatsmänner, so eine frühe Ansicht, seien zuallererst der christlichen Moral und der Nation als einer göttlichen Schöpfung und nicht der Realpolitik verpflichtet. Sie hätten stets die Wahl zwischen Krieg und Frieden, wobei die kriegerische Lösung immer unmoralisch, inhuman, irrational und letztlich politisch verschwenderisch sei.[35] Kriege bedrohten den sozialen wie ökonomischen Zusammenhalt und vernichteten Ressourcen für Reformen. Dies gelte nicht nur für die großen, sondern auch für die vermeintlich kleinen kolonialen Konflikte.[36] Eine Heilung dieses Übels erkannte er in einer beständigen Demokratisierung sowie in der parlamentarischen Kontrolle der Außenpolitik. Schon früh, als gerade einmal 17jähriger, wandte er sich in einer zutiefst von William Ewart Gladstone beeinflussten Perspektive gegen die allenthalben aufgestellte Kontinuitätsforderung in der Außenpolitik. Grundlegend sei das europäische Konzert zur Abwendung internationaler Anarchie unter der moralischen Führerschaft Großbritanniens. Außenpolitisch ginge es also nicht um die Frage, ob *splendid isolation* oder nicht, sondern darum, ob man im Namen des *public law of Europe* oder der *balance of power* agiere.[37]

Vor diesem Hintergrund ist etwa seine massive Kritik an der Nahostpolitik Lord Salisburys Mitte der 1890er Jahre zu verstehen. Statt die autokratischen und brutalen Türken aus Europa zurückzudrängen, würde die konservative Führung unter Salisbury tatenlos mit ansehen, wie das Osmanische Reich wehrlose Armenier massakriere. Gladstone dagegen habe im Namen christlicher Verantwortung gehandelt, indem er die Balkanvölker gegen die Osmanen verteidigte und es ihm gelungen sei, eine internationale Allianz gegen Konstantinopel zu mobilisieren.[38] Selbst hielt sich Lloyd George allerdings bei der aktiven politischen Unterstützung der Balkanvölker auffällig zurück. Statt sich für diese etwa im sogenannten »Balkan Committee« seiner Parteifreunde um Noel Buxton zu engagieren und so in Gefahr zu laufen, als »Trouble Maker« die Parteiführung gegen sich aufzubringen, beließ er es bei sporadischen öffentlichen Anmerkungen.[39] Er changierte so bereits frühzeitig zwischen den beiden Parteiflügeln, den vermeintlich idealistischen Radikalliberalen um John Morley und William

---

34 Vgl. DU PARCQ, Life (wie Anm. 15), Bd. 1, S. 59, 148; GUEDELLA, Lloyd George (wie Anm. 31).
35 Vgl. LLOYD GEORGE: Rede in York, 30. Januar 1905, zit. nach: ebd., S. 165.
36 FRY, Lloyd George (wie Anm. 15), S. 24–26.
37 Ebd. Vgl. auch John Bright zit. von EDMUND D. MOREL: Rede im Unterhaus, 3. August 1914, in: Hansard, Parliamentary Debates [PD], 5. Serie, Bd. 65, Sp. 1837.
38 Vgl. FRY, Lloyd George (wie Anm. 15), S. 26 f.
39 Vgl. T. P. CONWELL-EVANS: Foreign Policy from a Back Bench, 1904–18. London 1932; H. N. FIELDHOUSE: Noel Buxton and A. J. P. Taylor's ›The Trouble Makers‹, in: MARTIN GILBERT (Hrsg.): A Century of Conflict, 1850–1950. London 1966, S. 175–198.

Harcourt auf der einen Seite und den vermeintlich realistischeren liberalen Imperialisten um Lord Rosebery, Edward Grey auf der anderen. Seine öffentliche Präsenz und Regierungskritik erreichte ihren ersten Höhepunkt während des Kriegs in Südafrika (1899–1902). Diesen, so verkündete er unverhohlen, habe London ebenso mutwillig vom Zaun gebrochen, wie es einen internationalen Rüstungswettlauf insgesamt in Gang gesetzt habe.[40] Den Burenkrieg erachtete er als völlig unnötig. Er fördere lediglich Militarismus und Gewalt, brutalisiere die Bevölkerung nach innen wie auch die Politik nach außen und isoliere das Land international. Lloyd George zufolge hatte ein von den Tories hochgerüstetes Land lediglich auf einen Vorwand gewartet, um ein Exempel zu statuieren. Damit habe Großbritannien seine historische Rolle als Schutzmacht des Liberalismus und der kleinen Völker endgültig verspielt.[41] Nur eine Rückkehr zu den Prinzipien der ersten Haager Friedenskonferenz von 1899 könne das Empire langfristig sichern.[42] In dieser Phase bezog Lloyd George am deutlichsten Stellung. So beteiligte er sich an dem »Stop-the-War-Committee« und wagte den Gegensatz zu den einflussreichen liberalen Imperialisten um Rosebery, Grey, Haldane und Asquith. Wie William Harcourt berichtet hat, entwickelte sich Lloyd George während des Burenkriegs zu einem »roten Tuch« für die Mitglieder des imperialistischen Flügels.[43] Ein tiefer Riss ging um die Jahrhundertwende durch die liberale Partei, und Lloyd George schien sich mehr denn je zu positionieren.[44] Deshalb versuchte Henry Campbell-Bannerman, der Anführer der radikalliberalen Kriegsgegner, ihn dafür zu gewinnen, den Krieg über eine Abstimmung im Parlament zu beenden. Das hätte allerdings die Spaltung der Liberalen wie auch diejenige des Landes noch weiter vertieft. Hier lag offenbar die Grenze dessen, wozu Lloyd George bereit war. Öffentlicher Protest ja, aber eine weitere Entfremdung der Parteiflügel bis hin zu einem Schisma wie 1886 über die Home Rule Bill wollte er offenbar unter allen Umständen vermeiden.[45] Gemeinsam mit Charles Trevelyan und anderen fürchtete er, als Hinterbänkler zu enden oder womöglich ganz aus dem Unterhaus auszuscheiden; schließlich würden von einem solchen Vorgehen nur die Tories profitieren und die Liberalen auf Jahr-

---

40 Vgl. LLOYD GEORGE: Rede in Carmarthen, 27. November 1899, zit. nach: FRY, Lloyd George (wie Anm. 15), S. 27.
41 Vgl. LLOYD GEORGE: Reden im Unterhaus, 6. Februar 1900, in: Hansard, Parliamentary Debates [PD], 5. Serie, Bd. 78, Sp. 758–767; 10. Juli 1890, Bd. 85, Sp. 1107. Vgl. dazu auch FRY, Lloyd George (wie Anm. 15), S. 42f.
42 Vgl. ebd.
43 Zit. nach: A. G. GARDINER: The Life of Sir William Harcourt, Bd. 2. London 1923, S. 530.
44 Vgl. *The Manchester Guardian*, 15. Februar 1900; FRY, Lloyd George (wie Anm. 15), S. 40–42.
45 Es gehört sicherlich zur Ironie der Geschichte, dass ausgerechnet Lloyd George 1918 während der sogenannten »coupon«-elections für eine weitere Spaltung der Liberalen mitverantwortlich zeichnete.

zehnte hinaus von der Downing Street ausgesperrt bleiben.[46] Die machtpolitische Optionswahrung, die eigene Zukunft wie auch die der Partei rangierten für Lloyd George, der noch immer am Anfang seiner Karriere stand, eindeutig vor den allzu hehren Idealen des Gladstonianismus.[47] Die besondere Crux lag für ihn in der Folgezeit darin, sich zugleich humanitär und patriotisch zu geben, zumal gerade letzteres den Liberalen im politischen Raum Londons wiederholt abgesprochen wurde. Fortan konzentrierte er sich weniger auf seine grundsätzliche Kritik an der imperialen Politik, sondern vielmehr darauf, das militärische Versagen der »black week« und das grausame Vorgehen der »verbrannten Erde« ab dem Sommer 1900 zu kritisieren.[48] Kurz vor den sogenannten Khaki-Wahlen 1900 (25. September bis 24. Oktober) kam jedoch erschwerend hinzu, dass die »counter-insurgency« von Lord Roberts in Südafrika begann, erste Erfolge zu erzielen.[49] Statt weiterhin den Vorwurf eines ungerechten Kriegs aufrechtzuhalten und als »pro-Boer« in der konservativen Presse attackiert zu werden, lenkte er seine Angriffe im Wahlkampf nun direkt gegen Joseph Chamberlain, dem er nicht nur den Krieg anlastete, sondern auch Korruption im großen Stil. Während Henry Campbell-Bannerman weiterhin die »methods of barbarism« in Südafrika anprangerte,[50] unterstellte Lloyd George Chamberlain, mit Rüstungsfirmen in Birmingham unter einer Decke zu stecken.[51] Ihm gelang es, auf diese Weise den Krieg derart geschickt mit innenpolitischen Missständen unter den Tories in Verbindung zu bringen, dass ihm John Morley bereits eine »große politische Zukunft« voraussagte.[52] Die Kritik am südafrikanischen Feldzug brachte Lloyd George zudem in Kontakt mit den führenden liberalen Blättern und Journalisten des Landes, darunter William Thomas Stead, der mit seiner Kampagne in der *Review of Reviews* »War against the War in South Africa« Schlagzeilen machte, oder Henry Massingham (*The Nation*), William Robertson Nicoll (*The British Weekly*), Charles E. Montague, Charles Scott (beide *The*

---

46 Vgl. DU PARCQ, Lloyd George (wie Anm. 15), Bd. 2, S. 238.
47 Vgl. GUEDELLA, Lloyd George (wie Anm. 31), passim.
48 Vgl. LLOYD GEORGE: Reden im Unterhaus, 29. Juni und 30. Juli 1900, in: Hansard, Parliamentary Debates [PD], 5. Serie, Bd. 85, Sp. 163–169; Bd. 87, Sp. 58. Vgl. auch die Fragestunden im Unterhaus am 10., 16. und 20. Juli 1900, in: ebd., Sp. 1107; und PD, 5. Serie, Bd. 86, Sp. 105–107, Sp. 646.
49 Vgl. DU PARCQ, Lloyd George (wie Anm. 15), Bd. 2, S. 226–238. Zur »counter-insurgency« in Südafrika vgl. ANDREAS ROSE: »Unsichtbare Feinde«. Großbritanniens Feldzug gegen die Buren (1899–1902), in: DIERK WALTER / TANJA BÜHRER / CHRISTIAN STACHELBECK (Hrsg.): Imperialkriege von 1500 bis heute. Strukturen - Akteure - Lernprozesse. Paderborn u. a. 2011, S. 217–239.
50 HENRY CAMPBELL-BANNERMAN: Rede im Unterhaus, 14. Juni 1901, zit. nach: THOMAS PAKENHAM: The Boer War. London 1979, S. 534.
51 Vgl. FRY, Lloyd George (wie Anm. 15), S. 48.
52 JOHN MORLEY an Lewis Harcourt, 13. Oktober 1900, zit. nach: GARDINER, Harcourt (wie Anm. 43), Bd. 2, S. 523f.

Manchester Guardian), Robert Donald (*The Daily Chronicle*), R. C. Lehmann und Alfred G. Gardiner (beide *The Daily News*). Auch wenn er selbst nicht zur Feder griff, so zeigte sich Lloyd George fortan sehr sensibel, was die Einschätzung der liberalen Leitorgane anbelangte.[53]

Nach den verlorenen Khaki-Wahlen ging es Lloyd George parteipolitisch um eine Versöhnung der beiden Flügel.[54] Am 9. Juli 1901 kam die Parteiführung im Reform Club jedoch überein, ihre unterschiedlichen Meinungen über den Burenkrieg aushalten zu wollen.[55] Fortan schien ein unausgesprochenes *gentlemen's agreement* zu bestehen, nach dem sich die liberalen Imperialisten weiterhin ihrem Steckenpferd, der Außen-, Empire- und Sicherheitspolitik, widmeten, während die radikalliberale Mehrheit sich in erster Linie um die Reformen des Staats- und Sozialwesens bemühte.[56] Lloyd George arrangierte sich mit dieser Lösung und wandte sich in der Folge vornehmlich wieder innenpolitischen Themen zu.[57] Nichtsdestotrotz bejubelte er im Frühjahr 1904 die Entente Cordiale mit dem »natürlichen« Partner Frankreich. Obwohl ihn Rosebery ausdrücklich auf die systemischen Risiken dieser Verbindung aufmerksam machte, hatte die »liberale Verbindung« zum ebenfalls parlamentarischen Frankreich für ihn größere Bedeutung als etwaige daraus entstehende internationale Konflikte.[58] Die Risiken neuer deutsch-französischer oder anglo-deutscher Spannungen erschienen ihm regelrecht unverständlich.[59] Statt die geopolitischen Sicherheitsinteressen der Mittelmächte zumindest nachzuvollziehen, wie es beispielsweise das liberale Wochenblatt *The Nation* immer wieder versuchte, indem es auf die deutsche Mittellage und die revisionistischen Interessen des franko-russischen Zweibunds verwies,[60] zeigte Lloyd George für diese Zusammenhänge nur wenig Gespür. Das wird auch daran deutlich, dass er das autokratische Zarenreich anders als viele seiner radikalliberalen Parteikollegen nicht in erster Linie als eine Despotie und ein europäisches Sicherheitsrisiko,

---

53 Vgl. auch DOMINIK GEPPERT: Pressekriege. Öffentlichkeit und Diplomatie in den deutsch-britischen Beziehungen (1896–1912). München 2007, S. 62.
54 Vgl. EDWARD GREY an John Spender, 21. Dezember 1901, in: Nachlass John Spender, British Library, London [BL], Add. 46389; WILLIAM S. BLUNT: My diaries: being a personal narrative of events, 1880–1914, Bd. 2. London 1932, S. 53.
55 Vgl. FRY, Lloyd George (wie Anm. 15), S. 52.
56 Vgl. CHURCHILL, World Crisis (wie Anm. 1), S. 46.
57 Vgl. DU PARCQ, Lloyd George (wie Anm. 15), Bd. 2, S. 309–320.
58 Vgl. LLOYD GEORGE, War Memoirs (wie Anm. 7), S. 1.
59 Vgl. LLOYD GEORGE: Reden im Unterhaus, 8. März und 19. April 1904, in: Hansard, Parliamentary Debates [PD], 5. Serie, Bd. 142, Sp. 755–759; Bd. 145, Sp. 631–636. Rosebery befürchtete als Folge der Entente Cordiale wachsende Konflikte, wenn nicht sogar einen Krieg mit Deutschland. Vgl. LLOYD GEORGE, War Memoirs (wie Anm. 7), S. 1; FRY, Lloyd George (wie Anm. 15), S. 35.
60 Vgl. u. a. The Motives of German Policy, in: *The Nation*, 27. März 1909, S. 955.

sondern lediglich als einen imperialen Rivalen begriff.⁶¹ Mit innenpolitischen Reformfragen beschäftigt, scheute er außenpolitisch eine Festlegung. So sehr er radikalliberale Ideale guthieß und soziale Reformansätze zulasten erhöhter Rüstungsausgaben verteidigte, so sehr bewunderte er zugleich den außenpolitischen Realismus der liberalen Imperialisten.⁶² Als moderner Vollblutpolitiker vertrat er radikalliberale Ideale, solange die Mehrheitsverhältnisse sowohl innerhalb der Partei als auch in der liberalen Medienlandschaft dies zuließen, und liberale imperialistische Positionen, wenn es galt, den Tories in Sachen Patriotismus nicht nachzustehen. Lloyd George hatte ebenso wie die Gesamtpartei aus den verlorenen Khaki-Wahlen gelernt. Was aber bedeutete dies für die Regierungstätigkeit?

Vom Kriegsgegner zum Krisenmanager – die Mansion-House-Rede vom 21. Juli 1911 und die C.I.D.-Sitzung vom 23. August 1911

Nach der Regierungsübernahme von 1906 gehörte David Lloyd George als Handelsminister zunächst gemeinsam mit dem jungen Winston Churchill, der 1908 das Innenressort übernahm, zur sogenannten »Potsdam-Party« innerhalb des Kabinetts.⁶³ Diese plädierte, nicht zuletzt auch zur eigenen Profilschärfung, aber vor allem aus Ressorterwägungen heraus für eine Annäherung an das Kaiserreich und empfand etwa die öffentliche Invasions- und Spionagehysterie gegen Berlin als weitgehend absurd und zugunsten der Rüstungspolitik fabriziert.⁶⁴ Indem Lloyd George offen für bessere Beziehungen zu Berlin eintrat und sich ab 1908 als Schatzkanzler intensive Scharmützel mit den Service Departments, allen voran mit Marineminister Reginald McKenna, über explodierende

---

61 Vgl. LLOYD GEORGE: Rede im Unterhaus, 26. Juli 1901, in: Hansard, Parliamentary Debates [PD], 5. Serie, Bd. 98, Sp. 272; und Rede im Unterhaus, 19. April 1905, in: PD, 5. Serie, Bd. 145, Sp. 631–636.
62 Vgl. LLOYD GEORGE an seine Frau, 16. Mai 1902 und 6. Juli 1905, zit. nach: KENNETH O. MORGAN (Hrsg.): Lloyd George Family Letters. Cardiff 1973, S. 135, 142; ALAN J. P. TAYLOR (Hrsg.): Lloyd George. A Diary by Frances Stevenson. London 1971, S. 3, 31, 78.
63 Vgl. KEITH WILSON: The Policy of the Entente. London 1980, S. 23; zu Lloyd George und Churchill siehe: EDWARD GREY an Thomas Sanderson, 12. September 1908, in: Nachlass Edward Grey, The National Archives, Kew [TNA], FO 800/111; zur »Potsdam Party« siehe ZARA STEINER: The Foreign Office under Sir Edward Grey 1905-1914, in: FRANCIS H. HINSLEY (Hrsg.): British Foreign Policy under Sir Edward Grey. Cambridge 1977, S. 22–69, hier: S. 44; zur grundsätzlich deutschfreundlichen Einstellung vgl. KENNETH O. MORGAN: Lloyd George and Germany, in: *The Historical Journal* 39 (1996), S. 755–766.
64 Vgl. REGINALD ESHER: Tagebucheintrag, 29. Mai 1908, zit. nach: MAURICE V. BRETT (Hrsg.): Journals and Letters of Reginald Viscount Esher, Bd. 2. London 1934, S. 317f.; HUGH O. ARNOLD-FORSTER an Arthur J. Balfour, 28. September 1908, Nachlass Arthur J. Balfour, British Library, London [BL], Add. 49723.

Rüstungsausgaben lieferte, sicherte er sich nicht nur den Applaus der radikalliberalen Parteikollegen im Unterhaus und der liberalen Presse, sondern vermittelte auch den Eindruck eines in seinen Überzeugungen gefestigten Radikalliberalen. Dies sollte sich allerdings am 21. Juli 1911 schlagartig ändern.

Auch wenn in der britischen Historiographie überwiegend von der »Agadirkrise« statt von der Zweiten Marokkokrise die Rede ist und damit bereits semantisch die Urheberschaft der Krise dem wilhelminischen »Panthersprung« nach Agadir angelastet wird,[65] so belegt der tatsächliche Kausalzusammenhang, dass die Krise von Paris und nicht Berlin ausging. Für den Quai d'Orsai galt die Inbesitznahme Marokkos trotz der bestehenden Konvention von Madrid (1880) und der Algecirasakte (1906), die sowohl die Souveränität des Sultans als auch eine »Politik der offenen Tür« für das Land festlegte, als legitime Abrundung seines nordafrikanischen Kolonialreichs. Großbritannien wiederum hat sich dieses Anliegen entgegen der internationalen Vertragslage im Ententevertrag 1904 zu Eigen gemacht. Indem Paris im Mai 1911 durch Truppenentsendungen nach Fez eine Entscheidung forderte, sollte London veranlasst werden, seine Zusagen einzulösen und der Zusammenhalt der Entente getestet werden. Deutschland wiederum wollte sich nicht einfach so beiseiteschieben lassen, reklamierte seine Interessen und strebte nach Kompensation. Namentlich Alfred von Kiderlen-Wächter setzte darauf, Marokko zwar Frankreich zu überlassen, es aber als ein Faustpfand zu nutzen, um mit Paris, London und St. Petersburg ins Gespräch zu kommen und die Empörung im eigenen Land über die Politik der anderen Mächten und den drohenden Prestigeverlust mittels einer Kompensation zu besänftigen.[66] Am 1. Juli 1911 schließlich landete der deutsche Panzerkreuzer »Panther« vor Agadir, um das Faustpfand für weitere Verhandlungen zu nehmen. In London kam es zu zwei unterschiedlichen Reaktionen: Während die radikalliberale Presse, die sich im Dunkeln über das Ausmaß der anglo-französischen Vereinbarungen befand, vor allem in Frankreichs *fait accompli* einen illoyalen Test der Entente erblickte, der im krassen Widerspruch zu allen Konzertidealen stehe,[67] nahm die britische Regierung, namentlich das Foreign Office und das War Office, die beide zu dieser Zeit bereits in intensiven Generalstabsgesprächen mit Paris involviert waren, weniger den flagranten Verstoß gegen die internationale Rechtslage wahr, als vielmehr die eigentlich erwartbare

---

65 Vgl. PAUL M. KENNEDY: The Rise and Fall of Anglo-German Antagonism 1860–1914. London 1980, S. 447–450; GEOFFREY BARRACLOUGH: From Agadir to Armageddon. Anatomy of Crisis. New York 1982.
66 Vgl. KONRAD CANIS: Der Weg in den Abgrund. Deutsche Außenpolitik 1902–1914, Paderborn u. a. 2011, S. 405–429.
67 Vgl. From Algeciras to Agadir, in: *The Nation*, 29. Juli 1911, S. 629; The Sequel of Agadir, in: *The Nation*, 2. September 1911, S. 794.

Reaktion der Wilhelmstraße.[68] Wenn in der Historiographie seit einigen Jahren von einer zunehmenden Militarisierung der Außenpolitik vor 1914 die Rede ist,[69] so ist das britische Kabinett, welches bereits in dieser Phase maßgeblich von den anglo-französischen Generalstabsgesprächen beeinflusst wurde, ein Beleg dafür.

Bereits am 4. Juli stellte sich Edward Grey aus Sorge um die Entente gegenüber dem deutschen Botschafter eindeutig auf die französische Seite. Nachdem Berlin keine Anstalten machte, darauf zu reagieren und sich mit London auseinanderzusetzen, verdeutlichte er seine unbedingte Treue zu Paris abermals am 19. Juli.[70] Zwei Tage später verabredete er mit David Lloyd George dessen berühmte Mansion-House-Rede. Sie sollte die Wirkung potenzieren, denn dass Grey sich festgelegt hatte, war allenthalben bekannt. Nun sollte der Druck von anderer, unerwarteter Seite kommen.[71] Lloyd George betonte die englische Unterstützung Frankreichs und stellte in aller Öffentlichkeit den britischen Standpunkt auf die grundsätzliche Ebene von Krieg und Frieden. Den Frieden zu brechen, so Lloyd George, sei legitim, wenn Englands internationale Stellung gefährdet sei.

> If a situation were to be forced upon us in which peace could only be preserved by the surrender of the great and beneficent position Britain has won by centuries of heroism [...], by allowing Britain to be treated as if she were of no account in the Cabinet of nations, then I say emphatically that peace at that price would be humiliation intolerable for a great country like ours to endure.[72]

Was zunächst wie eine unverhohlene Drohung klang, war indes keine bewusste Kriegstreiberei. Aber es ging ums Prestige, eine diplomatische Entlastung in Richtung Paris bei gleichzeitiger Druckerzeugung gegenüber Berlin. Whitehall fürchtete offenbar, dass sich Frankreich allein mit Deutschland einigen und so die Entente Schaden nehmen könnte.[73] Andererseits bedeutete eine Teilnahme

---

68 Vgl. EDWARD GREY an Francis Bertie, 28. April 1911, zit. nach: G. P. GOOCH / H. TEMPERLEY (Hrsg.): Die Britischen Amtlichen Dokumente über den Ursprung des Weltkrieges 1898–1914, 11 Bde. Berlin 1932 [BAD], Bd. 7, Nr. 226, S. 332; EDWARD GREY an Francis Bertie, 19. Juli 1911, BAD, Bd. 7, Nr. 396, S. 612.
69 Bei dieser These geht es nicht um eine direkte militärische Einflussnahme, also den Primat des Militärs über die Politik, sondern darum, dass bei Beibehaltung des politischen Primats gleichwohl diplomatische Lösungsansätze immer mehr in den Bann militärischer Erwägungen rückten. Vgl. u. a. KONRAD CANIS: Die deutsche Außenpolitik im letzten Jahrzehnt vor dem Ersten Weltkrieg im Lichte österreichisch-ungarischer diplomatischer Berichte, in: WOLFGANG ELZ u. a. (Hrsg.): Internationale Beziehungen im 19. und 20. Jahrhundert. Festschrift für Winfried Baumgart zum 65. Geburtstag. Paderborn u. a. 2003, S. 105–126.
70 Vgl. EDWARD GREY: Twenty-five Years (1892–1916), Bd. 1. Toronto 1925, S. 214f.
71 »This meant England was in the ring, to fight if necessary«. STEPHEN GWYNN (Hrsg.): The Letters and Friendships of Sir Cecil Spring Rice, Bd. 2. London 1929, S. 163.
72 LLOYD GEORGE, zit. nach: The Times, 22. Juli 1911, S. 7.
73 Vgl. EDWARD GOSCHEN an Edward Grey, 14. Juli 1911, BAD, Bd. 7 (wie Anm. 68), Nr. 384, S. 594; FRANCIS BERTIE an Edward Grey, 18. Juli 1911, BAD, Bd. 7, Nr. 392, S. 604–607, hier:

Englands an den Gesprächen automatisch eine Parteinahme für Paris, welches aus Gründen der Parität und vor dem Hintergrund der Konferenz von Algeciras (1906) wiederum nicht im deutschen Sinne sein konnte. Die Rede, ausgerechnet vom Schatzkanzler Lloyd George, der allgemein als Deutschland wohlgesonnen galt, setzte ein deutliches Zeichen und traf die deutsche Diplomatie wie ein »thunderbolt«.[74] Wie sehr sich hinter dem britischen Verhalten eine seit Jahren im politischen Raum spürbare alarmistische, wenn nicht sogar fatalistische Atmosphäre, was einen nahenden Krieg betraf, verbarg, zeigt nicht zuletzt die Korrespondenz zwischen Churchill und Lloyd George unmittelbar vor und nach dessen Rede.[75] Auch Churchill changierte in den kritischen Tagen im Kabinett hin und her zwischen dem pazifistischen und dem interventionistischen Lager. Lloyd George, so Churchill, hätten diese Tage von Grund auf gewandelt. »The tenor of his statement to me was that we were drifting into war.«[76] Zu weit aber konnte und wollte sich auch der Schatzkanzler wohl nicht von den Radikalliberalen entfernen. Am Tag seiner Rede schickte er seinem Kontaktmann beim *Manchester Guardian*, Charles Scott, eine Einladung zum Frühstück am nächsten Morgen, verbunden mit der Bitte, noch nichts über seine Rede und Deutschland zu drucken.[77]

Gegenüber Scott betonte Lloyd George die Einigkeit der Regierung und wiederholte die französische Hilflosigkeit angesichts der deutschen Aggression. Er sprach von der guten Zusammenarbeit mit Grey und Asquith, dass sich letzterer sehr wohl der antideutschen Phalanx im Foreign Office bewusst sei, dass es nun aber darum gehe, die britischen Rechte und Ansprüche auf eine Beteiligung bei der Lösung der Marokkokrise zu wahren, und dass einzig und allein Berlin die kritische Situation heraufbeschworen habe, in der man sich nun befinde. »They [the Germans, A.R.] could be in Paris in a month. [....] This was the real danger, that Prussia should seek European predominance not far removed from the Napoleonic.«[78]

Das Interview vom 22. Juli verdeutlicht mehrere Momente gleichzeitig: Einerseits ging es Lloyd George offenbar um ein entschärfendes Signal nach innen, und zwar darum, seinen Wählern und radikalliberalen Parteifreunden wie Lord Loreburn oder John Morley wie auch der liberalen Presse zu demonstrieren, dass

---

S. 607; CHRISTEL GADE: Gleichgewicht oder Bündnispflege? Maximen britischer Außenpolitik 1909–1914. Göttingen 1997, S. 88f.
74 GREY, Years (wie Anm. 70), S. 228.
75 Vgl. u. a. LLOYD GEORGE an Winston Churchill, 25. August 1911, in: Nachlass Lloyd George, Parliamentary Archives, London [PA], LG/C/3/15/6; WINSTON CHURCHILL an Lloyd George, 4. September 1911, in: ebd., LG/C/3/15/8.
76 CHURCHILL, World Crisis (wie Anm. 1), S. 46.
77 Vgl. CHARLES SCOTT: Tagebucheintrag, 22. Juli 1911, zit. nach: TREVOR WILSON (Hrsg.): The Political Diaries of C. P. Scott 1911–1928, London 1970, S. 46–48.
78 Ebd., S. 48.

er nach wie vor friedlichen Beziehungen den Vorrang einräumte und keineswegs an einer Eskalation interessiert sei.[79] Natürlich galt auch weiterhin, dass ihm soziale Fragen wichtiger seien als Großkampfschiffe. Andererseits schien es ihm aber als Lehre aus dem Burenkrieg ebenso wichtig, zu zeigen, dass die nationale Ehre auch und gerade aus liberaler Sicht gegen jede Demütigung von außen zu verteidigen sei. Während seine Rede in Abstimmung mit Grey und Asquith ein abschreckendes Signal in Richtung Berlin senden sollte, versuchte er ihre Wirkung nach innen offensichtlich zugleich auch wieder einzufangen. Des Weiteren zeigt das Interview, wie sehr die britische Führung offenbar davon überzeugt war, dass Frankreich dem Kaiserreich hilflos ausgeliefert sei. Lloyd George kam es zusätzlich darauf an, zu demonstrieren, dass er kein willfähriges Instrument seiner oftmals kritisierten liberal-imperialistischen Kabinettskollegen sei, sondern dass die deutsche Gefahr real sei. Darüber hinaus, und das scheint von großer Relevanz für die besondere außen- und innenpolitische Kommunikationsform und ein Indiz für die generelle Erweiterung des politischen Raums in jener Zeit, erreichte er dank seiner guten Beziehungen zu Scott und dem *Manchester Guardian*, dass dieser von einem sofortigen Leitartikel absah und statt dessen erst am folgenden Montag, den 24. Juli, einen ausgewogenen Bericht über die Mansion-House-Rede brachte, der sowohl nach innen wie nach außen die Wogen glätten sollte. Dabei ist mit Blick auf die Tagespresse und die Haltung des Foreign Office zudem zu betonen, dass sowohl *The Manchester Guardian* als auch *The Times* neben dem Signal nach Berlin zugleich eine deutliche Warnung in Richtung Quai d'Orsai richteten,[80] während Grey und das Foreign Office ausschließlich ihre Loyalität gegenüber dem französischen Partner verdeutlichten.[81] Lloyd George hielt sich nach diesem Intermezzo in der Außenpolitik wieder vornehm zurück, musste allerdings die Erfahrung machen, dass die internationale Lage mit seinen Auslassungen alles andere als entspannt, geschweige denn beruhigt werden konnte, wie Edward Grey in seinen Memoiren behauptet hat.[82] Tatsächlich hat die Rede die Marokkokrise sogar noch einmal kurzzeitig verschärft und letztlich verlängert. Im Wissen um die britische Unterstützung Frankreichs verhärteten sich die Fronten nochmals, so dass erst im

---

79 Wie nötig eine solche Versicherung war, zeigt nicht zuletzt die Kritik Henry Massinghams an Lloyd George. Vgl. H. W. MASSINGHAM: Diary of the Week, in: *The Nation*, 29. Juli 1911; sowie ALFRED F. HAVINGHURST: Radical Journalist. H. W. Massingham (1860–1924). New York 1974, S. 205.
80 Vgl. *The Times*, 22. Juli 1911, S. 9; *The Manchester Guardian*, 22. Juli 1911; DAVID AYERST: Guardian. Biography of a Newspaper, London 1971, S. 367f.
81 Hier wäre für künftige Forschungen von Interesse, inwieweit diese Doppelstrategie aus Pressepolitik und offiziellen Verlautbarungen der Regierung in Berlin und anderswo wahrgenommen wurde und ob sie tatsächlich dazu beitrug, die Wirkung der Mansion-House-Rede zu mildern.
82 Vgl. GREY, Years (wie Anm. 70), S. 217–223.

November eine Einigung erzielt werden konnte.[83] Und Berlin reagierte in diesen Monaten mit einer neuen Flottenvorlage.[84]

In London wiederum leisteten die anhaltenden Spannungen Vorschub zu einem weiteren Militarisierungsschritt. Am 23. August 1911 kam das »Committee of Imperial Defence« (C.I.D.) zu einer Sondersitzung zusammen,[85] zu der erstmals David Lloyd George und Winston Churchill eingeladen waren.[86] Ausdrücklich nicht auf der Gästeliste waren die radikalliberalen Entspannungspolitiker John Morley und Lewis Harcourt.[87] Nach dieser Sitzung, auf der General Henry Wilson nachdrücklich von einer deutschen Invasion Belgiens im Falle eines Kriegs als feststehender Tatsache ausging, ließ auch Lloyd George diese Annahme nicht mehr los. Bereits wenige Tage später schrieb er einen aufgewühlten Brief an Churchill, der inzwischen zu einem glühenden Verfechter einer frühzeitigen britischen Intervention an der Seite Frankreichs geworden war.[88] Als Lloyd George wenige Wochen später das direkte Gespräch mit Wilson suchte, bestätigte sich dessen Wirkung auf den Schatzkanzler. »I had a long talk with Lloyd George [...]. I impressed on him the value of a friendly Belgium, the absolute necessity for mobilizing the same day as the French, and of our sending the whole six divisions. I think he agreed with all this. He was quite in favour of war now.«[89] Arthur J. Balfour und George V. zeigten sich »regelrecht geschockt« von dieser plötzlichen kriegerischen Wandlung.[90] Lloyd George selbst hingegen verneinte eine Kehrtwende. »People think«, so meinte er wenige Tage nach seiner

---

83 Zum französisch-deutschen Pressekrieg: EDWARD GOSCHEN an Edward Grey, 26. Juli 1911, BAD, Bd. 7 (wie Anm. 68), Nr. 423, S. 657f.; BRETT, Journals and Letters (wie Anm. 64), Bd. 3, S. 58.
84 Was generell als Beleg für eine weitere deutsche Herausforderung angesehen wird, war nach der Ereignisabfolge eine Reaktion auf die Mansion-House-Rede und die englische Politik in der Zweiten Marokkokrise. Vgl. ARTHUR MARDER: From the Dreadnought to Scapa Flow: the Royal Navy in the Fisher era, 1904–1919. 5 Bde., Bd. 1. New York 1961–1970 u. 1978, S. 233.
85 Vgl. SAMUEL R. WILLIAMSON: The Politics of Grand Strategy. Cambridge 1969, S. 187f.
86 Vgl. C.I.D.: Protokoll des 114th Meeting, 23. August 1911, in: The National Archives, Kew (TNA), CAB 2/2/2.
87 Vgl. PATRICK JACKSON: Morley of Blackburn. Lanham 2012, S. 447. Zu diesem C.I.D.-Meeting vgl. FERGUSON, Pity of War (wie Anm. 6), S. 65f.
88 Vgl. LLOYD GEORGE an Winston Churchill, 25. August 1911, in: Nachlass Lloyd George (wie Anm. 75), PA, C/3/5/6.
89 HENRY WILSON: Tagebucheintrag, 12.–14. September 1911, in: Nachlass Henry Wilson (wie Anm. 17), HHW 1; vgl. auch GILBERT, Pacifist (wie Anm. 15), S. 877; WINSTON CHURCHILL an Lloyd George, 31. August 1911, Nachlass Lloyd George (wie Anm. 75), PA, LG/C/3/15/7.
90 ARTHUR BALFOUR gegenüber Austen Chamberlain, 23. Oktober 1911, zit. nach: AUSTEN CHAMBERLAIN: Politics from inside. London 1936, S. 363; vgl. auch GILBERT, Pacifist (wie Anm. 15), S. 876.

Rede, »that because I was a pro-Boer I am anti-war in general; [...] I am not against war a bit. I like the Germans but I hate the Junker caste.«[91]

Aus den Beobachtungen Wilsons lässt sich auch erneut die durchweg politische Haltung Lloyd Georges ablesen, sich auch hier nicht festlegen zu wollen. Denn auf die Frage, ob er nun angesichts der Sicherheitslage der Einführung einer allgemeinen Wehrpflicht seine Stimme geben wolle, reagierte er ausweichend. »[...] he said that, although he was entirely in favour of a ballot, yet he dared not say so until war broke out, which I told him was too late. [...] what a d...d fool that man is.«[92] Insgesamt jedoch zeigte die Mansion-House-Rede gemeinsam mit der C.I.D.-Sitzung einen deutlich entschlosseneren David Lloyd George in Fragen der Außenpolitik, so dass hier die Grundlagen für sein späteres Verhalten in der Julikrise zu suchen sind. Bereits seit August 1911 und damit lange vor dem entscheidenden Augustwochenende drei Jahre später und besser als seine radikalliberalen Kollegen wusste er von den weitreichenden anglo-französischen Vereinbarungen sowie von der grundsätzlichen Annahme, dass Belgien im Kriegsfall zur Sollbruchstelle sowohl für die britische Regierung und die traditionelle britische Ablehnung einer direkten Intervention auf dem Kontinent als auch für den Frieden werden konnte. Von einem plötzlichen und unerwarteten Rechtsbruch Berlins, der Lloyd George am 2. August von einem Pazifisten zu einem Interventionisten werden ließ, kann daher keine Rede sein.[93] Vielmehr scheint Frances Stevensons Eindruck zutreffend, dass die britische Kriegsbeteiligung für Lloyd George von Anfang an festgestanden habe.[94]

Nach der Krise kritisierte die liberale Presse vor allem Edward Grey für seinen allzu deutschfeindlichen und frankophilen Kurs. Aber auch Lloyd George kam nicht ungeschoren davon. Liberale Pressevertreter hegten Zweifel an seiner politischen Orientierung. So betonte *The Nation*, der Schatzkanzler habe mit seiner Rede eine Krise vom Zaun gebrochen, wo zuvor gar keine gewesen sei.[95] Francis Hirst vom *Economist* etwa glaubte in ihm einen »Überläufer zu den Jingoes« auszumachen.[96] Lord Courtney, Sir John Brunner und Alfred G. Gardiner forderten eine Konferenz zur Verbesserung der deutsch-britischen Beziehungen. Courtney griff mit seinem »Liberal Foreign Affairs Committee« Lloyd Georges frühere Idee von einer parlamentarischen Kontrolle der Außen-

---

91 Zit. nach: LUCY BLANCHE LYTTELTEN MASTERMAN: CFG Masterman: A Biography. London 1939, S. 199.
92 Zit. nach: GILBERT, Pacifist (wie Anm. 15), S. 874.
93 Vgl. etwa MCCORMICK, Mask of Merlin (wie Anm. 15), S. 83.
94 Vgl. FRANCES LLOYD GEORGE, Years (wie Anm. 23), S. 73f.
95 Vgl. HAVINGHURST, Massingham (wie Anm. 79), S. 204–208.
96 FRANCIS HIRST an Charles Scott, 19. Februar 1912, Nachlass Charles Scott, Guardian Archives, London [GA], A/H61/8.

politik auf. Der Schatzkanzler aber beteiligte sich nicht daran.[97] Erste Bedenken bezüglich der Zugehörigkeit Lloyd Georges zum radikalliberalen Lager äußerten schließlich auch John Morley, Lord Loreburn und Jack Pease, als sie im November 1911 Aufklärung über das C.I.D.-Meeting vom August und die anglofranzösischen Militärgespräche verlangten.[98] Unterstützt vom ehemaligen ersten Lord der Admiralität, McKenna,[99] forderten sie, jegliche Kooperationsvereinbarungen mit Frankreich ohne ausdrückliche Genehmigung durch das Kabinett auf Eis zu legen. »Asquith, Grey, Haldane, Lloyd George and Churchill«, so notierte Pease, »thought they could boss the rest of us.«[100] Es war aber vor allem die öffentliche Kritik, die Lloyd George offenbar zu denken gab. Während er sich intern zur Außenpolitik Greys bekannte,[101] vermied er in geradezu auffälliger Weise öffentliche Stellungnahmen.[102] Mehr denn je pflegte er seine journalistischen Kontakte zu Charles Scott, Robertson Nicoll und anderen. Lediglich in Sachen Militär- und Marinepolitik gab sich der Schatzkanzler weiter als Sparfuchs und geriet mehr als einmal mit Churchill, der im Oktober 1911 das Marineministerium übernahm, in Konflikt.

Zwischen Tories und Radicals – Lloyd George in der Julikrise 1914[103]

Als am 28. Juni 1914 das österreichisch-ungarische Thronfolgerpaar in Sarajewo ermordet wurde,[104] löste das in London eine flächendeckende Bestürzung aus. »The Crime was hatched in Belgrade«, so der allgemeine Pressetenor.[105] Größere

---

97 A. J. A. Morris, Radicalism against War 1906–1914, London 1972, S. 259–272.
98 Charles Scott: Tagebucheintrag, 23. Oktober 1914, zit. nach: Wilson, Diaries (wie Anm. 77), S. 62.
99 McKenna argumentierte ebenso wie Jacky Fisher stets gegen eine Expeditionsstreitmacht für Frankreich, was maßgeblich zu seiner Abberufung durch Asquith geführt haben mag. Herbert Asquith an Reginald McKenna, 18. September 1911, in: Nachlass Reginald McKenna, Churchill College Archive Centre, Cambridge [CAC], MCK 4/1/2; Reginald McKenna an Herbert Asquith, 20. Oktober 1911, in: ebd., MCK 4/1/8.
100 Jack Pease zit. nach: Keith M. Wilson: The Policy of the Entente. Essays on the Determinants of British Foreign Policy 1904–1914. Cambridge 1985, S. 28.
101 Vgl. Charles Scott: Tagebucheintrag, 22. Juli 1911, zit. nach: Wilson, Diaries (wie Anm. 77), S. 46–48.
102 Ein Beispiel ist hier die große Verteidigungsrede Sir Edward Greys im Unterhaus am 27. November 1911, zu der Lloyd George schwieg.
103 Die bis heute konziseste Studie zur englischen Haltung im Sommer 1914 stammt nach wie vor aus der Feder von Keith Wilson: The British Cabinet's Decision for War, 2. August 1914, in: *British Journal of International Studies* 1 (1975), S. 148–159.
104 Vgl. dazu die jüngste Schilderung inklusive einer Karte des Geschehens in Sarajewo Sean McMeekin: July 1914. Countdown to War. New York 2013, S. 1–20.
105 *The Pall Mall Gazette*, zit. nach: Donald C. Watt: British Reactions to the Assassination at Sarajevo, in: *European History Quarterly* 1 (1971), S. 233–247, hier: S. 239. Vgl. auch The

Sorgen bereitete das Attentat an der Themse zunächst jedoch nicht. Dafür war das Vereinigte Königreich im Sommer 1914 zu sehr mit sich selbst beschäftigt: Die anhaltende Diskussion um Home Rule für Irland, innere Reformen, die angespannte Finanzlage und der »Curragh Incident« (März 1914) bestimmten eindeutig die Tagesordnung.[106] Grey und das Foreign Office ließen unterdessen das Kabinett völlig im Dunkeln. Der Außenminister setzte offenbar auf eine Disziplinierung Wiens durch Berlin. Selbst eine Anfrage des deutschen Botschafters Fürst Lichnowsky am 6. Juli wegen einer gemeinsamen Beschwichtigungsaktion behandelte er eher dilatorisch.[107] Noch am 23. Juli, einen Tag vor dem österreichischen Ultimatum an Serbien, betonte Lloyd George im Unterhaus die enorm verbesserten Beziehungen zum Kaiserreich.[108] Keine Woche später, am 27. Juli, nach seinen Gesprächen mit der Londoner City, die einen Konflikt aus Sorge vor einem Finanzchaos, Massenarbeitslosigkeit und Revolten regelrecht verabscheute,[109] konnte er niemanden ausmachen, der im Kabinett für einen Krieg stimmen würde.[110] »Lloyd George«, so zeigte sich Lewis Harcourt am 31. Juli erleichtert, »is entirely with us«, so dass dieses Kabinett niemals in diesen Krieg eintreten werde.[111] Die Halbwertszeit dieser Annahme ist bekannt, und die Forschung hielt lange an der Meinung fest, dass erst die Verletzung der belgi-

---

Blow at Austria, in: *The Nation*, 4. Juli 1914, S. 512; The Serbs and the Habsburgs, in: *The Economist*, 4. Juli 1914, S. 3. Einzige Ausnahme war die konservative *Morning Post*, die generell eine kritische Haltung gegenüber Österreich-Ungarn verbreitete. Vgl. Austria and Serbia, zit. in: *The Economist*, 18. Juli 1914, S. 115 sowie 1. August 1914, S. 232.

106 Vgl. die Unterhaus-Debatte, 23. März 1914, in: Hansard, Parliamentary Debates [PD], 5. Serie, Bd. 60, Sp. 72–139; 392–458; LLOYD GEORGE an Sir Edward Russell, 26. März 1914, in: Nachlass Lloyd George (wie Anm. 75), PA, LG/C/7/6/10. Das geht unter anderem auch aus einem Brief Asquiths einen Tag nach dem Attentat von Sarajewo hervor. Vgl. HERBERT ASQUITH an Lloyd George, 29. Juni 1914, in: ebd., PA, LG/C/6/11/17; ARTHUR BIGGE, 1ST BARON OF STAMFORDHAM (Privatsekretär Georgs V.) an Lloyd George, 20. Juli 1914, in: ebd., PA, LG/C/5/6/7; LLOYD GEORGE: Guildhall-Rede, 17. Juli 1914, zit. nach: MORRIS, Radicalism (wie Anm. 97), S. 376.

107 Vgl. EDWARD GREY an Horace Rumbold, 6. Juli 1914, zit. nach: ERWIN HÖLZLE (Hrsg.): Quellen zur Geschichte des Ersten Weltkrieges. Internationale Dokumente, 1901–1914. Darmstadt 1978, S. 315–317.

108 Vgl. LLOYD GEORGE: Rede im Unterhaus, 23. Juli 1914, in: Hansard, Parliamentary Debates [PD], 5. Serie, Bd. 65, Sp. 729.

109 Lloyd George glaubte, »the delicate financial cobweb was likely to be torn to shreds by the rude hand of war«. LLOYD GEORGE, War Memoirs (wie Anm. 7), S. 101. Vgl. zu Grey und Churchill MICHAEL AND ELENOR BROCK (Hrsg.): H. H. Asquith – Letters to Venetia Stanley. Oxford 1985, S. 139, Anm. 3; WINSTON CHURCHILL an Clementine Churchill, 31. Juli 1914, zit. nach: MARY SOAMES (Hrsg.): Churchill and Clementine – The Personal Letters of the Churchills. London 1998, S. 97.

110 Vgl. CHARLES SCOTT: Tagebucheintrag, 27. Juli 1911, zit. nach: WILSON, Diaries (wie Anm. 77), S. 91; vgl. HAZLEHURST, Politicians (wie Anm. 3), S. 63; LLOYD GEORGE, War Memoirs (wie Anm. 7), S. 55.

111 LEWIS HARCOURT: Cabinet Notes, 31. Juli 1914, in: Nachlass Lewis Harcourt (wie Anm. 14).

schen Neutralität Lloyd George und die Neutralisten letztlich umgestimmt habe.[112] Diese Annahme geht allerdings davon aus, dass die Liberalen keinerlei Vorkenntnisse über die Relevanz Belgiens beziehungsweise die britisch-französischen Absprachen besaßen. Tatsächlich ist dies im Falle der Neutralisten um Morley, Harcourt, Burns, Trevelyan und Simon, die allesamt nicht zu der »small junta of Cabinet Members of the Committee [of Imperial Defence, A.R.]«[113] gehörten und sich in den Kabinettssitzungen auf die Frage einer zweifelhaften Unterstützung Russlands konzentrierten, anzunehmen. Bei Lloyd George aber war das, wie schon gesehen, nicht der Fall.[114] Der Schatzkanzler war seit 1911 über die militärischen Planungen und Risiken in Bezug auf Belgien im Bilde. Im Kabinett, so ist nicht nur den Schilderungen Walter Runcimans zu entnehmen, gab er sich vom 24. Juli bis zum Nachmittag des 2. August schwankend:

> *When the crisis came it found Lloyd George vacillating. Right up to tea-time on Sunday, August 2, he was doubtful of the action he would take. He told us that he would not oppose the war, but he would take no part in it, and would retire. [...] He would not repeat his experience of 1899–1902. [...] He had enough of ›standing out against a war-inflamed populace‹. Right up to the moment we received news that the Germans had crossed the Belgian frontier, he left us in doubt as to what was his view and what action he would take.*[115]

Asquith bestätigte diesen Eindruck. Lloyd George, Beauchamp and John Simon galten als die Wackelkandidaten. Nur Morley und Burns verhielten sich strikt neutral. Churchill, so Asquith »is in tearing spirits at the prospect of war, which to me shows a lack of imagination; Crewe is wise and keeps an even keel; no one can force Grey's hand; Ll. G. is nervous; Haldane, Samuel and McKenna very sensible and loyal«.[116]

Die Gründe dafür ergaben sich aus der Summe seiner grundsätzlichen Überzeugungen sowie seinen außen- wie innenpolitischen, nicht zuletzt medialen Erfahrungen im politischen Raum Londons. Krieg bedeutete für Lloyd George, anders als etwa für Churchill, keine heroische Herausforderung, sondern nach wie vor ein großes Unglück.[117] Hinzu kam, dass die liberale Presse, der er bereits seit langem eine enorme Bedeutung beimaß, sich für eine neutrale

---

112 Vgl. LLOYD GEORGE, War Memoirs (wie Anm. 7), S. 66.
113 CHARLES SCOTT: Tagebucheintrag, 6. Mai 1911, zit. nach: WILSON, Diaries (wie Anm. 77), S. 86.
114 Vgl. zur Wirkung Henry Wilsons auf Lloyd George KEITH JEFFREY: Field Marshal Sir Henry Wilson: A Political Soldier. Oxford 2008, bes. S. 97–100.
115 WALTER RUNCIMAN zit. nach: MCCORMICK, Mask of Merlin (wie Anm. 15), S. 83. [Kursivdruck im Original]
116 HERBERT H. ASQUITH zit. nach: JOHN A. SPENDER / CYRIL ASQUITH: Life of Herbert Henry Asquith Lord Oxford and Asquith. 2 Bde., Bd. 2. London 1932, S. 101.
117 Vgl. LLOYD GEORGE, War Memoirs (wie Anm. 7), S. 52–62.

Haltung Großbritanniens stark machte. Selbst nach dem Wiener Ultimatum an Serbien hielten die ihm nahestehenden Zeitungen das Wiener Vorgehen für »gerechtfertigt«, auch was die Maßnahme selbst und die Schärfe des Tons betraf. *The Manchester Guardian, The Daily News* und *The Daily Chronicle* erklärten unisono, dass Serbien gegenüber einer traditionellen Großmacht nicht satisfaktionsfähig sei und zum Wohle des »Konzerts« zurückstecken müsse.[118] Während bei den konservativen Blättern die Stimmung mit der serbischen Antwort endgültig kippte, *The Times, The Globe, The Daily Telegraph* und *The Morning Post* eine deutsche Verschwörung erkannten beziehungsweise Wien vorwarfen, den Mord von Sarajewo als Vorwand für einen »aggressiven Akt« gegen Serbien zu instrumentalisieren,[119] betonten die liberalen Blätter weiterhin, dass die Ursache der Krise letztlich in Serbien zu suchen sei.[120] Auch *The Westminster Gazette* verlangte die britische Neutralität. »We care as little for Belgrade as Belgrade for Manchester«. Am 30. Juli hieß es in der *Daily News:* »We must not have our western civilization drowned in a sea of blood in order to wash out a Serbian conspiracy«.[121] Ähnliches war nicht nur in der gerade für Lloyd George so wichtigen *British Weekly* seines Freundes Robertson Nicoll zu lesen,[122] sondern wurde auch von liberalen Institutionen wie der »Neutrality League« um Norman Angell[123] oder Persönlichkeiten wie Edmund D. Morel oder Arnold Rowntree angemahnt.[124] Zur gleichen Zeit erhielt Lloyd George eine Flut von Briefen und Telegrammen, nicht wenige aus seinem eigenen Wahlkreis, die ihn dazu aufforderten, sich gegen eine mögliche Kriegsbeteiligung Englands zu

---

118 »We think Austria the better civilizing influence«, in: *The Nation*, 1. August 1914, zit. nach: TAYLOR, Trouble Makers (wie Anm. 16), S. 127. Vgl. WATT, Reactions (wie Anm. 105), S. 245. Das war eine Argumentation, die kaum hoch genug einzuschätzen ist und auch in den heutigen Debatten etwa um die vermeintlich zu kritische Sicht auf Serbien vielfach unbeachtet bleibt. Vgl. dazu auch die ähnlich lautenden konservativen Stimmen bis zum 26. Juli 1914 in der *Pall Mall Gazette*, dem *Daily Telegraph*, der *Daily Mail*, dem *Observer* und der *Morning Post*, ebd., S. 245.
119 Vgl. ebd., S. 246.
120 Vgl. *The Manchester Guardian*, 27. Juli 1914, zit. nach: ebd.
121 *The Manchester Guardian* und *The Daily News*, 30. Juli 1914, zit. nach: ebd. Für Norman Angell stand fest, dass sich Großbritannien entscheiden müsse, zwischen Deutschland, einem Staat »of 65 Million highly civilized citizens given mainly to the arts of trade and commerce«, oder einer »slavonic federation of say 200 Million autocratically governed subjects with a very rudimentary civilization«. NORMAN ANGELL: The Menace of War, in: *The Times*, 1. August 1914, S. 6.
122 Vgl. GILBERT, Lloyd George (wie Anm. 15), S. 879.
123 Bei der Gründung der *Neutrality League* am 28. Juli 1914 spitzte Norman Angell zu: »If we are successful in securing the victory of Russia [...] we shall upset the balance enormously, by making her the dominant military power in Europe.« Zit. nach: TAYLOR, Trouble Makers (wie Anm. 16), S. 128.
124 Vgl. EDMUND D. MOREL und ARNOLD ROWNTREE: Reden und Kommentare im Unterhaus, 3. August 1914, Hansard, Parliamentary Debates [PD], 5. Serie, Bd. 65, Sp. 1846.

stellen – darunter ein Telegramm von keinem Geringeren als Charles Scott aus Manchester. In diesem musste er lesen, dass kein Liberaler, der sich zur Intervention bereit erkläre, »can lead us again«.[125] Am 30. Juli erreichte Asquith sogar ein liberales Manifest aus dem Unterhaus, das eine unbedingte britische Neutralität – selbst im Fall eines deutschen Einmarschs in Belgien – forderte. Der Premier war überzeugt, dass drei Viertel seiner Partei »for absolute non-intervention at any price« stimmen würde.[126]

Der Kabinettspolitiker und Schatzkanzler des Sommers 1914 war kein Hinterbänkler mehr. Und selbst damals hatte er, wie gesehen, schon ein besonderes Gewicht auf den Zusammenhalt der Partei gelegt. Trotz der vielen radikalliberalen Stimmen, die sich für ein neutrales Vereinigtes Königreich aussprachen blieb Lloyd George zutiefst davon überzeugt, dass die Neutralität das Ende der Regierung bedeuten würde. Nichts anderes hatte Edward Grey mit seiner Rücktrittsdrohung vom 24. Juli angekündigt, sollte England die Seite Frankreichs verlassen.[127] Der Schatzkanzler befand sich gleich mehrfach in einem Dilemma. Spätestens seitdem ihn Edward Grey 1911 in seine geheimen Pläne eingeweiht hatte, vertraute er diesem mehr als den radikalliberalen Neutralisten. »My own opinion«, so berichtete Frances Stevenson, die ihm zwischen dem 31. Juli und 3. August in Downing Street 11 nicht von der Seite gewichen war, »is that LG's mind was really made up from the first, that he knew we would have to go in; and that the invasion of Belgium was, to be cynical, a heaven-sent excuse for supporting a declaration of war.«[128] Dass es eines solchen moralisch wie rechtlich fundierten Grundes bedurfte, um überhaupt eine Chance zu besitzen, seine radikalliberalen Kollegen zu überzeugen und die Reihen geschlossen zu halten, hatte Lloyd George in den letzten Jahren immer wieder beobachtet. Seine eigene Kritik am Burenkrieg, die kritischen Stimmen zu seiner Mansion-House-Rede und mehr noch die vehemente Kritik der letzten Jahre an der Außenpolitik Edward Greys waren ihm nur zu gut präsent und hatten ihm vor Augen geführt, wie sensibel die Partei auf Fragen der *ultima ratio* reagierte. Oberstes Ziel war der Zusammenhalt. Dazu galt es solange wie möglich den Kontakt zu beiden Gruppierungen innerhalb der Regierung zu pflegen.

Im Kabinett – dies zeigt nicht zuletzt das aufschlussreiche Memorandum John Morleys – ging es zunächst überhaupt nicht um Belgien, sondern um Frankreich und Russland. Frühzeitig hatte Grey Deutschland zu einem »European aggressor,

---

125 CHARLES SCOTT: Telegramm an Lloyd George, 3. August 1914, zit. nach: WILSON, Diaries (wie Anm. 77), S. 94.
126 GILBERT, Lloyd George (wie Anm. 15), S. 109; vgl. Events of the Week, in: *The Nation*, 1. August 1914, S. 653.
127 Vgl. JACKSON, Morley (wie Anm. 87), S. 452; WILSON, Decision (wie Anm. 103), S. 150f.
128 FRANCES LLOYD GEORGE, Years (wie Anm. 23), S. 73f.; auch GILBERT, Lloyd George (wie Anm. 15), S. 108.

as bad as Napoleon« erklärt und damit die Richtung vorgegeben.[129] Aber selbst der Außenminister schien sich seiner Sache nicht immer sicher. So schlug er beispielsweise am 31. Juli – wohl aus Sorge vor den wirtschaftlich ruinösen Folgen eines Kriegs[130] – vor, Deutschland möge doch darauf hinwirken, dass Wien dem Zarenreich etwas anbiete. Falls St. Petersburg den Kompromiss dann ablehne, könne sich England von Russland lösen.[131] Am nächsten Vormittag wiederum unterstützte er die kriegerische Stimmung Churchills vorbehaltlos,[132] nur um am 2. August zunächst zu verkünden, dass eine Truppenentsendung nach Frankreich nach der Neutralitätsbekundung Italiens nicht mehr nötig sei, und wenig später dann eine feste Zusicherung an den französischen Botschafter Cambon zu geben.[133] Während Grey wie 1911 prokrastinierte, letztlich aber doch auf einem Interventionskurs blieb, organisierte Kolonialminister Lewis Harcourt die Gegenstimmen: neben ihm selbst John Morley, Earl Beauchamp, McKinnon Wood, Charles Hobhouse, Jack Pease, John Burns, Charles Trevelyan, Herbert Samuel, Sir John Simon und David Lloyd George. Lediglich Walter Runciman und Charles Masterman galten als ungewiss.[134] Entscheidend für die Abweichler war, ob sich die Befürworter klar machten, was eine Niederlage der Mittelmächte bedeuten würde:

> *Have you ever thought, what will happen if Russia wins? If Germany is beaten and Austria is beaten, it is not England and France who will emerge pre-eminent in Europe. It will be Russia. Will that be good for Western civilisation? [...] Germany is unpopular in England, but Russia is more unpopular still. And people will rub their eyes when they realise that Cossaks are their victorious fellow-champions for Freedom, Justice, Equality of Men (especially Jew man), and respect for treaties (in Persia for instance).*[135]

Bis zum 1. August war dies die Hauptfrage, die die Reihen der Abweichler geschlossen hielt. Als Grey erneut mit Rücktritt drohte, forderte Harcourt von Lloyd George: »Speak for us. Grey wishes to go to war without the violation of Belgium.«[136] Doch dieser dachte nicht daran, wie er Churchill insgeheim am 1. August mitteilte. Vielmehr galt es, Ruhe zu bewahren: »If patience prevails and

---

129 JOHN MORLEY: Memorandum on Resignation. London 1928, S. 4. Vgl. auch das Original mit Anmerkungen JOHN MORLEY: Memo on Resignation, August 1914, in: Nachlass John Morley, Bodleian Library, Oxford (BOD), Ms. Eng. d. 3584, fols. 41–65.
130 Vgl. HENRY WILSON: Randnotiz an einem Telegramm von Sir George Buchanan an das Foreign Office, 31. Juli 1914, in: Nachlass Henry Wilson (wie Anm. 17), HHW 3/8/4.
131 Vgl. LEWIS HARCOURT: Cabinet Notes, 31. Juli 1914, in: Nachlass Lewis Harcourt (wie Anm. 14).
132 Vgl. LEWIS HARCOURT: Cabinet Notes, 1. August 1914, in: ebd.
133 Vgl. ebd.
134 Als unentschieden galten des Weiteren: Arthur Birrell (Chief Secretary of Ireland), Earl of Crewe (India Office), Reginald McKenna (Home Office).
135 MORLEY, Memorandum (wie Anm. 129), S. 6. [Kursivdruck im Original]
136 GILBERT, Pacifist (wie Anm. 15), S. 880.

you do not press us too hard tonight, we might [personally] come together.« Deutschland, so war er sich mit Churchill einig, musste über Belgien kommen. Würde man nur etwas warten, würde man damit der Friedenspartei innerhalb des Kabinetts den Wind aus den Segeln nehmen und letztlich auch für deren und seine eigene Gesichtswahrung im Falle der britischen Intervention sorgen können. Wie eng die Situation war, beschrieb Walter Runciman am Abend des 1. August. Nach Burns Attacken gegen die bedingungslose Unterstützung Frankreichs, fürchtete er, dass die Entschlossenheit der beiden Flügel unweigerlich zum Bruch führen werde: »This is going to break us up to-morrow.«[137] Verhindert haben dies zwei parallel laufende Entwicklungen am 2. August 1914:

Erstens, erhielt Premier Asquith am 1. August über Churchill und nochmals am 2. August persönlich eine feste Unterstützungszusage der Tories für den Fall einer Kabinettsspaltung und für »any measures they may take to assist France and Russia«.[138] Es ergab nun für die Abweichler nur noch wenig Sinn, sich gegen eine Intervention zu stemmen, zurückzutreten und die Parteispaltung zu riskieren,[139] nur damit die Konservativen dann im Rahmen einer Koalition mit den liberalen Imperialisten England doch in den Krieg führen würden. Das, so war man sich einig, »wäre der sichere Tod des Liberalismus«. Wenn man schon in einen Krieg gehe, dann unter Verantwortung der Liberalen![140]

Zweitens rief Lloyd George die Abweichler unmittelbar vor der Morgensitzung am 2. August zu sich in die Downing Street 11. Unter seiner Führung verständigte man sich darauf, die Bombardierung der französischen Kanalküste wie auch die Unabhängigkeit Belgiens als Kriegsgrund zu akzeptieren. Wenngleich Asquith, der Lloyd George immer mehr als Schlüsselfigur erkannte und Samuel fragte, »what is Lloyd George going to do«,[141] die beiden darauffolgenden Sitzungen wie ein »infinite kaleidoscopic chaos of opinions and characters«[142] vorkamen, war damit eine entscheidende Weiterung formuliert. »The Belgian issue might decide the matter for all the Cabinet.«[143] Diese wurde indes zunächst

---

137 MORLEY, Memorandum (wie Anm. 129), S. 8.
138 JAMES SALISBURY an Winston Churchill, 1. August 1914, in: Nachlass Winston Churchill, Churchill College Archive Centre, Cambridge [CAC], CHAR 2/64/7; ANDREW BONAR LAW an Herbert Asquith, 2. August 1914, privat, Nachlass Lloyd George (wie Anm. 75), PA, LG/C/6/11/20.
139 Vgl. HERBERT ASQUITH an Pamela McKenna, Datum unbekannt, zit. nach: LAMBERT, Planning Armageddon (wie Anm. 21), S. 195. Vgl. auch WILSON, Decision (wie Anm. 103), S. 148–159.
140 CHRISTOPHER ADDISON: Four and a Half Years. Personal Diary from June 1914 to January 1919, Bd. 1. London 1934, S. 35; TREVOR WILSON: The Downfall of the Liberal Party 1914–35. London 1966, S. 23.
141 HERBERT ASQUITH an Herbert Samuel, 1. August 1914, zit nach: GEORGE H. CASSAR: Asquith as War Leader. London 1994, S. 24.
142 Zit. nach: LAMBERT, Planning Armageddon (wie Anm. 21), S. 195.
143 HERBERT VISCOUNT SAMUEL: Memoirs. London 1945, S. 104.

nur von Burns und Morley erkannt. Schließlich bedeutete der Schutz der Atlantikküste bei gleichzeitiger Integritätswahrung Belgiens, dass letztlich jegliche Offensivoperation des Deutschen Reichs eine britische Reaktion nach sich ziehen würde. Offen war lediglich die Form – eine Blockade, ein Handelskrieg oder ein militärisches Eingreifen mit der Expeditionsstreitmacht. Nachdem sich das Kabinett auf die Abendstunden vertagt und Burns bereits seinen Rücktritt erklärt hatte, kam es zu verschiedenen Aussprachen mit Lloyd George über die Mittagsstunden,[144] in denen die Frage Belgiens plötzlich sogar ins Zentrum rückte. Für Morley wurde nun, nachdem die Zusage der Tories bekannt war, nach einem Vorwand gesucht, ohne Gesichtsverlust auf die Linie der Interventionisten zu schwenken:

> *The precipitate and peremptory blaze about Belgium was due less to indignation at the violation of a Treaty than to the natural perception of the plea that it would furnish for intervention on behalf of France [...]. Belgium was to take the place that had been taken before, as pleas for war, by Morocco and Agadir.*[145]

Nicht nur für Morley gab Lloyd George in diesen entscheidenden Stunden Rätsel auf. Arthur Ponsonby verzweifelte regelrecht an dem Waliser, den er so lange für den potentiellen Führer der »anti-war party« gehalten hatte.[146] Und Ramsay MacDonald, mit dem Lloyd George noch am Abend des 2. August bei George Riddell dinierte, bestätigte die Schlussfolgerung von Frances Stevenson, »that an excuse [for war, A.R.] was being searched for«.[147]

Von einem öffentlichen Parteitreffen sah man aus Rücksicht auf Edward Grey ebenso ab wie von einer offiziellen parlamentarischen Anfrage.[148] Vielleicht, so ist zu spekulieren, hätte ein großer Parteitag, bei dem sowohl das Für und Wider einer Beteiligung als auch alternative Strategien der Vermittlung erörtert worden wären, einen zusätzlichen Zeitgewinn für den britischen Kriegseintritt und den Krieg selbst erbracht. Denkbar wären hier eine deutlichere Warnung an die Mittelmächte, vielleicht als Neuauflage der Mansion-House-Rede, eine Beistandsverweigerung oder zusätzliche Bedingungen gegenüber Frankreich oder zumindest Russland, eine abwartende und zunächst neutrale Haltung oder eine

---

144 Vgl. Lewis HARCOURT: Cabinet Notes, 1. August 1914, in: Nachlass Lewis Harcourt (wie Anm. 14).
145 MORLEY, Memorandum (wie Anm. 129), S. 17. [Kursivdruck im Original]
146 MARLOR, Fatal Fortnight (wie Anm. 14), S. 46, 78, 154.
147 GILBERT, Lloyd George (wie Anm. 15), S. 111.
148 Vgl. ARTHUR PONSONBY an Winston Churchill, 31. Juli 1914, in: Nachlass Winston Churchill (wie Anm. 138), CHAR 2/64/3. Abgedruckt in: RANDOLPH S. CHURCHILL (Hrsg.): Winston Churchill. Companion, Bd. 2/3: 1911–1914. London 1969, S. 1990f. Grey setzte gegenüber Ponsonby auf Zeitgewinn und wollte sich erst am Montag, den 3. August, zu den britischen Verpflichtungen öffentlich äußern. Es ist zu vermuten, dass er seine weitreichenden Zusagen an Cambon verschleiern wollte. So der Eindruck aus: LEWIS HARCOURT: Cabinet Notes: 31. Juli 1914, in: Nachlass Lewis Harcourt (wie Anm. 14).

begrenzte Beteiligung nur mit der Flotte in Form einer Schließung des Kanals zum Schutz der französischen Küste gewesen. Auch ein ausgedehnter Handelskrieg, wie er tatsächlich bereits für den *casus belli* seit 1908 entwickelt worden war, stand ebenfalls zur Wahl.[149] Im Kabinett ging es zu diesem Zeitpunkt jedoch vornehmlich um den Partei- und Regierungszusammenhalt für einen bereits sicher erwarteten Konflikt in der Form, wie er von den französischen und britischen Generalstäblern seit Jahren ausgearbeitet worden war. Die belgische Integrität war bis dahin lediglich »secondary to our neutrality«.[150] Erst die nachmittäglichen Gespräche zwischen den beiden Sitzungen hatten das Pendel zugunsten der Parteiräson ausschlagen lassen. Vieles deutet somit darauf hin, dass es sich bei der belgischen Frage daher in erster Linie um eine »Schaufensterware« handelte, um den Interventionsgegnern im Kabinett und im Parlament mithilfe klassischer liberaler Grundsätze wie Vertragstreue und dem Schutz kleinerer Staaten eine Brücke zu bauen. Weder aus der öffentlichen Meinung, wie Grey in seiner Rede vom 3. August behauptete, noch in den Diskussionen des Kabinetts war bis zu diesem Zeitpunkt überhaupt eine Einstellung dazu abzulesen. In seiner Rede, die das Königreich in den Ersten Weltkrieg führte, verschwieg der Außenminister den eigentlichen Anlass der Krise und hob explizit die moralische Verantwortung Großbritanniens gegenüber Frankreich und Belgien hervor.[151] Morley stand indes nicht allein mit der Ansicht, dass es vor allem um die Bündnistreue ging und das Kabinett durch Grey »was being rather artfully drawn step by step to war for the benefit of France and Russia«.[152] Morleys Rücktrittsbegründung und die zahlreiche Anerkennung, die er dafür erhielt, spiegelt deshalb das Dilemma der Liberalen im Juli 1914 wider.[153] Eine Spaltung wurde ebenso als Abgesang betrachtet wie sein Rücktritt als Fanal für die Überlebensfähigkeit des Liberalismus insgesamt.[154]

Am Morgen des 3. August – der konservative Lord Milner wünschte die

---

149 Vgl. LEWIS HARCOURT: Cabinet Notes, 1. August 1914, in: Nachlass Lewis Harcourt (wie Anm. 14); LAMBERT, Planning Armageddon (wie Anm. 21), S. 232–234.
150 MORLEY, Memorandum (wie Anm. 129), S. 10. Vgl. auch LEWIS HARCOURT: Cabinet Notes, 31. Juli bis 2. August 1914, in: Nachlass Lewis Harcourt (wie Anm. 14).
151 Vgl. EDWARD GREY: Rede im Unterhaus, 3. August 1914, in: Hansard, Parliamentary Debates [PD], 5. Serie, Bd. 65, Sp. 1810–1827.
152 MORLEY, Memorandum (wie Anm. 129), S. 15. Vgl. auch *The Nation*, 8. August 1914, zit. nach: TAYLOR, Trouble Makers (wie Anm. 16), S. 127.
153 Morley selbst empfand den Zuspruch, aber auch die Kritik an seinem Entschluss als »zermürbende Tage«. JOHN MORLEY an Henry Massingham, 6. August 1914, in: Nachlass Henry Massingham, Norfolk Record Office, Norwich [NRO], MC 41/98/48, 604.
154 Vgl. LEWIS HARCOURT an John Morley, 6. August 1914, in: Nachlass John Morley (wie Anm. 129), Ms. Eng. D. 3585, fols 122f.; ARTHUR ACLAND an John Morley, in: ebd., fols. 131f.; CHARLES SCOTT an John Morley, in: ebd., fols. 142f. Vgl. dazu auch HARCOURT: Cabinet Notes, 31. Juli bis 2. August 1914, in: Nachlass Lewis Harcourt (wie Anm. 14).

»radikalen Pazifisten bereits in die Hölle«[155] – lichteten sich schließlich die Reihen der Abweichler. Ein wichtiger Umstand dafür scheint der Schwenk Lloyd Georges gewesen zu sein, den die Radikalliberalen bis dahin trotz seiner Mansion-House-Rede als einen der ihren betrachtet hatten und der wiederholt zwischen den Flügeln vermittelt hatte. Nun stellte er, der nach eigenem Bekunden »niemals überhaupt darüber nachgedacht habe, ob man mit dem Entschluss auch für das autokratische Russland kämpfe«,[156] die Parteiinteressen und den Machterhalt sowie die britische Einflussnahme auf eine eventuelle Nachkriegsordnung in den Vordergrund.[157] Damit folgte er eins zu eins der Argumentation Edward Greys.[158] Lediglich John Burns, John Morley und Charles Trevelyan blieben standhaft und verließen die Regierung. »The Entente«, so ihre Begründung, »was an alliance after all, no less real in Grey's mind because it was not written.«[159]

Widerstand leisteten jetzt nur noch einige prinzipientreue Abgeordnete und Pressevertreter. Im Unterhaus erklärten sich 19 Abgeordnete von den Liberalen und Labour alles andere als überzeugt von den Ausführungen des Außenministers.[160] Da Deutschland zugesagt habe, die Integrität Belgiens nach einem Durchmarsch nicht weiter anzutasten und auch Frankreich nicht an der Atlantikküste angreifen zu wollen, seien die Ausführungen Greys zur moralischen Verpflichtung gegenüber Paris irrelevant.[161] Angesprochen wurden ferner der jahrelange antideutsche Kurs Edward Greys im Vergleich zu dessen viel zu nachsichtiger Frankreich- und Russlandpolitik, die größere politische und kulturelle Nähe zu Deutschland als jahrelangem Handelspartner als zum autokratischen Russland, die gelungene Kooperation während der Balkankriege[162] sowie die allgemein kritisierte Geheimdiplomatie, die überhaupt für die Lage verantwortlich sei, wie auch der »foul-fetish of Balance of Power«.[163] Statt kopflos in einen Krieg zu stolpern, dessen Konsequenzen nicht abzusehen seien, plä-

---

155 »Sooner or later we have got to tell these Radical ›pacifists‹ to go to hell, or go there ourselves. So why not do it at once?« Alfred MILNER an Henry Wilson, 3. August 1914, in: Nachlass Henry Wilson (wie Anm. 17), HHW 1/73/39.
156 MORLEY, Memorandum (wie Anm. 129), S. 6.
157 Vgl. JAMES L. GARVIN an Lloyd George, privat und vertraulich, Sonntag, 1. August 1914, in: Nachlass Lloyd George (wie Anm. 75), PA, LG/C/4/13/3; JAMES L. GARVIN an Lloyd George, 1. März 1915, Nachlass Lloyd George, PA, LG/C/4/13/4.
158 Vgl. MORLEY, Memorandum (wie Anm. 129), S. 7.
159 HAZLEHURST, Politicians (wie Anm. 3), S. 123.
160 Vgl. ARNOLD ROWNTREE: Rede im Unterhaus, 3. August 1914, in: Hansard, Parliamentary Debates [PD], 5. Serie, Bd. 65, Sp. 1846–1848; RAMSAY MACDONALD: Rede im Unterhaus, 3. August 1914, in: ebd., Sp. 1831f.
161 Vgl. EDMUND D. MOREL: Rede im Unterhaus, 3. August 1914, in: ebd., Sp. 1834f.
162 Vgl. ROBERT OUTHWAITE: Rede im Unterhaus, 3. August 1914, in: ebd., Sp. 1861–1863.
163 PERCY MOLTENO: Rede im Unterhaus, 3. August 1914, in: ebd., Sp. 1849–1853. Vgl. auch PHILIP MORRELL: Rede im Unterhaus, 3. August 1914, in: ebd., Sp. 1834f.

dierten die liberalen Abgeordneten dafür, die deutschen Versicherungen zu akzeptieren und einen zeitlich begrenzten Durchmarsch durch Belgien zu gestatten.[164]

Bis heute wird die englische Entscheidung zum Krieg als ein Akt der Notwehr betrachtet.[165] Lloyd George selbst ging sogleich nach dem Entschluss daran, keinen Zweifel – weder im privaten noch öffentlichen Raum – zuzulassen, »that the violation of Belgian territory had completely altered the situation«.[166] Der Akt der Notwehr setzt immer auch einen gewissen zeitlichen Druck voraus, und zweifellos entschieden sich die Geschicke der Welt zwischen dem 24. Juli und 4. August innerhalb nur weniger Tage. Anderseits gingen Lloyd George, die liberalen Imperialisten und die militärischen Planer Großbritanniens bereits spätestens seit August 1911 von einer Verletzung der belgischen Neutralität im Falle eines deutsch-französischen Kriegsszenarios aus und gaben sich dennoch am 2. August völlig überrascht. Gerade die oftmals vernachlässigten Einwände der Radikalliberalen zeichnen hier ein differenzierteres Bild. Anders als 1911 trat Lloyd George im Juli 1914 nicht mit einer öffentlichen Warnung an Deutschland in Erscheinung, obwohl nicht wenige bei den Radikalliberalen, allen voran Morley, Harcourt und Burns, sich eine vergleichbare Intervention beziehungsweise klare Positionierung gewünscht hätten. Obwohl er auf eine solche Stellungnahme verzichtete, hielt Lloyd George die Neutralisten im Kabinett bis zum Schluss in dem Glauben, dass er sich letztlich gegen eine britische Beteiligung aussprechen und die Führung der radikalliberalen Mehrheit im Parlament übernehmen werde. Auf diese Weise hielt er die Balance innerhalb des Kabinetts unter Spannung und die Regierung zusammen. In der sicheren Annahme, dass Deutschland die belgische Neutralität verletzen musste, wollte es gegen Frankreich ziehen, gewann er mit seinem Taktieren wertvolle Zeit für die Regierung, trug aber nicht im positiven Sinne zum internationalen Krisenmanagement bei. Im Gegenteil, indem er so lange wartete, um schließlich die moralische Karte Belgien auszuspielen und seinen radikalliberalen Parteikollegen eine Brücke hin zu einer interventionistischen Haltung zu bauen, die sie eigentlich abgelehnt hatten, bestätigte er letztlich die Interpretation seiner Sekretärin Frances Ste-

---

164 Vgl. PHILIP MORRELL und JOSIAH WEDGWOOD: Reden im Unterhaus, 3. August 1914, in: ebd., Sp. 1834–1839.
165 Vgl. MICHAEL EPKENHANS: »Ein sehr gefährliches Spiel«, in: APUZ 2013, verfügbar unter: http://www.bundestag.de/dasparlament/2013/01-03/Themenausgabe/48461627.html [10. Dezember 2013]; JOHN C.G. RÖHL: Wie Deutschland 1914 den Krieg plante, in: *Süddeutsche Zeitung*, 5. März 2014, verfügbar unter: http://www.sueddeutsche.de/politik/ausbruch-des-ersten-weltkriegs-wie-deutschland-den-krieg-plante-1.1903963 [5. März 2014].
166 LLOYD GEORGE an seine Frau, 3. August 1914, zit. nach: MORGAN, Letters (wie Anm. 62), S. 167. Vgl. auch CHARLES SCOTT: Tagebucheintrag, 4. August 1914, zit. nach: WILSON, Diaries (wie Anm. 77), S. 96f.; LLOYD GEORGE: Queens Hall Rede, 18. September 1914, zit. nach: ANONYMUS: War Speeches by British Ministers 1914–1916. London 1917, S. 211–225.

venson, die im Nachgang behauptet hat, dass für Lloyd George der Krieg bereits zu Beginn der Krise festgestanden habe. Gleichzeitig belegt dieses Verhalten, dass es ihm in den entscheidenden Tagen der Julikrise mehr um den Parteizusammenhalt als die Friedenswahrung gegangen ist. Seine spätere Kritik an der mangelnden Staatskunst in der Julikrise fällt daher auch auf ihn selbst zurück.[167]

---

[167] Vgl. LLOYD GEORGE, War Memoirs (wie Anm. 7), S. 57.

Manfred Berg

»Ironie des Schicksals«: Woodrow Wilson und der amerikanische Eintritt in den Ersten Weltkrieg

Der amerikanische Eintritt in den Ersten Weltkrieg im April 1917 markiert aus drei Gründen eine historische Zäsur. Erstens gaben die Vereinigten Staaten erstmals in ihrer Geschichte den Grundsatz der Nichteinmischung in die Konflikte der europäischen Großmächte auf. Zweitens stiegen die USA mit atemberaubender Geschwindigkeit zur stärksten Weltmacht auf, auch wenn sie sich dieser globalen Führungsrolle in der Zwischenkriegszeit erst einmal verweigerten.[1] Und drittens prägt der von Präsident Woodrow Wilson (1856–1924) im Ersten Weltkrieg proklamierte liberale Internationalismus, also die Vision einer internationalen Ordnung, die auf kollektive Sicherheit, nationale Selbstbestimmung, freien Handel und Demokratie gebaut sein sollte, bis heute die Grundpositionen in den Debatten um Amerikas Rolle in der Welt. Erfordern die nationale Sicherheit, wirtschaftliche Prosperität und politischen Werte der USA ein aktives Eintreten für eine liberal-demokratische Weltordnung, oder hat der Missionseifer Wilsonscher Provenienz letztlich zu imperialer Hybris und blindem Interventionismus geführt?[2]

Im Mittelpunkt dieses Beitrags stehen freilich nicht die langfristigen Kontinuitäten des »Wilsonianism«, sondern Wilsons Neutralitätspolitik zwischen August 1914 und April 1917, deren Scheitern zum Kriegseintritt der USA führte. Ich verwende für diesen Ereigniskomplex bewusst nicht den Begriff der »Intervention«, weil dieser eine stark asymmetrische Machtbeziehung zwischen den Akteuren impliziert. Der Kriegseintritt gegen Deutschland im Frühjahr 1917 hatte jedoch eine andere Qualität als die zahlreichen US-Interventionen in Lateinamerika, wo Amerika für sich die Rolle einer »internationalen Polizeigewalt« beanspruchte.[3] Dagegen traten die USA im April 1917 in einen regulären Staa-

---

1 So ADAM TOOZE: The Deluge: The Great War, America and the Remaking of the Global Order, 1916–1931. London 2014, S. 6, 22–30.
2 Vgl. LLOYD E. AMBROSIUS: Legacy and Reputation, in: ROSS A. KENNEDY (Hrsg.): A Companion to Woodrow Wilson. Malden, MA 2013, S. 569–587; JOHN G. IKENBERRY (Hrsg.): The Crisis of American Foreign Policy: Wilsonianism in the Twenty-First Century. Princeton 2009.
3 Vgl. LESTER LANGLEY: The Banana Wars: An Inner History of American Empire 1900–1934.

tenkrieg gegen die immer noch stärkste europäische Landmacht ein. Dieser Krieg löste den größten wirtschaftlichen, militärischen und ideologischen Mobilisierungsschub seit dem Bürgerkrieg aus. In seiner Kriegsbotschaft vom 2. April 1917 hatte der US-Präsident seine Landsleute nicht im Unklaren darüber gelassen, dass ein harter Kampf bevorstand: »There are, it may be, many months of fiery trial and sacrifice ahead of us«. Trotz ihres relativ kurzen Fronteinsatzes waren die Verluste der amerikanischen Truppen im Ersten Weltkrieg enorm hoch; allein die Maas-Argonnen-Offensive im September und Oktober 1918 wurde mit 26.000 gefallenen US-Soldaten zur blutigsten Schlacht der gesamten amerikanischen Militärgeschichte.[4]

Die Amerikaner und ihr Präsident zogen nicht leichtfertig in den »Großen Krieg«, sondern waren zuvor zweiunddreißig Monate lang neutral geblieben. Die Frage, warum Wilsons Neutralitätspolitik scheiterte, wurde bereits von den Zeitgenossen äußerst kontrovers diskutiert und ist dies bis heute auch unter Historikern geblieben.[5] Während lange Zeit die Vorstellung vorherrschte, dass die ökonomischen und strategischen Interessen der USA den Kriegseintritt aufseiten der Alliierten früher oder später unvermeidlich gemacht hätten, betont die neuere Historiografie überwiegend, dass es keinen Automatismus zum Krieg gab. Bei seiner Entscheidung für den Kriegseintritt sei Woodrow Wilson nicht vom Druck der Öffentlichkeit oder wirtschaftlichen Interessengruppen getrieben worden, sondern habe diesen Entschluss völlig autonom getroffen. Für John Milton Cooper, einen der besten Wilson-Kenner, steht fest: »The United States entered World War I because Woodrow Wilson decided to take the country in«.[6]

Für diese Entscheidung kam der Wiederaufnahme des unbeschränkten U-Bootkriegs durch das Deutsche Reich am 1. Februar 1917 ausschlaggebende Bedeutung zu. Der amerikanische Kriegseintritt, so die hier vertretenen Thesen, war nicht unvermeidlich, auch wenn Wilsons ständig zwischen widersprüchlichen Zielen, Prinzipien und Interessen lavierende Politik einiges dazu beitrug, dass er schließlich eine Entscheidung treffen musste, die er, wenn irgend mög-

---

Lexington, KY 1983; MAX BOOT: The Savage Wars of Peace: Small Wars and the Rise of American Power. New York 2002.

4 WOODROW WILSON: An Address to a Joint Session of Congress, 2. April 1917, in: ARTHUR S. LINK (Hrsg.): The Papers of Woodrow Wilson. 69 Bde. Princeton 1966–1994 (PWW), Bd. 41, S. 519–527, hier: S. 526. Vgl. auch ROBERT H. FERRELL: Woodrow Wilson and World War I, 1917–1921. New York 1986, S. 48–117; DERS.: America's Deadliest Battle: Meuse-Argonne, 1918. Lawrence, KS 2007; MARK R. WILSON: Economic Mobilization, in: KENNEDY, Companion (wie Anm. 2), S. 289–307.

5 Vgl. den Überblick bei JUSTUS D. DOENECKE: Neutrality Policy and the Decision for War, in: KENNEDY, Companion (wie Anm. 2), S. 243–269.

6 JOHN M. COOPER: Woodrow Wilson: A Biography. New York 2009, S. 4; zu Wilson vgl. auch MANFRED BERG: Woodrow Wilson. Amerika und die Neuordnung der Welt. Eine Biografie. München 2017.

lich, hatte vermeiden wollen. Wilsons Entschluss zum Krieg beruhte auch nicht auf einem religiös motivierten »Kreuzzug« zur Demokratisierung der Welt. Der tief religiöse Präsident empfand den Schritt in den Krieg vielmehr als tragische Verstrickung in Sünde, die nur dadurch gerechtfertigt werden konnte, dass Amerika für die universalen Prinzipien des Friedens, der Demokratie und der Gerechtigkeit in den Krieg zog.[7] An der Unvermeidbarkeit dieser Entscheidung wie an der Rechtfertigung seiner Kriegsziele und seines Friedensprogramms kamen ihm niemals Zweifel.

I.

Als der Demokrat Woodrow Wilson im November 1912 zum 28. Präsidenten der USA gewählt wurde, deutete nichts darauf hin, dass der ehemalige Professor, der zuvor gerade einmal zwei Jahre als Gouverneur des Bundesstaats New Jersey amtiert hatte, die internationale Rolle seines Landes revolutionieren würde. Wenige Tage nach seinem Wahlsieg bemerkte Wilson gegenüber einem Ex-Kollegen aus Princeton: »It would be the irony of fate if my administration had to deal chiefly with foreign affairs«.[8] Seine gesamte Vorbereitung auf das Amt war innenpolitisch geprägt gewesen, und tatsächlich konzentrierte sich der neue Präsident zunächst ganz auf seine Reformagenda, die im Trend des progressiven Zeitgeists auf die Neudefinition der Rolle des Staats in der Wirtschaft zielte. Zu den wichtigsten Erfolgen seiner ersten beiden Amtsjahre zählen die Beschränkung von Kartellen, die Einführung einer Bundeseinkommenssteuer und die Schaffung des modernen amerikanischen Zentralbanksystems, des Federal Reserve Board.[9]

Der innenpolitische Fokus bedeutete nicht, dass Wilson vor seinem Einzug ins Weiße Haus keine Vorstellungen über die weltpolitische Rolle der USA entwickelt hätte. Er hatte 1898 den Krieg gegen Spanien und anschließend – im Gegensatz zur Mehrheit der Demokratischen Partei – auch die Annexion der Philippinen unterstützt und er bekannte sich ausdrücklich zur historischen Mission der USA, die Ausbreitung von Freiheit und Selbstregierung zu fördern.[10]

---

7 Vgl. WOODROW WILSON: An Address to a Joint Session of Congress, 2. April 1917 (wie Anm. 4), S. 526; COOPER, Wilson (wie Anm. 6), S. 385–388.
8 RAY S. BAKER: Woodrow Wilson. Life & Letters. 8 Bde. New York 1927–1939, Bd. 4, S. 55.
9 Vgl. ARTHUR S. LINK: Wilson. The New Freedom. Princeton 1956, S. 177–240; ELLIOTT W. BROWNLEE: The New Freedom and Its Evolution, in: KENNEDY, Companion (wie Anm. 2), S. 106–132.
10 Vgl. WOODROW WILSON: What Ought We to Do? 1. August 1898, in: PWW (wie Anm. 4), Bd. 10, S. 574–576; DERS.: A Report of a Speech on Patriotism, 14. Dezember 1899, in: ebd., Bd. 11, S. 297–300.

In seinem Buch *Constitutional Government* von 1908 schrieb der Politikwissenschaftler Wilson, die neue weltpolitische Rolle, die den Vereinigten Staaten seit dem Sieg über Spanien 1898 zugefallen war, habe das Amt des US-Präsidenten für immer verändert: »The President can never again be the mere domestic figure he has been throughout so large a part of our history«. Im Wahlkampf 1912 erklärte Wilson gar: »We are chosen and prominently chosen to show the way to the nations of the world how they shall walk in the paths of liberty«.[11]

Es wäre indessen verfehlt, solche Äußerungen als »außenpolitisches Programm« des späteren Präsidenten oder gar als lang gehegten Plan zur Demokratisierung der Welt zu deuten. Wilsons religiös grundierte Vorstellungen von der Auserwähltheit und besonderen Mission Amerikas entsprachen vielmehr dem zeitgenössischen amerikanischen Mainstream-Nationalismus, demzufolge die USA der Welt ein moralisches Vorbild geben sollten.[12] Der Gedanke, dass die USA die Welt aktiv nach ihren eigenen Wertmaßstäben umgestalten müssten, lag Wilson bis zum Ersten Weltkrieg ebenso fern wie den meisten seiner Landsleute. Die Idee zur Neuordnung der Welt durch einen Friedensbund demokratisch verfasster Nationalstaaten war keine Mission, die Wilson sein Leben lang beseelte, sondern entstand erst nach 1914 als Reaktion auf die Katastrophe des Ersten Weltkriegs. Den Gedanken an einen Völkerbund erwähnte er zum ersten Mal im August 1914 im Familienkreis. Und natürlich war an dieser Idee nichts neu oder originell. Immanuel Kant hatte sie bereits 1795 in seiner Schrift *Zum Ewigen Frieden* entwickelt. Englische wie amerikanische Pazifisten propagierten sie seit Beginn des Weltkriegs.[13] Wilsons Haltung zum Krieg in Europa beruhte zunächst einmal auf zwei Prämissen, nämlich dass Neutralität im nationalen Interesse lag und dass Amerika nur als neutrale Macht dem Frieden dienen konnte.

---

11 DERS.: Constitutional Government, in: PWW (wie Anm. 4), Bd. 18, S. 120f.; DERS.: An Address in Jersey City, 25. Mai 1912, in: ebd., Bd. 24, S. 443.
12 Zum amerikanischen »Exzeptionalismus« in der Außenpolitik vgl. HENRY W. BRANDS: What America Owes the World: The Struggle for the Soul of Foreign Policy. New York 1998, S. VII–X, 1–21.
13 Vgl. RAY STANNARD BAKER: Conversations with Dr. Axson, 8., 10., 11. Februar 1925, in: Ray Stannard Baker Papers (RSB), Library of Congress, Manuscript Division (LC MD), Reel 70; THOMAS J. KNOCK: To End All Wars: Woodrow Wilson and the Quest for a New World Order. New York 1992, S. 33–38, 49–54.

II.

Am 18. August 1914 rief Präsident Wilson seine Landsleute zu unbedingter Unparteilichkeit im Krieg auf: »The United States must be neutral in fact as well as in name [...] we must be impartial in thought as well as in action«.¹⁴ Man mag Wilsons Appell in der Rückschau für einen frommen Wunsch halten, zumal der anglophile Präsident und seine engsten Berater starke Sympathien für Großbritannien hegten und das Deutsche Reich wegen des Einmarschs in Belgien als Aggressor betrachteten. Colonel Edward M. House (1858–1938), die »graue Eminenz« unter Wilsons Beratern, notierte Ende August 1914, der Präsident mache nicht nur die deutsche Führung, sondern das deutsche Volk insgesamt für den Krieg verantwortlich.¹⁵ Doch gab es gute Gründe für die Erwartung, dass Amerika neutral bleiben würde. Seit Gründung der USA war die Nichteinmischung in die Kriege Europas ein geheiligtes Prinzip amerikanischer Außenpolitik, das Präsident James Monroe 1823 in der berühmten Doktrin zusammengefasst hatte, Amerika werde europäische Einmischungen in der westlichen Hemisphäre als Angriff auf seine nationalen Interessen abwehren, sich aber seinerseits aus europäischen Angelegenheiten heraushalten.¹⁶ Keine US-Regierung konnte ohne zwingende Gründe mit dieser Tradition brechen.

Der politische »Isolationismus« gegenüber Europa wurde durch pazifistische Strömungen in der amerikanischen Gesellschaft verstärkt, die sich aus religiösen, sozialreformerischen, sozialistischen und feministischen Quellen speisten. Die große Furcht der Pazifisten und Progressivisten war, dass Amerika durch eine Beteiligung am Krieg seine Unschuld verlieren und seine demokratischen Institutionen einem aggressiven Militarismus zum Opfer fallen könnten. Die progressiven Internationalisten, wie sie der Historiker Thomas Knock bezeichnet, beeinflussten maßgeblich Wilsons Vorstellungen einer neuen liberalen Weltfriedensordnung, standen einem militärischen Eingreifen der USA in den Weltkrieg jedoch überwiegend ablehnend gegenüber.¹⁷

Auch die ethnische Heterogenität der USA ließ eine neutrale Haltung drin-

---

14 WOODROW WILSON: An Appeal to the American People, 18. August 1914, in: PWW (wie Anm. 4), Bd. 30, S. 393f.
15 Vgl. CHARLES SEYMOUR (Hrsg.): The Intimate Papers of Colonel House. 4 Bde. London, 1926–1928, Bd. 1, S. 298f.
16 Zu den Traditionen amerikanischer Außenpolitik vgl. BRANDS, America (wie Anm. 12); WALTER A. MCDOUGALL: Promised Land, Crusader State: The American Encounter with the World since 1776. New York 1997; WALTER R. MEAD: Special Providence. American Foreign Policy and How It Changed the World. New York 2001.
17 Vgl. KNOCK, End (wie Anm. 13), S. VII–X, 49–54, 133–137, passim; FRANCES EARLY: A World without War: How U.S. Feminists and Pacifists Resisted World War I. Syracuse, NY 1997; MICHAEL KAZIN: War against War. The American Fight for Peace, 1914–1918. New York 2017.

gend geboten erscheinen, denn zahlreiche Bürger hatten ihre Wurzeln in den nun kriegführenden Nationen Europas. Die natürlichen Sympathien für das Herkunftsland, mahnte der Präsident, dürften nicht die nationale Einheit gefährden. Auch wenn die öffentliche Meinung mehrheitlich den Westmächten zuneigte, sympathisierte eine substanzielle Minderheit doch mit den Mittelmächten, vor allem natürlich die Deutschamerikaner. Nach der Volkszählung des Jahres 1910 waren knapp 5,7 Millionen Einwohner der USA, gut sechs Prozent der Gesamtbevölkerung, entweder in Deutschland geboren oder hatten in Deutschland geborene Eltern. Zudem hofften viele Amerikaner irischer Abstammung auf eine Niederlage Großbritanniens, die Irland die Unabhängigkeit bringen würde.[18]

Und schließlich rief Wilson auch deshalb zur strikten Neutralität auf, weil nur ein neutrales Amerika von den Kriegsparteien als Vermittler akzeptiert werden würde. Bereits im September 1914 lotete der Präsident erstmals gegenüber dem deutschen Botschafter in Washington die Chancen einer amerikanischen Vermittlung aus, doch lehnte Reichskanzler Theobald von Bethmann-Hollweg ab, weil Deutschland keine Schwäche zeigen dürfe. Auch weitere Sondierungen durch Colonel House in London und Berlin verliefen erfolglos, weil beide Seiten am Ziel eines Siegfriedens festhielten. Wilsons bereits Ende 1914 geäußerte Hoffnung, dass das militärische Patt die Einsicht in die Sinnlosigkeit des Kriegs befördern werde, erfüllte sich auch in den folgenden beiden Kriegsjahren nicht.[19]

Seine Glaubwürdigkeit als Friedensvermittler litt freilich von Anfang an darunter, dass Wilsons Neutralitätspolitik aus deutscher Sicht sehr einseitig erscheinen musste. Der Präsident bestand auf der Freiheit der Meere und dem Recht amerikanischer Bürger, nahezu unbeschränkt mit den kriegführenden Mächten Handel zu treiben und auf ihren Passagier- und Handelsschiffen zu reisen. Sowohl die von Großbritannien im Herbst 1914 verhängte und seither kontinuierlich verschärfte Seeblockade gegen die Mittelmächte als auch der erstmals im Februar 1915 erklärte unbeschränkte deutsche U-Bootkrieg gegen alliierte Handels- und Passagierschiffe verletzten das herkömmliche Seerecht. Aber während die US-Regierung den deutschen U-Bootkrieg als beispiellosen Akt der Seekriegsführung und durch nichts zu rechtfertigende Verletzung der Neutralitätsrechte verurteilte und damit drohte, die deutsche Regierung für den

---

18 Vgl. U.S. DEPARTMENT OF COMMERCE / BUREAU OF THE CENSUS: Historical Statistics of the United States. Colonial Times to 1957. Washington, D.C. 1961, S. 65f.; FREDERICK C. LUEBKE: Bonds of Loyalty. German-Americans and World War I. DeKalb, IL 1974.
19 Vgl. WILSON, Appeal (wie Anm. 14); JOHANN HEINRICH GRAF VON BERNSTORFF an Auswärtiges Amt, 7. September 1914; JAMES W. GERARD an Auswärtiges Amt, 8. September 1914, in: PWW (wie Anm. 4), Bd. 31, S. 9, 14f.; KNOCK, End (wie Anm. 13), S. 44–47; HERBERT BROUGHAM: A Memorandum, 14. Dezember 1914, in: PWW (wie Anm. 4), Bd. 31, 458–460.

Verlust amerikanischer Menschenleben zur Verantwortung zu ziehen, beließ sie es gegenüber der britischen Blockade bei vergleichsweise milden Protesten.[20] Die »Hungerblockade« traf nicht nur die deutsche Zivilbevölkerung hart, sie führte außerdem dazu, dass nahezu der gesamte transatlantische US-Handel in die Häfen der Westmächte umgeleitet wurde. Die Exporte in die alliierten Nationen, ein Großteil davon bestand aus Rüstungsgütern und Lebensmitteln, vervierfachten sich, während der Handel mit den Mittelmächten praktisch zum Erliegen kam.[21]

Im August 1914 hatte die US-Regierung zunächst erklärt: »Loans by American bankers to any foreign nation which is at war is inconsistent with the true spirit of neutrality«. Doch änderte sie bereits im Oktober stillschweigend ihre Haltung und ließ Anleihewünsche der alliierten Regierungen passieren. Nach Angaben des Bankhauses J.P. Morgan summierten sich die privaten Kredite an die Alliierten bis März 1917 auf zweieinhalb Milliarden Dollar (nach heutiger Kaufkraft entspricht dies knapp 50 Milliarden US-Dollar). Die enge wirtschaftliche und finanzielle Verflechtung zwischen den USA und der Entente veranlasste schon viele zeitgenössische Kritiker Wilsons zu der Verschwörungstheorie, Amerika sei auf »Befehl des Goldes« in den Krieg gezogen. Vor dem Untersuchungsausschuss des US-Senats, der zwischen 1934 und 1936 die Rolle der Banken und Rüstungsindustrie im Ersten Weltkrieg untersuchte, bestritten die Vertreter der New Yorker Hochfinanz jedoch vehement, Einfluss auf Wilson genommen zu haben, dessen Misstrauen gegen die Wall Street allgemein bekannt gewesen sei. Tatsächlich konnte auch der Untersuchungsausschuss keinen Einfluss der Banken auf die Entscheidungen der Wilson-Administration belegen, aber natürlich musste der Präsident Rücksicht auf die allgemeine wirtschaftliche Lage der USA nehmen. Ab Herbst 1914 profitierten große Teile der amerikanischen Bevölkerung – Baumwollpflanzer, Farmer, Arbeiter in Rüstungsbetrieben – vom Kriegsboom. Dieser wiederum hing davon ab, dass Amerika seinen Kunden Kredit gewährte.[22]

---

20 Vgl. die deutsche Ankündigung des U-Bootkriegs und die Antwortnote der US-Regierung, 10. Februar 1915, in: DEPARTMENT OF STATE (Hrsg.): Papers Relating to the Foreign Relations of the United States (FRUS). Washington, D.C. 1928ff., hier: FRUS 1915, Supplement, S. 94f., 98–100; vgl. dagegen die Note der US-Regierung an Großbritannien, 26. Dezember 1914, in: FRUS 1914, Supplement, S. 372–375.
21 Vgl. Ross GREGORY: The Origins of American Intervention in the First World War. New York 1971, S. 43.
22 COOPER, Wilson (wie Anm. 6), S. 264f. (Zitat) Vgl. ebd., S. 388; UNITED STATES SENATE (Hrsg.): Hearings Before the Special Committee Investigating the Munitions Industry. Washington, D.C. 1937, Part 25, S. 7527–7534; BANKHAUS J.P. MORGAN: Statement, 7. Januar 1936; THOMAS LAMONT an Ray S. Baker, 20. März 1936, beide in: RSB (wie Anm. 13), Reel 78; NEWTON D. BAKER [Kriegsminister 1916–1921] an Ray S. Baker, 23. Dezember 1935, in: ebd., Reel 71.

Die einseitige Ausrichtung der amerikanischen Wirtschaftsinteressen zugunsten der Alliierten war Wasser auf die Mühlen derjenigen deutschen Politiker und Militärs, die vehement den uneingeschränkten U-Bootkrieg forderten, um England von der Zufuhr kriegswichtiger Güter abzuschneiden und zur Aufgabe des Kriegs zu zwingen, und dabei die Konfrontation mit den USA bewusst in Kauf nahmen. Als ein deutsches U-Boot am 7. Mai 1915 den britischen Dampfer *Lusitania*, das größte Passagierschiff der Welt, vor der irischen Küste versenkte, gerieten beide Länder erstmals an den Rand eines Kriegs. Die Versenkung der *Lusitania*, bei der rund 1.200 Menschen ertranken, darunter 128 US-Bürger, löste in den USA Entsetzen aus. Die Wilson-Administration, die im Februar angekündigt hatte, Deutschland für etwaige amerikanische Opfer des U-Bootkriegs zur Verantwortung zu ziehen, stand unter Zugzwang. Ex-Präsident Theodore Roosevelt (1858–1919), der seit Kriegsbeginn die Parteinahme für die Entente propagierte und Wilson als wankelmütigen Schwächling verachtete, hoffte darauf, dass nun kein Weg mehr am Kriegseintritt der USA vorbeiführen werde. Allerdings repräsentierte Roosevelt nur eine kleine Minderheit der Amerikaner, die, bei aller Empörung über das deutsche Vorgehen, keineswegs mehrheitlich davon überzeugt waren, dass die Nation in den Krieg ziehen sollte, weil US-Bürger trotz ausdrücklicher Warnungen der deutschen Botschaft ein britisches Schiff bestiegen hatten. Wilson war seinerseits entschlossen, sich nicht in den Krieg treiben zu lassen. Drei Tage nach der Versenkung der *Lusitania* erklärte er in einer Rede in Philadelphia, dass Amerika der Welt ein Beispiel geben müsse: »There is such a thing as a man being too proud to fight. There is such a thing as a nation being so right that it does not need to convince others by force that it is right«.[23]

Andererseits war Wilson aber auch nicht bereit, US-Bürgern das Reisen auf alliierten Schiffen zu untersagen, wie es unter anderen Außenminister William J. Bryan (1860–1925) forderte. Die US-Regierung verlangte von Deutschland Wiedergutmachung sowie die völlige Einstellung des U-Bootkriegs gegen die zivile Schifffahrt; dieser sei »absolutely contrary to the rules, the practices, and the spirit of modern warfare«. Da die US-Noten zu den englischen Verletzungen des Seerechts schwiegen, erklärte Außenminister Bryan seinen Rücktritt, weil er nicht länger einen Kurs mittragen wollte, der zum Krieg führen müsse.[24] Wilson

---

23 WOODROW WILSON: An Address in Philadelphia, 10. Mai 1915, in: PWW (wie Anm. 4), Bd. 33, S. 147–150. Zu Roosevelt vgl. LLOYD E. AMBROSIUS: The Great War, Americanism Revisited, and the Anti-Wilson Crusade, in: SERGE RICARD (Hrsg.): A Companion to Theodore Roosevelt. Malden, MA 2011, S. 468–484.
24 WILLIAM J. BRYAN an Wilson, 9. Mai 1915, in: PWW (wie Anm. 4), Bd. 33, S. 134f. Vgl. die Noten vom 13. Mai 1915 und 9. Juni 1915, in: FRUS (wie Anm. 20), hier: 1915, Supplement, S. 393–396 (Zitat), 436–438; BRYAN an Wilson, 12. Mai 1915, 5. Juni 1915, 7. Juni 1915 und 9. Juni 1915, in: PWW (wie Anm. 4), Bd. 33, S. 165–168, 343f., 351–355, 375.

rechtfertigte sich damit, er versuche, den »doppelten Wunsch« des amerikanischen Volkes zu erfüllen, nämlich einerseits eine feste Haltung gegenüber Deutschland einzunehmen und andererseits nichts zu tun, was das Land in den Krieg hineinziehen könnte. Zu Wilsons Glück wollte auch die Reichsleitung die Konfrontation mit den USA vermeiden. Zwar machte Berlin keine offiziellen Konzessionen, doch erhielten die U-Bootkommandanten geheimen Befehl, Zwischenfälle mit neutralen Schiffen und Angriffe auf Passagierschiffe möglichst zu vermeiden.[25]

Auch nach der Torpedierung des britischen Passagierdampfers *Arabic* im August 1915 und der Versenkung des französischen Passagierschiffes *Sussex* im März 1916, die jeweils auch einige amerikanische Opfer forderten, konnten die Krisen im deutsch-amerikanischen Verhältnis noch einmal durch Diplomatie und deutsche Zugeständnisse eingedämmt werden. In der *Sussex*-Krise drohte der US-Präsident offen mit dem Abbruch der diplomatischen Beziehungen. Noch einmal gab Berlin nach und versprach, die deutschen U-Boote würden keine Passagierschiffe mehr angreifen und den Mannschaften feindlicher Handelsschiffe Gelegenheit geben, sich vor der Versenkung in Sicherheit zu bringen. Die Zusage war allerdings an den Vorbehalt geknüpft, dass sich Wilson gegenüber Großbritannien für die Lockerung der Blockade einsetze.[26]

Innenpolitisch geriet Wilson mit seiner Risikostrategie zunehmend unter Druck. Kritiker verlangten immer lauter ein Verbot für US-Bürger, auf den Schiffen kriegführender Mächte zu reisen. Der Präsident versicherte weiterhin, er werde alles tun, um Krieg zu vermeiden, aber keine Verletzung der Rechte amerikanischer Bürger und der Ehre der Nation hinnehmen: »Once accept a single abatement of right and many other humiliations would certainly follow, and the whole fine fabric of international law might crumble under our hands piece by piece«.[27] Das klingt nach sturer Prinzipienreiterei, doch bislang hatte Wilsons Politik ja durchaus Erfolg gehabt, insofern sie das Deutsche Reich dazu brachte, den Seekrieg nach amerikanischen Vorgaben zu führen. Das deutsche Nachgeben bestärkte nicht nur Wilsons Prinzipientreue, sondern auch sein ausgeprägtes Machtbewusstsein. Seit 1914 war Amerikas ökonomisches und finanzielles Machtpotenzial rasant gewachsen. Würde Wilson, nachdem er die

---

25 WILSON an William J. Bryan, 7. Juni 1915, in: ebd., S. 34. Vgl. dazu kritisch ROBERT W. TUCKER: Woodrow Wilson and the Great War: Reconsidering America's Neutrality 1914-1917. Charlottesville, VA 2007, S. 84-87; DAVID STEVENSON: 1914-1918. Der Erste Weltkrieg. Düsseldorf 2006, S. 313-316.
26 Vgl. den Notenwechsel in der Sussex-Krise, in: FRUS (wie Anm. 20), hier: 1916, Supplement, S. 227-229, 232-234, 257-260; siehe auch REINHARD R. DOERRIES: Imperial Challenge: Ambassador Count Bernstorff and German-American Relations, 1908-1917. Chapel Hill, NC 1989, S. 99-127.
27 WILSON an William Stone, 24. Februar 1916, in: PWW (wie Anm. 4), Bd. 36, S. 213f. Vgl. auch COOPER, Wilson (wie Anm. 6), S. 312-315.

Deutschen in die Schranken gewiesen hatte, diesen Hebel nun auch bei den Alliierten ansetzen, wie es die Deutschen verlangten?

Tatsächlich forcierte der US-Präsident ab dem Frühjahr 1916 seine Anstrengungen, die Kriegsparteien an den Verhandlungstisch zu bringen, und ließ sich dabei auch nicht durch skeptische Signale aus London beirren, man betrachte derzeit eine Friedensinitiative als Begünstigung Deutschlands.[28] Am 27. Mai 1916 hielt Wilson eine Rede, in der er Amerikas Bereitschaft bekundete, als Partner an einem Bund der Nationen mitzuwirken, und erklärte, sein Land stehe für das Recht aller Völker, selbst zu wählen, unter welcher Souveränität sie leben wollen. In den USA fand die Rede ein weithin positives Echo, bei den kriegführenden Mächten Europas wurde sie jedoch als Auftakt des Präsidentschaftswahlkampfs und als unerbetene Einmischung abgetan. Außenminister Sir Edward Grey ließ wissen, das Ziel der Alliierten bleibe der Sieg über den deutschen Militarismus.[29]

Die Alliierten wollten die USA nicht als Schiedsrichter, sondern als Verbündeten. Bei Wilson dagegen wuchs der Ärger über die Intransigenz der Briten, aber tatsächlich waren ihm vorerst die Hände durch den Wahlkampf gebunden. Nach seiner knappen Wiederwahl im November 1916 ging der Präsident in die Offensive. Zum Entsetzen der Alliierten veröffentlichte das Direktorium des Federal Reserve Board auf Drängen Wilsons eine Erklärung, die amerikanischen Banken und Investoren davon abriet, weiterhin ausländische Anleihen zu kaufen. Am 18. Dezember 1916 forderte er die Kriegsparteien auf, als Voraussetzung für eine Friedenskonferenz öffentlich ihre Kriegsziele darzulegen.[30] Als weder die Entente noch die Mittelmächte auf seinen Vorschlag eingingen, präzisierte Wilson am 22. Januar 1917 in seiner großen Rede vor dem US-Senat seine Vorstellungen über die künftige Weltfriedensordnung. Das alte System des Gleichgewichts der Mächte musste durch eine neue Gemeinschaft des Friedens ersetzt werden, die auf einer liberalen Weltwirtschaft sowie allgemeiner Abrüstung beruhen sollte. Große und kleine Nationen hatten die gleichen Rechte und sollten über ihre Regierungsform und innere Entwicklung selbst entscheiden. Die Voraussetzung für die Schaffung einer neuen Ordnung sei ein »Frieden ohne Sieg«, denn ein vom Sieger diktierter Friede werde auf »Treibsand« gebaut sein. Der US-Präsident erhob einen moralischen Anspruch, wie ihn bis dahin noch

---

28 Vgl. EDWARD HOUSE an Sir Edward Grey, 10. Mai 1916; SIR EDWARD GREY an Edward House, 12. Mai 1916, in: PWW (wie Anm. 4), Bd. 37, S. 7, 43f.
29 Vgl. WOODROW WILSON: An Address to the League to Enforce Peace, 27. Mai 1916, in: PWW (wie Anm. 4), Bd. 37, S. 113–116; KNOCK, End (wie Anm. 13), S. 76–81; SIR EDWARD GREY an Edward House, 29. Mai 1916, in: PWW, Bd. 37, S. 131f.
30 Vgl. WILSON an William Harding, 26. November 1916, in: PWW (wie Anm. 4), Bd. 40, S. 77–80; TOOZE, Deluge (wie Anm. 1), S. 51f.; WOODROW WILSON: Note, 18. Dezember 1916, in: FRUS (wie Anm. 20), hier: 1916, Supplement, S. 97–99.

kein internationaler Staatsmann formuliert hatte: »May I not add that I hope and believe that I am in effect speaking for liberals and friends of humanity in every nation and of every programme of liberty? I would fain believe that I am speaking for the silent mass of mankind everywhere ...«. Mit großer Zuversicht versicherte er, dass sich auch die USA an einem »Bund des Friedens« beteiligen würden.[31]

Ob es Anfang 1917 realistische Chancen für einen Verständigungsfrieden gab, muss Spekulation bleiben, denn auch die Alliierten wollten keinen Frieden ohne Sieg. Die deutsche Führung hatte jedoch auf Drängen der Militärs bereits vor Wilsons Rede die Wiederaufnahme des uneingeschränkten U-Bootkriegs zum 1. Februar beschlossen und hielt unbeirrt an diesem Beschluss fest. Unter den vielen strategischen und politischen Fehlentscheidungen der Führungselite des Reichs im Ersten Weltkrieg war dies die fatalste. Die Verantwortlichen unterschätzten nicht nur eklatant die Konsequenzen eines Kriegs mit den USA, sondern verkannten den finanziellen und diplomatischen Druck, den der US-Präsident um die Jahreswende auf die Entente ausübte.[32] Wilson seinerseits war über den deutschen Affront entsetzt, am sofortigen Abbruch der diplomatischen Beziehungen führte nun kein Weg mehr vorbei. Als er den Kongress unterrichtete, gestand er freimütig, er könne immer noch nicht glauben, dass Deutschland amerikanische Schiffe angreifen und US-Bürger töten werde. Der Senat billigte sein Vorgehen mit überwältigender Mehrheit, aber weder im Kongress noch in der Öffentlichkeit erhob sich Kriegsgeschrei. Auch der Präsident zögerte vorerst. Erst Ende Februar 1917 ordnete Wilson die Bewaffnung amerikanischer Handelsschiffe an.[33]

Am 1. März wurde dann die sogenannte »Zimmermann-Depesche« in den USA publik, die wohl spektakulärste Fehlleistung der deutschen Diplomatie im Ersten Weltkrieg. Der deutsche Staatssekretär des Äußeren Arthur Zimmermann hatte im Januar Mexiko ein geheimes Bündnisangebot für den Fall einer amerikanischen Kriegserklärung an Deutschland unterbreitet und die Rückgewinnung der US-Bundesstaaten Texas, Arizona und Neu-Mexiko in Aussicht gestellt, die Mexiko nach dem Krieg von 1846–1848 an die USA hatte abtreten müssen. Das Telegramm war vom englischen Geheimdienst abgefangen und Wilson zugeleitet worden, der die Note nach einigem Zögern veröffentlichen ließ. Die Empörung in der US-Öffentlichkeit schlug hohe Wellen, gleichwohl

---

31 WOODROW WILSON: An Address to the Senate, 22. Januar 1917, in: PWW (wie Anm. 4), Bd. 40, S. 533–539, hier: S. 538.
32 Vgl. TOOZE, Deluge (wie Anm. 1), S. 56–58.
33 Vgl. die amerikanische Note, 3. Februar 1917, in: FRUS (wie Anm. 20), hier: 1917, Supplement 1, S. 106–108; COOPER, Wilson (wie Anm. 6), S. 376f.; WOODROW WILSON: An Address to Congress, 3. Februar 1917, 26. Februar 1917, in: PWW (wie Anm. 4), Bd. 41, S. 108–112, 283–287.

hielt der Präsident vorerst an Amerikas »bewaffneter Neutralität« fest.[34] Auch nachdem Mitte März deutsche U-Boote drei amerikanische Frachter versenkt und sich alle Kabinettsmitglieder für den Krieg ausgesprochen hatten, gab er seine Entscheidung noch nicht bekannt. Wilson zögerte wohl vor allem aus zwei Gründen. Erstens fürchtete er die Kriegshysterie im eigenen Land und zweitens war er sich bewusst, dass ein Kriegseintritt der USA das Ende seiner Pläne für einen »Frieden ohne Sieg« bedeuten musste. Letztlich sah er jedoch keine Alternative mehr zum Krieg. Ein nochmaliges Nachgeben der Deutschen gegenüber Wilsons Forderung, den U-Bootkrieg einzustellen, war ausgeschlossen, und Wilsons Politik der »bewaffneten Neutralität« offenkundig nicht praktikabel. Der US-Präsident, der fast drei Jahre die Neutralitätsrechte der USA beschworen hatte, der mit Abbruch der diplomatischen Beziehungen gedroht und diese Drohung wahr gemacht hatte, konnte die fortgesetzte Versenkung amerikanischer Schiffe nicht tatenlos hinnehmen, ohne sich als Führer einer Großmacht zu diskreditieren und jeden Einfluss auf die Gestaltung des Friedens zu verlieren.[35]

Bis Februar/März 1917 war Wilson entschlossen gewesen, sein Land aus dem Krieg herauszuhalten und einen Frieden ohne Sieg zu vermitteln. Aber selbst wenn der Präsident den Krieg gewollt hätte, ist fraglich, ob ihm das amerikanische Volk ohne die Wiederaufnahme des U-Bootkriegs gefolgt wäre. Kriegsstimmung kam erst Mitte März 1917 auf, und selbst danach gab es weiterhin beträchtlichen Widerstand vonseiten pazifistischer Sozialreformer und Traditionalisten, die an der Nichteinmischung in europäische Kriege festhalten wollten. Immerhin stimmten 56 Abgeordnete und Senatoren gegen die Kriegserklärung. Die Mehrheit im Kongress und in der Bevölkerung unterstützte Wilson vor allem deshalb, weil sie davon überzeugt war, einen Verteidigungskrieg zu führen.[36]

---

34 Vgl. ARTHUR S. LINK: Wilson. Campaigns for Progressivism and Peace. Princeton 1965, S. 353–359; ROBERT LANSING: Memorandum, 4. März 1917, in: PWW (wie Anm. 4), Bd. 41, S. 321–327.
35 Vgl. ROBERT LANSING: Memorandum über Kabinettssitzung, 20. März 1917; und JOSEPHUS DANIELS: Tagebucheintrag, 20. März 1917, beide in: PWW (wie Anm. 4), Bd. 41, S. 436–445; COOPER, Wilson (wie Anm. 6), S. 381–384; LINK, Wilson (wie Anm. 34), S. 390–421.
36 Vgl. TUCKER, Wilson (wie Anm. 25), S. 211–214; JUSTUS D. DOENECKE: Nothing Less Than War: A New History of America's Entry into World War I. Lexington, Ky 2011; COOPER, Wilson (wie Anm. 6), S. 388 f.

III.

Bevor der US-Präsident am 2. April 1917 vor den Kongress trat, feilte er fast zwei Wochen an seiner Kriegsbotschaft. Seine Rede war zum einen ein Appell an die Nation, zum anderen aber auch eine Rechtfertigung vor sich selbst. Wilson war kein Pazifist, doch die Verantwortung für den vorhersehbaren Tod vieler junger Amerikaner lastete schwer auf ihm: »It is a distressing and opressive duty, Gentlemen of the Congress, which I have performed in thus addressing you«. Wilson begann mit der Darlegung, warum der deutsche U-Bootkrieg gegen das Völkerrecht, die Humanität und die Rechte der USA verstieß und warum es keine praktikable Alternative zum Krieg mehr gab. Die bloße Wiederherstellung umstrittener Neutralitätsrechte war jedoch weder eine überzeugende Begründung für den Eintritt in einen Weltkrieg noch ein Ziel, für das die Amerikaner bereitwillig kämpfen würden. Wilson musste dem Krieg einen historischen Sinn und ideelle Ziele geben, die den amerikanischen Exzeptionalismus mit universalen Menschheitsprinzipien verbanden. Amerika kämpfe nicht aus Rachsucht oder Eigennutz, erklärte der Präsident, ja nicht einmal für nationale Interessen, weil diese mit Interessen der gesamten Menschheit zusammenfielen. Vor allem führe Amerika keinen Krieg gegen das deutsche Volk, das den von seiner autokratischen Führung angezettelten Krieg nicht gewollt habe: »We are glad [...] to fight thus for the ultimate peace of the world and for the liberation of its peoples, the German peoples included; for the rights of nations great and small«. Die Voraussetzung für den Weltfrieden war die Demokratie. Völker, die ihre Regierungsform frei wählen können, davon war Wilson überzeugt, würden sich für die Demokratie entscheiden, demokratisch regierte Völker würden niemals einen Krieg beginnen. Kein Satz der Kriegsbotschaft ist häufiger zitiert worden als die berühmte Forderung: »The world must be made safe for democracy«.[37]

Es gibt allerdings zwei Lesarten dieser Botschaft. Die erste, die Wilsons Image als »Kreuzzügler« geprägt hat, lautet, Amerika führt Krieg, um die Welt zu demokratisieren! So verstanden auch die Zeitgenossen den Satz, denn das Leitmotiv der Rede war unübersehbar der Kampf zwischen Demokratie und Autokratie. Die alternative Deutung verweist dagegen auf den ungewöhnlichen Gebrauch des Passivs und sieht in dem Satz lediglich ein Bekenntnis zu einer internationalen Ordnung, in der Demokratien friedlich existieren und die Demokratie als Regierungsform gedeihen kann.[38] In der Tat hatte Wilson in seinen politikwissenschaftlichen Arbeiten stets ein liberal-konservatives Ordnungsmodell vertreten, das auf individueller Freiheit, repräsentativer Regierung und der Ablehnung un-

---

37 WOODROW WILSON: An Address to a Joint Session of Congress, 2. April 1917 (wie Anm. 4), S. 525.
38 Vgl. COOPER, Wilson (wie Anm. 6), S. 6, 387.

beschränkter Mehrheitsherrschaft beruhte. Seit seiner Jugend bewunderte er den britischen Parlamentarismus, sein intellektueller Leitstern war Edmund Burke, dessen evolutionäres Verständnis von historischem Wandel er teilte. Selbstregierung und Demokratie verstand er als historisch gewachsene angelsächsische Institutionen, die anderswo nur als Ergebnis eines langen Entwicklungsprozesses Wurzeln schlagen konnten.[39] Auch nach dem Kriegseintritt der USA hielt Wilson daran fest, es sei nicht sein Ziel, irgendeiner Nation eine bestimmte Regierungsform aufzuzwingen: »I am not fighting for democracy except for the peoples that want democracy«, erklärte er im April 1918 gegenüber ausländischen Journalisten und fügte hinzu, es sei ihm zwar unbegreiflich, aber er kenne viele Deutsche, die mit ihrer derzeitigen Regierungsform zufrieden seien.[40]

Die russische Revolution vom März 1917 enthob Wilson der Peinlichkeit, den Kampf für die Demokratie an der Seite der zarischen Autokratie führen zu müssen. In seiner Kriegsbotschaft begrüßte der Präsident den Umsturz als Fingerzeig der Geschichte und bescheinigte dem russischen Volk eine demokratische Seele.[41] Doch obwohl er eine enge Zusammenarbeit und Beratung mit den gegen Deutschland kriegführenden Regierungen ankündigte, setzte Wilson sein Land von Anfang an politisch und moralisch von den Alliierten ab. Um sich von den auf traditioneller Machtpolitik beruhenden Kriegszielen seiner Verbündeten zu distanzieren, bezeichnete er die USA als lediglich »assoziierte Macht«. Seine Ziele, erklärte er am 2. April, blieben dieselben, die er in seiner Rede am 22. Januar skizziert hatte, nur war ihre Verwirklichung natürlich nicht mehr durch einen »Frieden ohne Sieg« möglich.[42] Wilson stand vor der Herausforderung, als Kriegspräsident sein Land zum Sieg zu führen und zugleich einen Frieden durchzusetzen, der die Prinzipien seines liberalen Internationalismus verwirklichte.

IV.

Am Ende seiner Kriegsbotschaft brach die überwältigende Mehrheit des Kongresses in stürmischen Applaus aus, sogar sein Intimfeind, der republikanische Senator und mächtige Vorsitzende des Auswärtigen Ausschusses, Henry Cabot

---

39 Vgl. WOODROW WILSON: Edmund Burke: The Man and His Times, 31. August 1893, in: PWW (wie Anm. 4), Bd. 8, S. 318–343; DERS.: Democracy, 5. Dezember 1891, in: ebd., Bd. 7, S. 344–369.
40 WOODROW WILSON: Remarks to Foreign Correspondents, 8. April 1918, in: PWW (wie Anm. 4), Bd. 47, S. 284–289, hier: S. 288.
41 Vgl. WOODROW WILSON: An Address to a Joint Session of Congress, 2. April 1917 (wie Anm. 4), S. 524.
42 Ebd.; vgl. FERRELL, Wilson (wie Anm. 4), S. 37.

Lodge gratulierte dem Präsidenten zu seinem Auftritt.[43] Die Ironie des Schicksals hatte Wilson eingeholt. Die Außenpolitik hatte nicht nur den größten Teil seiner bisherigen Präsidentschaft dominiert, sie definierte von nun an seine Rolle in der Geschichte. In den Jahren 1917 bis 1919 stieg Woodrow Wilson zum führenden internationalen Staatsmann auf, von dem sich die Menschen in der ganzen Welt Frieden und Gerechtigkeit erhofften. Als der US-Präsident Ende 1918 nach Europa kam, wurde er wie ein Messias empfangen.[44] Wenige Monate später, nach der Veröffentlichung des Friedensvertrags, wich die Begeisterung fast überall der tiefen Enttäuschung über einen Mann, dem Freund und Feind vorwarfen, seine Ideale verraten zu haben.

Bei den amerikanischen Wählern sank sein Stern bereits seit den Kongresswahlen vom November 1918, die der Präsident zuvor zur Abstimmung über seine Politik erklärt hatte. Tatsächlich gewannen die oppositionellen Republikaner die Mehrheit in beiden Häusern und sprachen Wilson die Autorität ab, zur Friedenskonferenz zu reisen und dort für das amerikanische Volk zu sprechen. Als Wilson nach Abschluss der Friedenskonferenz im Juli nach Washington zurückkehrte, machten seine Gegner bereits gegen den Völkerbund, das Herzstück des Wilsonschen Internationalismus, mobil. Die unversöhnlichen Isolationisten lehnten den Völkerbund rundweg als inakzeptable Einschränkung der amerikanischen Souveränität ab. Die Mehrheit der Republikaner war unter dem Vorbehalt zur Ratifizierung bereit, dass die Rechte des Kongresses und die Souveränität der Vereinigten Staaten nicht tangiert würden. Wilson jedoch verweigerte sich jeder Konzession und appellierte im September 1919 auf Massenkundgebungen im ganzen Land direkt an das amerikanische Volk. Die Tour setzte seiner angeschlagenen Gesundheit so zu, dass er einen Schlaganfall erlitt, der ihn in den entscheidenden Monaten, als der Senat über den Völkerbund debattierte, ans Krankenbett fesselte. Allen Ratschlägen, die von Lodge geforderten Vorbehalte zu akzeptieren, erteilte er eine kategorische Absage. Auch nach dem zweimaligen Scheitern der Völkerbundssatzung im Senat hoffte Wilson, bei den anstehenden Präsidentschaftswahlen im November 1920 das Blatt noch einmal wenden zu können. Vergeblich, mit dem Versprechen einer »Rückkehr zur Normalität« errangen die Republikaner im November 1920 einen Erdrutschsieg. Wilson blieb dennoch bis zu seinem Tod am 3. Februar 1924 davon überzeugt, dass sich das amerikanische Volk doch noch dem Völkerbund anschließen werde.[45]

---

43 Vgl. COOPER, Wilson (wie Anm. 6), S. 388.
44 Vgl. RAY STANNARD BAKER [Wilsons Pressesprecher]: Berichte über Wilsons Ankunft in Europa, 14. Dezember 1918, in: RSB (wie Anm. 13), Box 132.
45 Vgl. RAY STANNARD BAKER: Memorandum of Conversations with Dr. Axson [Wilsons Schwager], Margaret Wilson [Tochter] also present, 28. August 1931, in: ebd., Reel 70. Zu den historiografischen Kontroversen um den »Treaty Fight« vgl. umfassend JOHN M. COOPER:

Das innenpolitische Scheitern des Völkerbundes wurde für den Präsidenten zur persönlichen Tragödie und prägte sein Bild in der Geschichte weitaus stärker als der Kriegseintritt von 1917, an dessen Sinn viele Amerikaner vor allem deshalb zweifelten, weil sie der Friedensschluss enttäuschte. Eine Ausnahme bildeten die progressiven Internationalisten, die Wilson bis 1917 unterstützt hatten. Ihnen galt der Krieg selbst als Sündenfall. Der pazifistische Verleger Oswald Garrison Villard schrieb in seinem Nachruf auf Wilson: »He was unable to see that whenever and wherever liberalism links itself with war and warmadness it is liberalism that perishes«. In diesem Urteil spiegelte sich auch die Bitterkeit darüber, dass Wilson der Kriegshysterie freien Lauf gelassen und seine linken Anhänger den Repressalien reaktionärer Nationalisten preisgegeben hatte.[45]

Wilson selbst befielen jedoch niemals Zweifel an der Notwendigkeit und Rechtfertigung seiner Entscheidung für den Krieg. Auch wenn man sich vor der Karikatur des »Theokraten«, die seine Kritiker von ihm zeichneten, hüten muss: Dass Wilson seine Kriegsbotschaft mit dem Luther-Zitat schloss, Gott helfe Amerika, denn es könne nicht anders, war keine Phrase. Der aus einer Pfarrersfamilie stammende Calvinist glaubte fest an einen gnädigen Gott, der ihn leitete. Bei seinen Entscheidungen über Krieg und Frieden war Wilson stets von der moralischen und politischen Rechtfertigung seiner Ziele durchdrungen und mit geradezu autosuggestiver Kraft bemüht, die offenkundigen Widersprüche zwischen seinen Prinzipien und der Realität ebenso wie die zwischen seinen Worten und seinem Handeln aufzuheben. Die Aura der Selbstgerechtigkeit, die Wilson umgab, war schon für viele Zeitgenossen schwer erträglich, vielen Kritikern im In- und Ausland galt er schlichtweg als Heuchler.[47]

Die Enttäuschung über Wilson führte dazu, dass sich die USA nach dem Ersten Weltkrieg wieder von ihrer internationalen Führungsrolle zurückzogen. In den 1930er Jahren verabschiedete der Kongress Neutralitätsgesetze, die verhindern sollten, dass die USA ein weiteres Mal in einen europäischen Krieg verwickelt würden. Zum zwanzigsten Jahrestag ehrte der Kongress 1937 diejenigen Senatoren und Abgeordneten, die damals gegen den Krieg gestimmt hatten.[48] Die Kritik der Isolationisten findet bis heute ein Echo bei einigen

---

The League Fight, in: KENNEDY, Companion (wie Anm. 2), S. 518–527; KNOCK, End (wie Anm. 13), S. 263–270.

46 OSWALD G. VILLARD: Woodrow Wilson: A Supreme Tragedy, in: *The Nation* 118, 24. Februar 1924, S. 156–158; KNOCK, End (wie Anm. 13), S. 130–137, 157–160.

47 Zu den Kontroversen um die Bedeutung der Religion für Wilsons Außenpolitik vgl. MALCOLM D. MAGEE: Wilson's Religious, Historical, and Political Thought, in: KENNEDY, Companion (wie Anm. 2), S. 38–54; ANDREW PRESTON: Sword of the Spirit, Shield of Faith: Religion in American War and Diplomacy. New York 2012, S. 275–290.

48 Vgl. JOHN M. COOPER: Breaking the Heart of the World: Woodrow Wilson and the Fight for the League of Nations. New York 2001, S. 403.

Historikern, die Wilson vorwerfen, Amerika in den Krieg geführt zu haben, ohne dass vitale nationale Interessen auf dem Spiel gestanden hätten. Anstatt der Welt einen demokratischen Frieden zu bringen, habe Amerika die Machtbalance einseitig zugunsten der Alliierten verändert und Deutschland einen Rachefrieden aufgezwungen, der wiederum die Saat für Hitler und den Zweiten Weltkrieg gelegt habe.[49]

Allerdings führte gerade der Zweite Weltkrieg zur Rehabilitierung des liberalen Internationalismus wie der Person Woodrow Wilsons. Es entstand ein Narrativ, demzufolge erst Amerikas Abkehr vom Völkerbund den Aufstieg Hitlers und damit einen neuen Weltkrieg ermöglicht habe. Der Kriegseintritt 1917 galt den meisten Autoren nun als unvermeidlich, weil ein deutscher Sieg mit den nationalen Interessen unvereinbar gewesen sei. Ein Erzrealist wie George F. Kennan, der Vordenker der Eindämmungspolitik im frühen Kalten Krieg, kritisierte Wilson freilich für seinen ideologischen Überschuss und dafür, dass er die USA aus den falschen Gründen in den Krieg geführt habe, nämlich für weltfremde Neutralitätsrechte statt zur Sicherung des Mächtegleichgewichts in Europa.[50]

Nach dem Ende des Kalten Kriegs feierten zahlreiche Autoren Amerikas Triumph über seine totalitären Herausforderer als historische Rechtfertigung Wilsons und des »Wilsonianism«. Als die Administration George W. Bushs nach dem 11. September 2001 in den »Krieg gegen den Terror« zog, tat sie dies im Namen von Freiheit und Demokratie weltweit. Neokonservative Intellektuelle stellten sich in die Tradition der Ziele Wilsons, aber auch linksliberale Internationalisten entdeckten die Vorzüge eines wohlwollenden *Imperium Americanum*, das Freiheit, Demokratie und Menschenrechte weltweit schützen sollte. Über die Kontinuitäten zwischen Wilson und George W. Bush entspann sich eine heftig geführte Debatte. Die Gralshüter des Wilsonianism wiesen alle Analogien als irreführend zurück, weil Wilson – in scharfem Kontrast zu George W. Bush – auf internationale Organisationen und multilaterales Handeln gesetzt habe. Manche ehemaligen Wilson-Anhänger sagten sich vom liberalen Internationalismus los, weil dieser letztlich immer in einen liberalen Imperialismus umgeschlagen sei. Klassische Realisten erinnerten an Wilsons Scheitern und warnten davor, erneut den ewigen Frieden durch Krieg herbeiführen zu wollen. Ob

---

49 Vgl. RICHARD STRINER: Woodrow Wilson and World War I: A Burden Too Great to Bear. Lanham, MD 2014; BURTON Y. PINES: America's Greatest Blunder: The Fateful Decision to Enter World War One. New York 2013; JIM POWELL: Wilson's War: How Woodrow Wilson's Great Blunder Led to Hitler, Lenin, Stalin, and World War II. New York 2005.
50 Vgl. THOMAS A. BAILEY: Woodrow Wilson and the Lost Peace. New York 1944; DERS.: Woodrow Wilson and the Great Betrayal. New York 1945; GEORGE F. KENNAN: American Diplomacy. Chicago 1951, S. 63–73; DOENECKE, Neutrality (wie Anm. 5), S. 246–248.

Wilson und der Wilsonianism noch sinnvolle Orientierung für die US-Außenpolitik im 21. Jahrhundert bieten, bleibt auch in der Wissenschaft umstritten.[51]

Die unbestreitbare historische Bedeutung von Wilsons Entscheidung, die USA 1917 in den Ersten Weltkrieg zu führen, kontrastiert indessen mit der schwachen Verankerung des »Großen Kriegs« in der amerikanischen Erinnerungskultur, mit dem sich im Unterschied zum Zweiten Weltkrieg keine heroische Geschichtserzählung verbindet; kein Ereignis, das, wie Pearl Harbor, Amerikas Kriegseintritt intuitiv verständlich machte; kein dämonischer Feind wie Hitler; keine Heldentat wie die Landung in der Normandie. Stattdessen dominiert die Erzählung vom negativen Lehrstück, vom verlorenen Frieden und vom Scheitern des Wilsonschen Idealismus an den Realitäten der Machtpolitik und am Unwillen des amerikanischen Volkes zur Übernahme internationaler Verantwortung. Doch auch wenn viele Amerikaner den Ersten Weltkrieg vergessen haben, für die Geschichte und Gegenwart der Weltmacht USA bleibt die Beschäftigung mit Woodrow Wilsons Erbe unverändert von zentraler Bedeutung.

---

51 Vgl. LLOYD E. AMBROSIUS: Woodrow Wilson and George W. Bush: Historical Comparisons of Ends and Means in Their Foreign Policies, in: *Diplomatic History* 30 (2006), S. 509–543; IKENBERRY, Crisis (wie Anm. 2); JOHN M. COOPER (Hrsg.): Reconsidering Woodrow Wilson: Progressivism, Internationalism, War, and Peace. Baltimore 2008; sowie ULRICH SPECK / NATAN SZNAIDER (Hrsg.): Empire Amerika. Perspektiven einer neuen Weltordnung. München 2003.

Peter Busch

John F. Kennedy und der Vietnamkrieg

Ein halbes Jahrhundert nach dem Ende des Vietnamkriegs gehen die kontroversen Debatten über den Konflikt weiter. Gefragt wird nach wie vor, was die Vereinigten Staaten dazu bewegte, hunderttausende amerikanische Soldaten nach Südostasien zu entsenden.[1] Kaum weniger kontrovers und umfangreich ist die Literatur über John F. Kennedy (1917-1963). Trotz kritischer Studien lebt der Mythos des jungen, dynamischen und fortschrittlichen Präsidenten weiter. Nach wie vor faszinieren sein familiärer Hintergrund, seine privaten Eskapaden, seine glamouröse Ehefrau, die »1.000 Tage« im Weißen Haus – umgeben von den besten Köpfen der Nation – und sein gewaltsamer Tod.[2] Außenpolitisch überstrahlen der Mauerbau in Berlin und die Kuba-Krise seine Zeit im Präsidentenamt. Doch auch Kennedys Vietnampolitik wird in der Historiographie alles andere als vernachlässigt. Einigkeit herrscht dabei in der historischen Forschung kaum. Unbestreitbar nahm die militärische Präsenz der USA in Südvietnam zwischen 1961 und 1963 deutlich zu. Doch inwieweit belegt dies die Auffassung, dass der junge Präsident militärische Lösungen bevorzugte, um einen Sieg über kommunistische »Aggressionen« zu erreichen? Andererseits weigerte sich Kennedy, reguläre US-Kampftruppen nach Südvietnam zu entsenden. Hätte er anders als sein Nachfolger Lyndon B. Johnson (1908-1973) letztendlich das amerikanische Vietnamtrauma verhindert? Historiker kommen zu unterschiedlichen Urteilen, oft davon beeinflusst, wie sie Kennedys grundsätzliche Haltung zum Einsatz militärischer Mittel beurteilen.[3]

---

1 Für einen hervorragenden Überblick über neuere Literatur und Quellen zu Vietnam in den Kennedy-Jahren siehe MARC TRACHTENBERG: Kennedy, Vietnam, and Audience Costs. ISSF Forum, no. 3, 2014, S. 6-42, verfügbar unter: http://issforum.org/ISSF/PDF/ISSF-Forum-3.pdf [9. Juni 2017].
2 Vgl. NOAM CHOMSKY: Rethinking Camelot. JFK, Vietnam, and the US Political Culture. London 1993; NIGEL HAMILTON: JFK. Reckless Youth. New York 1992; SEYMOUR HERSH: The Dark Side of Camelot. New York 1997; THOMAS C. REEVES: A Question of Character. A Life of John F. Kennedy. New York 1991.
3 Vgl. LAWRENCE FREEDMAN: Kennedy's Wars. Berlin, Cuba, Laos, and Vietnam. New York 2000; HOWARD JONES: Death of a Generation. How the Assassination of JFK and Diem pro-

Hier setzt dieser Beitrag an. Er beschäftigt sich zunächst mit den außenpolitischen Überzeugungen Kennedys und seiner Demokratischen Partei. Wie nahe stand er dem politischen Realismus, und wie sehr setzte er auf den Faktor der militärischen Stärke? Welche Bedeutung hatte der ideologische Kampf gegen den »Weltkommunismus«? Wie wichtig waren ihm Wirtschaftshilfen und der Glaube an Fortschritt und Modernisierung? Kennedy war ein Politiker, der versuchte, die Welt differenzierter zu sehen als sein Vorgänger. Er wollte flexibel auf unterschiedliche Situationen reagieren können. Die Drohung mit und den Einsatz von militärischer Gewalt betrachtete er als entscheidende Mittel im Ost-West-Konflikt. Hand in Hand mit der Betonung militärischer Stärke ging bei Kennedy die Überzeugung, die USA könnten entscheidend zur Modernisierung der Dritten Welt beitragen und gezielt antikommunistische nationale Bewegungen innerhalb der in die Unabhängigkeit entlassenen europäischen Kolonialgebiete in Afrika und Asien fördern.

Die USA waren bereits bei Kennedys Amtsantritt politisch, wirtschaftlich und militärisch in Südvietnam aktiv. Kennedy musste entscheiden, in welchem Maß eine Eskalation des militärischen Engagements notwendig war, um Südvietnam vor einer Niederlage im Kampf gegen kommunistische Guerillas zu bewahren. Zwei seiner Entscheidungen waren besonders wichtig. Zum einen unterstützte er seit Ende des Jahres 1961 das Regime in Saigon verstärkt im Kampf gegen die kommunistisch dominierten Guerillaverbände. Die andere wichtige Entscheidung Kennedys fiel im Herbst 1963. Zunehmende Kritik am autoritären Regime des langjährigen Präsidenten Ngo Dinh Diem veranlasste Kennedy, den Generälen der südvietnamesischen Armee »grünes Licht« für einen Staatsstreich zu erteilen. Elizabeth Saunders sieht dies in ihrer Studie über Interventionen von amerikanischen Präsidenten als Beleg dafür an, dass Kennedy die politischen Bedingungen vor Ort wichtiger waren als militärische Siege.[4] Doch war dies wirklich Kennedys Motivation?

Die turbulenten Wochen vor und nach dem Putsch in Saigon und die unterschiedlichen Positionen von Kennedys Beratern werfen in der Forschungsliteratur die Frage auf, wie deutlich die Aussagen des Präsidenten kurz vor seinem gewaltsamen Tod im November 1963 signalisierten, dass er grundsätzlich zu einem Rückzug aus Vietnam bereit war. Aufmerksamkeit erregte diese Frage auch durch den Hollywoodfilm *JFK*, in dem Regisseur Oliver Stone postulierte, Kennedy sei erschossen worden, weil er die USA aus Vietnam zurückziehen

---

longed the Vietnam War. New York 2003; DAVID KAISER: American Tragedy. Kennedy, Johnson, and the Origins of the Vietnam War. Cambridge 2000; JOHN M. NEWMAN: JFK and Vietnam. Deception, Intrigue and the Struggle for Power. New York 1992.
4 Vgl. ELIZABETH N. SAUNDERS: Leaders at War. How Presidents Shape Military Interventions. Ithaca 2011, S. 92.

wollte.⁵ Einige Überlegungen zu dieser Frage sollen am Ende dieses Aufsatzes angestellt werden.

Kennedys »liberale« Weltanschauung

Anfang Dezember 1951 stellte sich John F. Kennedy in der *NBC*-Radiosendung *Meet the Press* Fragen von Journalisten. Der junge Kongressabgeordnete war gerade von einer fast zweimonatigen Reise durch Asien und den Nahen Osten zurückgekehrt. Seine Reise sollte sein außenpolitisches Profil schärfen, um ihm eine erfolgreiche Kandidatur für den Senat zu ermöglichen. Angesprochen auf seine Eindrücke, widmete sich Kennedy einer der Fragen, die ihn später im Weißen Haus beschäftigen würde: Wie sollten die USA den gerade unabhängig gewordenen Staaten in Afrika und Asien begegnen? Der junge Kennedy befand, dass die engen politischen Verbindungen zu den Kolonialmächten Frankreich und Großbritannien den USA außenpolitisch schadeten. Als Beispiel führte er Iran an, wo die Amerikaner seiner Meinung nach mit den nationalistischen Kräften zusammenarbeiten sollten anstatt die britische Politik zu fördern. Aus Kennedys Sicht sollten die USA nationale Unabhängigkeitsbewegungen unterstützen und mehr Wirtschaftshilfe leisten. Über seinen Besuch in Indien reflektierend, bemängelte er, dass dort zu wenige amerikanische Experten beim Aufbau der Industrie helfen würden.⁶

Gegen Ende der Radiosendung brachte Kennedy seinen Besuch in Saigon ins Gespräch. Dort hatte er sich einen Eindruck von dem Versuch Frankreichs verschafft, seine Kolonialherrschaft in Indochina gegen den bewaffneten Aufstand der von Ho Chi Minh (1890–1969) geführten Nationalen Befreiungsfront, kurz Vietminh genannt, niederzuschlagen. Nach fünf Jahren Krieg in Indochina waren die Franzosen einem Sieg nicht näher gekommen. Es war ihnen lediglich gelungen, die zunächst skeptische Administration von Präsident Harry Truman davon zu überzeugen, dass der Kampf in Indochina kein Kolonialkrieg, sondern ein Konflikt des Kalten Kriegs sei. Ho Chi Minh, so die Argumentation, sei zu allererst Kommunist und dann erst Nationalist. Folglich begann Truman ab Mai 1950 den französischen Kampf direkt zu unterstützen, unter anderem durch eine Gruppe von amerikanischen Militärberatern.⁷ Diese Hilfe war mit der Erwartung verbunden, dass Frankreich Indochina baldmöglichst die Unabhängigkeit gewähren würde. Kennedy missbilligte diesen Kurs. Leidenschaftlicher als in sei-

---

5 Vgl. NEWMAN, JFK (wie Anm. 3), S. 455–457.
6 Vgl. JOHN F. KENNEDY: Äußerungen, in: *NBC, Meet the Press*, 2. Dezember 1951, verfügbar unter: http://pastdaily.com/2016/12/13/congressman-jfk-peers-future-1951/ [19. Juni 2017].
7 Vgl. MARK ATWOOD LAWRENCE: The Vietnam War. A concise international history. New York 2008, S. 41f.

nen vorherigen Aussagen in *Meet the Press* wandte er sich gegen eine Politik, die Washington im Kampf gegen den Kommunismus zu nah an die alten, imperialen Mächte band:

> [...] you can never defeat the Communist movement in Indochina until you get the support of the natives and you won't get the support of the natives as long as they feel that the French are fighting the Communists in order to hold their own power there.[8]

Noch deutlicher formulierte Kennedy diese Ansicht im April 1954 in einer Rede im Senat, in den er 1952 gewählt worden war. Er rechnete zunächst mit der von den USA geförderten französischen Strategie in Vietnam ab. Trotz verstärkter Anstrengungen und wiederholter Versprechungen, der Krieg gegen die Vietminh sei bald gewonnen, hatte sich die Lage zweieinhalb Jahre nach seiner Reise dorthin weiter verschlechtert. Der französische Stützpunkt in Dien Bien Phu war von der Vietminh eingeschlossen worden und stand kurz vor der Kapitulation. Forderungen nach dem Eingreifen amerikanischer Luftstreitkräfte zur Verhinderung der Niederlage lehnte Kennedy, wie letztlich auch Präsident Dwight D. Eisenhower, ab. Denn ein Sieg gegen die Vietminh, so Kennedy in seiner Rede, sei unmöglich, solange Frankreich dem vietnamesischen Volk die völlige Unabhängigkeit verweigere.[9]

Kennedy hielt nationale Selbstbestimmung für den ersten wichtigen Schritt im Kampf gegen kommunistische Freiheitsbewegungen. War die Unabhängigkeit formal erreicht, so sollten und mussten die USA die antikommunistischen Nationalisten unterstützen. Vietnam betrachtete er als Modellfall. Die französischen Einheiten in Dien Bien Phu kapitulierten im Mai 1954, kurz vor Beginn einer ohnehin anberaumten internationalen Friedenskonferenz in Genf, die sich mit dem Indochina-Konflikt beschäftigen sollte. Der Krieg in Südostasien hatte Frankreichs politischen und militärischen Willen zermürbt. Die Regierung in Paris wollte sich fast um jeden Preis zurückziehen und stimmte schließlich einem Waffenstillstand zu, der Vietnam am 17. Breitengrad teilte. Ganz Indochina erlangte die Unabhängigkeit. Der Norden Vietnams fiel an Ho Chi Minhs Demokratische Republik Vietnam (DRV), im Süden etablierte sich mit amerikanischer Hilfe eine antikommunistische Regierung unter der Führung des katholischen Nationalisten Ngo Dinh Diem (1901–1963). Diesem gelang es, sich gegen verschiedene Milizen in Saigon und Umgebung durchzusetzen und sich zum Präsidenten der Republik Vietnam (RVN) wählen zu lassen. Diems Regie-

---

8 KENNEDY, Äußerungen, 2. Dezember 1951 (wie Anm. 6).
9 Vgl. DERS.: Remarks on Indochina before the Senate, 6. April 1954, John F. Kennedy Speeches, John F. Kennedy Library (JFKL), Boston, verfügbar unter: https://www.jfklibrary.org/Asset-Viewer/Archives/JFKSEN-0894-004.aspx [4. Juni 2017].

rung zeigte von Beginn an autokratische Züge.¹⁰ 1956 weigerte er sich, unterstützt von den USA, Wahlen abhalten zu lassen, die gemäß dem Genfer Abkommen das geteilte Land vereinen sollten. Offiziell begründete Diem seine Ablehnung damit, dass freie Wahlen im kommunistischen Nordvietnam nicht gewährleistet seien.¹¹

Kennedy begrüßte diese Entwicklungen in Vietnam. In einer Rede bei einer von den »Friends of Vietnam« organisierten Konferenz im Sommer 1956 lobte er den »erstaunlichen Erfolg« Diems. Der neue Präsident habe standhaft und entschlossen die politischen und wirtschaftlichen Probleme in Südvietnam in Angriff genommen. Nun müsse Diem der Modernisierung des Landes den Weg bereiten. Bei dieser »Revolution« sollten die USA entscheidende Hilfe leisten:

> What we must offer them is a revolution – a political, economic and social revolution far superior to anything the Communists can offer – far more peaceful, far more democratic and far more locally controlled. Such a Revolution will require much from the United States and much from Vietnam [...] We must assist the inspiring growth of Vietnamese democracy and economy [...] We must provide military assistance to rebuild the new Vietnamese Army, which every day faces the growing peril of Vietminh Armies across the border.¹²

Hatte Kennedy in seiner Senatsrede zwei Jahre zuvor einen Rückzug des Westens aus ganz Indochina für möglich gehalten, so entpuppte er sich vor dem provietnamesischen Publikum als Verfechter der oft zitierten »Dominotheorie«. Ursprünglich im April 1954 von Präsident Eisenhower formuliert, sagte sie eine Kettenreaktion in ganz Asien voraus, wenn kommunistische Bewegungen in Indochina an die Macht kämen.¹³ In seiner Rede bezeichnete Kennedy Südvietnam nun als »a cornerstone of the Free World in Southeast Asia, the keystone to the arch, the finger in the dike«. Falls ganz Vietnam kommunistisch würde, so Kennedy weiter, wären Burma, Thailand, Indien, Japan, die Philippinen, Laos und Kambodscha bedroht.¹⁴

Kennedys Haltung blieb in den folgenden Jahren unverändert. Auszüge aus den Reden von 1954 und 1956 wurden während seines Präsidentschaftswahlkampfs in einem Sammelband veröffentlicht. Darin bestätigte Kennedy, dass er

---

10 Vgl. JESSICA CHAPMAN: Cauldron of Resistance. Ngo Dinh Diem, the United States, and 1950s Vietnam. Ithaca 2013, S. 8.
11 Vgl. FREDRIK LOGEVALL: Embers of War. The Fall of an Empire and the Making of America's Vietnam. New York 2012, S. 651; LAWRENCE, War (wie Anm. 7), S. 58f.
12 JOHN F. KENNEDY: Remarks at the Conference on Vietnam Luncheon in the Hotel Willard, Washington, D.C., 1. Juni 1956, in: JFKL (wie Anm. 9), verfügbar unter: https://www.jfklibrary.org/archives/other-resources/john-f-kennedy-speeches/vietnam-conference-washington-dc-19560601 [13. Oktober 2017].
13 Vgl. CHRISTOPHER GOSCHA: The Penguin History of Vietnam. London 2016, Kindle Edition, S. 306.
14 KENNEDY, Remarks, 1. Juni 1956 (wie Anm. 12).

die Regierung von Ngo Dinh Diem weiterhin positiv bewertete. In einem Nachwort zu seiner Senatsrede gab Kennedy zu, wie sehr ihn Diems Erscheinen auf der politischen Bühne überrascht hatte. Als viele Beobachter 1954 mit einem Sieg des Kommunismus in Indochina rechneten, habe der vietnamesische Patriot Diem fast ein Wunder bewirkt. Südvietnam bezeichnete Kennedy nun als »brave little state«, der freundschaftlich mit den USA zusammenarbeite.[15]

Kennedys Äußerungen lassen erkennen, welche Wichtigkeit er den neuen Nationalstaaten in Afrika und Asien beimaß. Vor dem Hintergrund des Kalten Kriegs wollte er durch Entwicklungshilfe den kommunistischen Bewegungen in der postkolonialen Welt das Wasser abgraben. Der Glaube an die Bedeutung von Modernisierung und Fortschritt war aber nur eine Säule der außenpolitischen Vision Kennedys. In der Redensammlung veröffentlichte er im Wahlkampf gegen seinen republikanischen Widersacher Richard Nixon (1913–1994) auch eine Zwölf-Punkte-Agenda für »a new approach« in der Außenpolitik Washingtons. Die ersten drei Punkte dieser Agenda erwähnten weder Modernisierung noch wirtschaftlichen Fortschritt, sondern forderten eine verstärkte Verteidigungsbereitschaft der USA. Neben dem Ausbau des amerikanischen Atomwaffenarsenals und der Erweiterung konventioneller Streitkräfte rief Kennedy dazu auf, die NATO zu stärken. Der demokratische Präsidentschaftskandidat ließ keine Zweifel daran aufkommen, dass militärische Stärke die zentrale Grundlage seiner außenpolitischen Überlegungen bildete.[16] Mit dieser Haltung befand sich Kennedy im Einklang mit den wichtigsten Vertretern seiner Partei.

Einer dieser Vertreter war Dean Acheson (1893–1971), Außenminister unter Präsident Truman. Basierend auf der Bereitschaft, militärische Stärke aufzubauen und wenn nötig zu nutzen, betonte Acheson Ende der 1950er Jahre ebenfalls die Bedeutung der postkolonialen Staaten. Durch amerikanische Wirtschaftshilfe müssten dort die antikommunistischen Kräfte gefördert werden.[17] Diese Aufgabe sah er als eine der wichtigsten Herausforderungen der weltpolitischen Situation an, neben der Rivalität zwischen den Atommächten USA und Sowjetunion.[18] Er postulierte, dass militärische Stärke von unveränderter Bedeutung im Kampf gegen den Kommunismus bleibe. »We cannot avoid the fact that force will play a great part in the grand strategy of creating a workable non-communist system«, so Acheson. In diesem Zusammenhang bezog er sich auch auf den politischen Realisten Hans Morgenthau, der Präsident

---

15 JOHN F. KENNEDY: Indochina and Vietnam, in: ALLEN NEVINS (Hrsg.): The Strategy for Peace. Senator John F. Kennedy. London 1960, S. 57–61, hier: S. 61.
16 Vgl. JOHN F. KENNEDY: A New Approach to Foreign Policy, in: ebd., S. 7–13.
17 Vgl. DEAN ACHESON: Power and Diplomacy. Cambridge 1958, S. 18.
18 Vgl. ebd., S. 2f.

Dwight D. Eisenhowers militärische Strategie kritisiert hatte.[19] Wie Morgenthau hielt Acheson Eisenhowers Androhung einer »massive retaliation« durch Atomschläge, die die Sowjetunion von jeglichen Militäraktionen abschrecken sollte, für unglaubwürdig. Nach Achesons Überzeugung rechtfertigte nicht jede militärische Bedrohung den Einsatz von Nuklearwaffen: »Not all conflicts are mortal challenges, and not all should be made to appear so.«[20] Die Lösung lag für Acheson – wie für Kennedy als Präsident – in einer flexibleren Verteidigungsstrategie. Diese sollte militärische Konflikte unterhalb der atomaren Schwelle ermöglichen und so den USA helfen, ihre Interessen weltweit zu sichern.[21]

Im November 1960 siegte John F. Kennedy bei den Präsidentschaftswahlen. Acheson beriet Kennedy bei der Zusammenstellung seines Teams für das Weiße Haus. Die ausgewählten, meist jungen und dynamischen Berater spiegelten das künftige außenpolitische Programm wider. Kennedy wollte offensichtlich die internationalen Beziehungen der USA weitgehend selbst kontrollieren, weswegen er als Außenminister den unscheinbaren Dean Rusk (1909–1994) wählte. Walt W. Rostow, Wirtschaftsexperte und Befürworter der Modernisierung in Entwicklungsländern, erhielt eine wichtige Position im Nationalen Sicherheitsrat. Verteidigungsminister wurde Robert McNamara (1916–2009), zuvor Chef des Autobauers Ford. Die künftige globale Militärstrategie Kennedys sollte General Maxwell Taylor als militärischer Sonderberater in die Tat umsetzen.[22] Taylor hatte 1959 unter dem Schlagwort »flexible response« in einem vielbeachteten Buch[23] genau jene Strategie dargelegt, die Acheson ebenfalls gefordert hatte. Kennedy wollte mit seinem Team einerseits weltweit der kommunistischen Herausforderung mit klassischen liberalen und progressiven Ideen wie Wirtschaftshilfe und politischer Selbstbestimmung begegnen. Andererseits verband er diese Strategie mit unüberhörbarem Säbelrasseln. Auf kommunistisch inspirierte militärische Bedrohungen wollte er auf ebensolche Art antworten können.

Direkt nach seiner Vereidigung gab Kennedy dieser verteidigungspolitischen Haltung in seiner Antrittsrede Raum. Angesichts der Gefahr eines nuklearen Vernichtungskriegs sollte flexible militärische Stärke die Grundlage für künftige – und erstrebenswerte – Verhandlungen mit der kommunistischen Seite bilden: »Let us never negotiate out of fear. But let us never fear to negotiate.«[24] Als

---

19 Ebd., S. 52.
20 Ebd., S. 54.
21 Vgl. ebd., S. 56f.
22 Vgl. FREEDMAN, Wars (wie Anm. 3), S. 36–39.
23 Vgl. MAXWELL TAYLOR: The Uncertain Trumpet. New York 1959.
24 JOHN F. KENNEDY: Inaugural Address, 20. Januar 1961, in: GERHARD PETERS / JOHN T. WOOLLEY (Hrsg.): The American Presidency Project, verfügbar unter: https://www.presidency.ucsb.edu/documents/inaugural-address-2 [12. Oktober 2017].

Motivation für die Anstrengungen, zu denen er seine Landsleute aufrief, umriss Kennedy seine Vision einer gerechten, friedlichen Welt, in der Rechtsstaatlichkeit vorherrschte. Letztendlich lief dies auf den Entwurf einer Weltordnung nach amerikanischem Muster hinaus. Kommunistische und undemokratische Staaten betrachtete Kennedy nicht als die einzigen Gegner. Der junge Präsident wollte die Lebensumstände der Menschen in den USA und der Welt verbessern und sah sich daher in »a struggle against common enemies of man: tyranny, poverty, disease and war itself«.[25] Jenseits der brillanten Rhetorik brachte die Rede die Kernpunkte von Kennedys Programm auf den Punkt und zeigte gleichzeitig das Spannungsfeld zwischen dem Vertrauen auf militärische Stärke einerseits und dem Wunsch nach der Verwirklichung hehrer, liberaler Ziele andererseits auf.

Präsident Kennedys Vietnampolitik

Als Kennedy im Januar 1961 in das Weiße Haus einzog, waren die USA nicht nur wirtschaftlich, sondern auch militärisch in Südvietnam engagiert. Etwa 800 amerikanische Militärberater waren im Zuge der 1950 installierten »Military Assistance and Advisory Mission« (MAAG) im Land. Sie hatten nach dem Rückzug der Franzosen maßgeblich beim Aufbau und der Ausbildung der Armee der Republik Vietnam (ARVN) geholfen. Eine formale Allianz zwischen der RVN und den USA bestand nicht, weil das Genfer Abkommen von 1954 keine Militärbündnisse in Indochina erlaubte. Mittlerweile hatte sich – konträr zu dem Lob, mit dem Kennedy in den 1950er Jahren Diem überschüttet hatte – die Lage in Südvietnam deutlich verschlechtert. Der Hauptgrund dafür war, dass Diem versucht hatte, die nach 1954 in Südvietnam verbliebene kommunistische Opposition systematisch auszuschalten. Darauf reagierten frühere Vietminh-Kämpfer erst mit Terroranschlägen und schließlich mit einem Guerillakrieg. Nach anfänglichem Zögern entschloss sich Ho Chi Minhs Regierung in Hanoi, den Aufstand im Süden zu unterstützen. 1960 half die Vietnamesische Arbeiterpartei, die kommunistische Partei der DRV, bei der Gründung der »Nationalen Befreiungsfront« (NLF) für Südvietnam. Offiziell eine Koalition nationaler Kräfte, war die NLF ähnlich wie die Vietminh im Indochinakrieg kommunistisch dominiert. Die DRV schickte einige tausend erfahrene Kämpfer in den Süden. Die meisten von ihnen stammten ursprünglich aus Südvietnam, waren aber 1954 bei der Teilung des Landes in den Norden gezogen.[26]

---

25 Ebd.
26 Vgl. LAWRENCE, War (wie Anm. 7), S. 63–65; LOGEVALL, Embers (wie Anm. 11), S. 690f.; GARY R. HESS: Vietnam and the United States. Origins and Legacy of War. London 1998, S. 64–67.

Kurz nach seiner Amtsübernahme wurde Kennedy ein Bericht über die zunehmend prekäre Situation in Südvietnam vorgelegt.[27] Eine Rede des sowjetischen Staatschefs Nikita Chruschtschow, in der er »Nationalen Befreiungsfronten« die Unterstützung der Sowjetunion zusicherte, alarmierte Kennedy zusätzlich. Ihm war nicht klar, dass Chruschtschow mit seiner Rede auf die beginnende Rivalität zwischen Moskau und der Volksrepublik China abzielte. Peking wollte sich als Hauptförderer von kommunistischen Freiheitskämpfern in Asien und Afrika etablieren. Chruschtschow konnte China dieses Feld nicht ohne weiteres überlassen.[28]

Die ersten Entscheidungen Kennedys weisen darauf hin, dass er geneigt war, in Vietnam militärischen Herausforderungen auch mit Waffengewalt zu begegnen. Bereits Ende Januar 1961 bewilligte er einen noch unter seinem Vorgänger Präsident Eisenhower ausgearbeiteten »Basic Counterinsurgency Plan«. Dieser sah vor, die ARVN um 20.000 Mann aufzustocken.[29] In der ersten Besprechung mit hochrangigen Beratern zum Vietnam-Problem machte Kennedy deutlich, dass er zum Handeln entschlossen war. Wiederholt äußerte er Interesse daran, Guerilla-Kommandos nach Nordvietnam einzuschleusen.[30] Auch wenn die unzureichende demokratische Grundlage des Diem-Regimes in Saigon immer wieder angesprochen wurde, stand an erster Stelle die militärische Hilfe.[31] Die schrittweise Steigerung des militärischen Engagements flankierte Kennedy politisch durch eine Reise von Vize-Präsident Lyndon B. Johnson nach Saigon im Mai 1961. Sie sollte der Öffentlichkeit zeigen, dass die neue Administration hinter der Regierung von Ngo Dinh Diem stand.[32]

Diese ersten Vietnam-Entscheidungen Kennedys wurden von dringender erscheinenden Krisen in den Hintergrund gedrängt. Im Fall von Indochina war dies die Situation in Laos. Das Genfer Abkommen hatte 1954 auch zur Unabhängigkeit von Laos und Kambodscha geführt. Die Auflage für beide Staaten war, im Kalten Krieg Neutralität zu bewahren. Der Vormarsch einer kommunisti-

---

27 Vgl. J. GRAHAM PARSONS: Summary Record of a Meeting, 28. Januar 1961, in: DEPARTMENT OF STATE (Hrsg.): Foreign Relations of the United States 1961–1963 (FRUS). Washington, D.C. 1988, hier: Bd. 1, Vietnam, 1961, S. 13–15.
28 Vgl. ALEKSANDR FURSENKO / TIMOTHY NAFTALI: Khrushchev's Cold War: The inside Story of an American Adversary. New York 2007.
29 Vgl. MICHAEL E. LATHAM: Modernization as Ideology. American Social Science and »Nation Building« in the Kennedy Era. Chapel Hill 2000, S. 164. Der Plan selbst ist abgedruckt in: COUNTRY TEAM STAFF COMMITTEE: Paper. Basic Counterinsurgency Plan for Viet-Nam, 4. Januar 1961, in: FRUS (wie Anm. 27), hier: Bd. 1, Vietnam, 1961, S. 1–12.
30 Vgl. WALT ROSTOW: Memorandum for McGeorge Bundy, 30. Januar 1961, in: FRUS (wie Anm. 27), hier: Bd. 1, Vietnam, 1961, S. 16–19, hier: S. 17f.
31 Ein Beispiel ist ein Memorandum mit Optionen, das Rostow dem Präsidenten am 12. April 1961 vorlegt hat. Vgl. FRUS (wie Anm. 27), hier: Bd. 1, Vietnam, 1961, S. 68f.
32 Vgl. MARC FREY: Geschichte des Vietnamkriegs. Die Tragödie in Asien und das Ende des amerikanischen Traums. München 1999, S. 24f.; KAISER, Tragedy (wie Anm. 3), S. 66–74.

schen Guerillabewegung in Laos bedrohte diese Vereinbarung. Präsident Eisenhower hatte Kennedy nahegelegt, in Laos militärisch einzugreifen. Doch Kennedy erschien das Terrain zu ungünstig. Eine Versorgung von US-Truppen in dem von China, Vietnam und Kambodscha umschlossenen Land schien schwierig. Außerdem war die Position demokratischer, pro-westlicher Kräfte dort wenig vielversprechend. Deshalb setzte Kennedy sich für eine Verhandlungslösung ein. Mit Zustimmung der Sowjetunion und Chinas wurde die Genfer Konferenz wiederbelebt. Sie sollte festlegen, wie die Neutralität von Laos garantiert werden könnte.[33]

Die Bereitschaft, mit Moskau und Peking über Laos zu verhandeln, machte Kennedy aus seiner Sicht innenpolitisch angreifbar. Die Republikaner hatten im Wahlkampf seine Entschlossenheit, im Kalten Krieg amerikanische Interessen zu vertreten, ohnehin infrage gestellt. Kennedys aufgeschlossene Haltung blockfreien Staaten wie Indien gegenüber tat dazu ein Übriges. Zusätzlich geschwächt sah sich Kennedy durch eine missglückte Aktion gegen Fidel Castros Kuba im April 1961. Kennedy hatte grünes Licht für eine noch unter Eisenhower geplante Mission gegeben. Castro wusste jedoch von der geplanten Landung von in den USA ausgebildeten Kämpfern, die sein Regime stürzen sollten, und die Aktion in der Schweinebucht endete mit einer peinlichen Niederlage.[34]

Kennedy machte auch beim ersten Treffen mit Kreml-Chef Chruschtschow keine gute Figur. Der neue Präsident fühlte sich in die Defensive gedrängt. Die zusätzlichen Militärhilfen für die RVN sollten die Lage in Südvietnam erst einmal stabilisieren. Sie bewiesen aber gleichzeitig, dass Kennedy anders als in Laos bereit war, sich in Vietnam militärisch zu engagieren. Trotz verstärkter US-Hilfe hatte sich im Herbst 1961 die Situation in der RVN weiter verschlechtert. Kennedy war nun gezwungen, sich intensiv mit dem Konflikt in Südvietnam zu beschäftigen. Er beschloss, mit General Taylor und Walt Rostow zwei enge Vertraute nach Vietnam zu schicken. Sie sollten sich vor Ort ein Bild von der Lage machen. Neben Taylor und Rostow generierten auch weitere Berater Vorschläge, so dass Kennedy mit sehr konträren Positionen konfrontiert wurde. Die Stabschefs schlugen die Entsendung von 40.000 regulären amerikanischen Soldaten vor. Im Falle einer Eskalation sollten 200.000 Soldaten bereitgestellt werden. Das andere Extrem verkörperten der amerikanische Botschafter in Indien, Kenneth Galbraith und der Laos-Chef-Unterhändler W. Averell Harriman. Beide hielten Vietnam im Kalten Krieg für weniger wichtig und plädierten dafür, nach einer Verhandlungslösung zu suchen.[35] Nach ihrer Vietnam-Reise nahmen Taylor und Rostow eine Mittelposition ein. Sie empfahlen, 8.000 amerikanische Soldaten

---

33 Vgl. HESS, Vietnam (wie Anm. 26), S. 67–70.
34 Vgl. HERSH, Camelot (wie Anm. 2), S. 202–204; LAWRENCE, War (wie Anm. 7), S. 71.
35 Vgl. FREEDMAN, Wars (wie Anm. 3), S. 323–325.

und moderne Waffen nach Vietnam zu schicken. Die Soldaten sollten offiziell als Fluthelfer ausgegeben werden, um die Verletzung des Genfer Abkommens nicht zu offensichtlich werden zu lassen.[36]

In den Diskussionen innerhalb der Kennedy-Administration kristallisierte sich eine grundsätzliche Haltung zum Konflikt in Vietnam heraus. Taylor und McNamara erklärten Vietnam zu einem Symbol im Kalten Krieg. Obwohl Kennedy bereits signalisiert hatte, dass er »instinktiv« gegen die Entsendung regulärer US-Truppen sei, argumentierten der General und der Verteidigungsminister, dass dieser Schritt notwendig wäre, um der Welt zu zeigen, wie wichtig Vietnam sei und wie entschieden das Eintreten der USA für die Freiheit sei. Ebenso sah es Walt Rostow. In Vietnam sollten die USA seiner Ansicht nach beweisen, dass von außen geförderte Guerillakriege nicht hingenommen wurden.[37]

Kennedy konfrontierte seine Berater mit einer Reihe von grundsätzlichen Fragen. Er sagte ihnen in einer Besprechung am 15. November 1961, er könne sehr gute Argumente dafür finden, nicht in einem weit entfernten Land einzugreifen, in dem eine 200.000 Mann starke Armee einer vergleichsweise kleinen Gruppe von 16.000 Guerilla-Kämpfern gegenüber stehe. Im weiteren Verlauf des Treffens schien Kennedys Hauptsorge allerdings, wie er seine Politik öffentlich rechtfertigen könne. Die Lage sei, so der Präsident, schließlich nicht so klar wie in Berlin. Besonders besorgt war er über die Position führender Parteikollegen im amerikanischen Kongress.[38]

Kennedys Entscheidungen im Herbst 1961, zusammengefasst im *National Security Action Memorandum* (NSAM) 111, zeigen, dass Kennedy keine regulären Truppen nach Vietnam schicken wollte. Er befürwortete aber, moderne Waffen wie Hubschrauber an die Armee in Südvietnam zu liefern. Außerdem erhöhte er die Zahl der amerikanischen Militärberater deutlich. Er erlaubte ihnen auch, künftig mit der ARVN gemeinsam Militäraktionen zu unternehmen.[39] Bis Ende 1962 waren mehr als 11.000, ein Jahr später sogar 16.000 amerikanische Militärberater in Vietnam.[40] Damit verstießen Washington und Saigon gegen das Genfer Abkommen. Zur Rechtfertigung veröffentlichten die USA im Dezember 1961 ein Weißbuch, das Nordvietnam der Aggression durch

---

36 Vgl. MAXWELL D. TAYLOR: Paper, beiliegend einem Brief vom 3. November 1961, in: FRUS (wie Anm. 27), hier: Bd. 1, Vietnam, 1961, S. 479–481.
37 Vgl. WORTH H. BAGLEY: Memorandum for the Record, 6. November 1961, in: ebd., S. 532–534.
38 Vgl. Notes on the National Security Council Meeting, 15. November 1961, in: ebd., S. 607–610.
39 Vgl. National Security Action Memorandum No. 111, 22. November 1961, in: ebd., S. 656f.
40 Vgl. FREDRIK LOGEVALL: Audience Cost and the Vietnam War: A Commentary. ISSF Forum, no. 3, 2014, S. 80–85, hier: S. 82, verfügbar unter: http://issforum.org/ISSF/PDF/ISSF-Forum-3.pdf [9. Juni 2017].

»Subversion« bezichtigte. Die zusätzliche militärische Hilfe der USA diente nach dieser Darstellung lediglich der Verteidigung der RVN gegen diese Angriffe.⁴¹

Auch wenn Kennedy dem Drängen, reguläre Truppen nach Vietnam zu schicken, nicht nachgab, sollte man nicht übersehen, dass die Zahl der »Militärberater«, die der Präsident bewilligte, weit über die Forderung von Taylor und Rostow hinausging. Kennedy verlor bei seiner Entscheidung die Verhandlungen über Laos nicht aus dem Auge. Die Entsendung regulärer Truppen hätte die Gespräche in Genf möglicherweise gefährdet. Zugleich wollte Kennedy aber Südvietnam und der Welt seine Entschlossenheit demonstrieren, wobei der Präsident mit verdeckten Karten spielte. Das Ausmaß der Beteiligung von US-Soldaten, die künftig in großer Zahl aktiv Seite an Seite mit der ARVN kämpfen würden, war öffentlich ebenso wenig bekannt wie die Kommando-Angriffe auf nordvietnamesisches Gebiet. Verdeckte Kriegführung verursachte Kennedy keine Skrupel. Gleiches galt für den Einsatz von Napalm oder von Entlaubungsmitteln, deren großflächige Verwendung er wenige Tage nach der Entscheidung über *NSAM 111* bewilligte.⁴²

NSAM 111 sah neben militärischen auch politische Maßnahmen vor. In Abstimmung mit der RVN sollten die USA administrative Berater zur Verfügung stellen. Während Diem zusätzliche militärische Hilfen begrüßte, ließ er nicht zu, dass sich die USA in seine Regierungsgeschäfte einmischten. Nach schwierigen Gesprächen handelte der amerikanische Botschafter in Saigon Diem auf dem Papier Zugeständnisse ab. So legte das *Memorandum of Understanding* zwischen beiden Regierungen schließlich fest, dass die RVN amerikanische Berater innerhalb ihrer Bürokratie grundsätzlich akzeptieren würde, allerdings nur auf Anfrage (»subject to the request of the [Government of Vietnam]«).⁴³ Während die USA also zusätzliche Waffen und Militärberater nach Südvietnam entsandten, gab es hinsichtlich der Politik und Verwaltung in Saigon keine Fortschritte.

Diems vage Versprechungen genügten Kennedy, um in seiner zweiten Rede zur Lage der Nation im Januar 1962 neben den verstärkten Anstrengungen der USA in Vietnam auch von »Reformen« in dem südostasiatischen Land zu sprechen. Seiner im November intern formulierten Strategie folgend, hob er den Verteidigungscharakter seiner Politik hervor: »The systematic aggression now

---

41 Die ursprüngliche Idee für diese Vorgehensweise geht offenbar auf Kennedy selbst zurück. Vgl. Notes on the National Security Council Meeting, 15. November 1961, in: FRUS (wie Anm. 27), hier: Bd. 1, Vietnam, 1961, S. 607–610, hier: S. 609.
42 Vgl. National Security Action Memorandum No. 115, 30. November 1961, in: JFKL (wie Anm. 9), verfügbar unter: https://www.jfklibrary.org/asset-viewer/archives/JFKNSF/332/JFKNSF-332-017 [17. Juni 2017].
43 Memorandum of Understanding im Anhang eines Briefs von Botschafter Frederick E. Nolting jr. an Präsident Ngo Dinh Diem, 4. Dezember 1961, in: FRUS (wie Anm. 27), hier: Bd. 1, Vietnam, 1961, S. 714–716, hier: S. 715.

bleeding that country is not a ›war of liberation‹, for Vietnam is already free. It is a war of attempted subjugation, and it will be resisted.«[44]

Strategische Wehrdörfer

Der von Kennedy angekündigte Widerstand schien im Laufe des Jahres 1962 Früchte zu tragen. Die amerikanischen Helikopter erhöhten die Mobilität der Regierungstruppen und drängten die Kämpfer der NLF in die Defensive. Außerdem propagierten die Südvietnamesen im Februar eine neue Strategie, das »Strategic Hamlet Program«. Zur Sicherung der Landbevölkerung sollten überall Wehrdörfer entstehen. Das Programm sah vor, bestehende Dörfer durch einen Zaun aus Bambus und Stacheldraht zu sichern und in den Siedlungen eine Selbstverteidigungstruppe zu organisieren. Waren die Dörfer zu klein oder lagen in gefährdeten Gebieten, sollten die Bewohner in neugebaute Wehrdörfer umgesiedelt werden. Ziel war es, die Bevölkerung klar von den Guerillakämpfern zu trennen, ähnlich wie es die Briten in Malaya getan hatten. Die Parallelen zu dieser britischen Strategie sorgten auch dafür, dass eine 1961 entsandte britische Beratermission unter Sir Robert Thompson grundsätzlich dieser Vorgehensweise zustimmte.[45]

Die Kennedy-Administration begrüßte das Programm ebenfalls. Sie sah darin nicht nur potenzielle militärische Vorteile, sondern auch die Chance, ihre Vorstellungen von einem politischen Kampf gegen den Kommunismus umzusetzen. Wie Kennedy schon in den 1950er Jahren ausgeführt hatte, sollte dem Kommunismus eine attraktive Alternative entgegengesetzt werden. Es ging darum, *hearts and minds* zu gewinnen. In diesem Zusammenhang waren die Ideen des Wirtschaftstheoretikers Walt Rostow von besonderer Bedeutung. Fortschritt und Modernisierung verursachten laut Rostow in unterentwickelten Gebieten Umbrüche und Krisen, wodurch die Menschen für kommunistische Versprechungen anfällig wurden. Gezielte sozio-ökonomische Maßnahmen sollten diese unausweichlichen Krisen so verkürzen, dass kommunistischen Bewegungen nicht genügend Zeit blieb, die Macht zu übernehmen. Das Wehrdörfer-Programm eröffnete die Chance, Sicherheitsmaßnahmen mit Entwicklungshilfe zu verbinden. Das »ideale« Wehrdorf sollte mit einer Schule und einem Krankenhaus ausgestattet sein. Außerdem sollten die umgesiedelten Bauern materielle

---

44 JOHN F. KENNEDY: Annual Message to the Congress on the State of the Union, 11. Januar 1962, in: PETERS / WOOLLEY, Presidency (wie Anm. 24), verfügbar unter: https://www.presidency.ucsb.edu/documents/annual-message-the-congress-the-state-the-union-4 [17. Juni 2017].
45 Vgl. PETER BUSCH: All the Way with JFK. Britain, the US, and the Vietnam War. Oxford 2003, S. 106–108.

Hilfe wie Düngemittel oder Vieh erhalten. Auf diese Weise hoffte man, die Loyalität der Landbevölkerung für Diems Regierung zu gewinnen.⁴⁶

Diem und sein engster Berater, sein Bruder Ngo Dinh Nhu, wollten durch die neue Strategie ihre Machtposition festigen. Für sie ging es darum, gezielt ihre Kontrolle über die Dörfer Vietnams auszudehnen, in denen traditionell autonome Strukturen vorherrschten. Dass sie nun überall in Südvietnam rasch Wehrdörfer anlegen ließen, geschah entgegen dem Rat von Experten im Anti-Guerillakampf, die mit dieser Maßnahme zunächst in relativ regierungstreuen Gebieten beginnen wollten. Diem und Nhu aber wollten ihren Machtapparat möglichst sofort überall repräsentiert sehen. Die Brüder waren von den Ideen des französischen Philosophen Emmanuel Mounier inspiriert. Er hatte als Alternative zu Kommunismus und Kapitalismus die Hinwendung zum »Personalismus« gefordert. Aspekte dieser Lehre, vermischt mit konfuzianischen Ideen, wollten Diem und Nhu in der RVN in die Realität umsetzen. Weder die Amerikaner noch andere ausländische Diplomaten konnten Diem allerdings folgen, wenn er ihnen den »Personalismus« erklärte.⁴⁷ Diems Interpretation des Personalismus ignorierte auch Werte wie freie Meinungsäußerung oder Rechtsstaatlichkeit. Dies wurde ihm zum Verhängnis.

Umsturz in Saigon

Wie Vertreter der DRV gegenüber anderen kommunistischen Regierungen zugaben, waren sie über das zusätzliche Engagement der USA besorgt. Die Wehrdörfer-Strategie und die damit verbundenen Hilfen sahen sie als Versuch, mit »wirtschaftlichen Maßnahmen die Bevölkerung zu korruptieren [sic!], um auf diese Weise in Verbindung mit militärischen Maßnahmen ihr Ziel zu erreichen«.⁴⁸ Auf die amerikanische Eskalation reagierte Hanoi ebenfalls mit verstärkten Anstrengungen. Zum einen wurden vermehrt Wehrdörfer angegriffen. Viele von ihnen waren unzureichend gesichert, weil Diem und Nhu das Programm zu eilig hatten voranbringen wollen. Zum anderen brachten NLF-Kämpfer bei einem Gefecht in Ap Bac der zahlenmäßig weit überlegenen ARVN und ihren amerikanischen Militärberatern eine empfindliche Niederlage bei.

---

46 Vgl. LATHAM, Modernization (wie Anm. 29), S. 154, 178–189. Siehe auch WALT W. ROSTOW: The United States in the World Arena. An Essay in Recent History. New York 1960, S. 430–432.
47 Vgl. SETH JACOBS: Cold War Mandarin. Ngo Dinh Diem and the Origins of America's War in Vietnam, 1950–1963. Lanham 2006, S. 87f.
48 ERWIN WITT (Militärattaché, Botschaft der DDR, Hanoi) an das Ministerium für Nationale Verteidigung, 21. August 1962, Bundesarchiv – Militärarchiv, Freiburg (BArchMA), VA-01/6426, Bd. 2.

Trotz aller Unterstützung war die südvietnamesische Armee noch immer wenig schlagkräftig.[49]

Diese Niederlage löste in Washington Stirnrunzeln aus, insgesamt schien die militärische Lage aber weiterhin stabil. Aus der Kuba-Krise war Kennedy gestärkt hervorgegangen. Vor dem Kongress listete er in seiner Rede zur Nation im Januar 1963 noch andere Erfolge auf: die Sicherung von West-Berlin, die Verhandlungslösung für Laos und Fortschritte in Vietnam: »The spearpoint of aggression has been blunted in Vietnam.«[50]

An der politischen Situation in Südvietnam hatte sich nichts geändert. Diem war nicht populärer geworden. Er verließ sich auf wenige Vertraute, und die Verwaltung war ineffizient. Opposition wurde nicht geduldet und zum Teil sogar brutal unterdrückt, wie sich im Mai 1963 in der alten Kaiserstadt Hué zeigte. Dort wollten Buddhisten den Geburtstag Buddhas feiern. Zunächst wurde ihnen verboten, ihre Fahnen zu hissen. Als dann auch noch eine Ansprache eines Buddhistenführers nicht im lokalen Radio gesendet wurde, weil sie angeblich den Verantwortlichen zu spät übermittelt worden war, gingen hunderte Buddhisten aus Protest auf die Straße. Sicherheitskräfte versuchten vergeblich, mit Wasserwerfern die Demonstration aufzulösen. Schließlich schossen sie in die Menge und töteten mindestens acht Menschen.[51]

Das brutale Vorgehen der Behörden führte zu weiteren Protesten, auch in Saigon. Dort setzte sich am 11. Juni der buddhistische Mönch Thich Quang Duc auf eine belebte Straßenkreuzung und zündete sich an. Buddhistische Mitstreiter hatten dem Journalisten Malcolm Browne von der *Associated Press* im Vorfeld einen Hinweis gegeben, so dass er vor Ort war. Sein Foto des brennenden Mönchs ging um die Welt. In den USA war Vietnam zum ersten Mal seit Kennedys Amtsantritt ein Thema auf den Titelseiten der Zeitungen. Neben Malcolm Browne veröffentlichte auch David Halberstam, der Korrespondent der *New York Times*, Artikel, die Diems autokratische Regierung anprangerten.[52]

Diem behauptete, Hanoi stecke hinter den Protesten. Darauf gab es aus Sicht der USA aber keine Hinweise. Die Amerikaner drängten ihn daher zu Zugeständnissen, zumal sich inzwischen vietnamesische Studenten den Protesten

---

49 Vgl. GOSCHA, History (wie Anm. 13), S. 343–349.
50 JOHN F. KENNEDY: Annual Message to the Congress on the State of the Union, 14. Januar 1963, in: PETERS / WOOLLEY, Presidency (wie Anm. 24), verfügbar unter: https://www.presidency.ucsb.edu/documents/annual-message-the-congress-the-state-the-union-3 [13. Oktober 2017].
51 Vgl. PETER BUSCH: »Fateful Decisions«: Kennedy and the Vietnam War, in: MANFRED BERG / ANDREAS ETGES (Hrsg.): John F. Kennedy and the ›Thousand Days‹. New Perspectives on the Foreign and Domestic Policies of the Kennedy Administration. Heidelberg 2007, S. 77–98, hier: S. 87.
52 Vgl. MONTAGUE KERN / PATRICIA W. LEVERING / RALPH B. LEVERING: The Kennedy Crises. The Press, the Presidency, and Foreign Policy. Chapel Hill 1983, S. 142f.; GOSCHA, History (wie Anm. 13), S. 345.

angeschlossen hatten. Zu mehr als leeren Gesten war Diem aber nicht bereit. Öffentliche Äußerungen der Frau von Diems Bruder Nhu verschlechterten das Image des Regimes zusätzlich. Sie bezeichnete gegenüber einem amerikanischen Fernsehsender die Selbstverbrennungen der buddhistischen Mönche als »Barbecues«.[53] Im August 1963 unterdrückte Diem die Protestbewegung brutal. Er organisierte Razzien in buddhistischen Klöstern und die Verhaftung führender Mönche. Regierung und Öffentlichkeit in den USA waren entsetzt, zumal Diem kurz zuvor dem scheidenden US-Botschafter Frederick Nolting versichert hatte, nicht gewaltsam gegen die Buddhisten vorgehen zu wollen.[54]

Die politischen Proteste in Südvietnam verdeutlichten auch, wie wenig vertraut die Amerikaner vor Ort mit dem südostasiatischen Land waren. Niemand in der amerikanischen Botschaft hatte vermutet, dass die Buddhisten im Land überhaupt politisches Interesse zeigen könnten. Der stellvertretende Botschafter William Truehart gab zurückblickend zu: »The whole idea of the Buddhists was something that had never occurred to us, frankly, that they were a force to be reckoned with or that they even had a position.«[55]

Angesichts der Buddhistenkrise spaltete sich die Kennedy-Administration in zwei Lager. Gegen Diem waren diejenigen, die sich um die langfristige politische Lage in Vietnam sorgten. Die meisten von ihnen arbeiteten im Außenministerium oder im Weißen Haus. Das Pentagon und diejenigen, die enger mit der militärischen Situation befasst waren, sahen keinen Grund von Diem abzurücken. Roger Hilsman, einer der Direktoren im State Department und Verfechter des Wehrdörfer-Programms, forderte etwa eindringlich, gegen Diem vorzugehen. Hilsman sah in Verteidigungsminister Robert McNamara innerhalb von Kennedys Beraterstab seinen Hauptgegner.[56]

Für Kennedy war entscheidend, ob das Diem-Regime den Konflikt gegen die NLF gewinnen konnte. Die schlechte Presse, die das Regime in den USA hatte, war ein zusätzliches Problem. Konfrontiert mit der Krise in Vietnam, sicherte sich Kennedy zunächst innenpolitisch ab. Möglicher Kritik der Republikaner beugte er vor, indem er Henry Cabot Lodge zum Botschafter in Saigon ernannte. Der führende Republikaner war Richard Nixons Kandidat für das Amt des Vizepräsidenten gewesen. Wie wenig freiheitlich-demokratische Prinzipien Kennedys Vietnamentscheidungen beeinflussten, zeigt die Tonbandaufnahme einer Unterredung mit Lodge kurz vor dessen Abreise nach Saigon. Zunächst be-

---

53 DENIS MURRAY an Timothy J. Everard, 15. August 1961, in: The National Archives, Kew (TNA), FO 371/170145.
54 Vgl. BUSCH, Way (wie Anm. 45), S. 151.
55 WILLIAM TRUEHART: Zeitzeugeninterview (Oral History), 19. April 1985, Lyndon B. Johnson Library (LBJL), Austin, Oral History Collection, S. 32f.
56 Vgl. ROGER HILSMAN: Zeitzeugeninterview (Oral History), 1. August 1978, LBJL (wie Anm. 55), Oral History Collection, S. 6f.

schwerte sich der Präsident über die Vietnamberichterstattung der amerikanischen Presse. In ihren Ausführungen über totalitäre Regierungen bezögen Journalisten »extrem liberale Positionen«, befand Kennedy. Lodge sah das ebenso. Den Medien sei wohl nicht klar, dass in Ländern wie Vietnam schon immer autoritäre Regierungen geherrscht hätten. Dem stimmte Kennedy, wenn auch mürrisch, zu: »They have to have [authoritarian regimes]. It's a bitch of course.« Schließlich betonte Kennedy, er brauche noch weitere Informationen, um zu entscheiden, ob ein Regierungswechsel in Saigon erstrebenswert sei.[57]

Zwei Wochen nach seinem Gespräch mit Lodge schlug Kennedy einen Weg ein, der zum Umsturz in Saigon führen sollte. Diems Verhaftungswelle Ende August nutzten seine Gegner in Washington, vor allem Roger Hilsman. An einem Wochenende, an dem die meisten Entscheidungsträger nur aus der Ferne konsultiert werden konnten, erhielt Hilsman Kennedys Zustimmung für ein Telegramm an den gerade in Saigon eingetroffenen Lodge. Darin wurde der Botschafter aufgefordert, Generäle der ARVN zu einem Putsch gegen Diem zu ermutigen.[58] Auch wenn der Präsident in den folgenden Wochen angesichts der andauernden Zerstrittenheit seiner Berater immer wieder ins Schwanken geriet, nahm er diese Instruktionen nicht zurück. Da die Generäle der ARVN zögerlich waren, erhöhte er im Oktober den Druck auf Diems Regierung. Als Signal sowohl an Diem als auch an die ARVN-Generäle, wie ernst die USA es meinten, entschied Kennedy, die amerikanische Unterstützung für Diem zu kürzen. Dabei achtete Washington allerdings darauf, dass dieser Schritt den Kampf gegen die NLF zumindest kurzfristig nicht gefährdete.

Außerdem konfrontierten die USA Diem mit einer Liste von Forderungen. Die wichtigste war, sich von seinem Bruder Nhu zu trennen. Ihn hatten die Amerikaner als Wurzel vieler Übel ausgemacht. Außerdem hatte er offen zugegeben, dass er Kontakte zur Regierung in Hanoi aufgebaut hatte.[59] Offenbar überlegten Diem und Nhu, ob nicht eine inner-vietnamesische Verhandlungslösung einer zunehmenden Einmischung der USA vorzuziehen sei. Der Katalog mit Forderungen an Diem, zusammengefasst in Instruktionen an Botschafter Lodge, zeigt

---

57 JOHN F. KENNEDY: Äußerungen, in: Meetings, Tape 104/A40. Henry Cabot Lodge – President Kennedy Meeting on Vietnam, 15. August 1963, in: JFKL (wie Anm. 9), verfügbar unter: https://www.jfklibrary.org/Asset-Viewer/Archives/JFKPOF-MTG-104-004.aspx [17. Juni 2017].
58 Vgl. KAISER, Tragedy (wie Anm. 3), S. 227–239; ROGER HILSMAN: To Move a Nation: The Politics of Foreign Policy in the Administration of John F. Kennedy. Garden City 1967, S. 483–485; GEORGE W. BALL: Telegram to the Embassy in Vietnam, 24. August 1961, in: FRUS (wie Anm. 27), hier: Bd. 3, Vietnam, Januar–August 1963, S. 628f.
59 Nhu gab gegenüber Lord Selkirk, dem britischen Generalkommissar in Singapur, Kontakte zu Nordvietnam zu. Vertreter der DRV hätten bei ihm im Büro gesessen. Vgl. das Gesprächsprotokoll im Anhang des Schreibens von REGINALD BURROW an Frederick Warner, 14. August 1963, TNA (wie Anm. 53), FO 371/17091.

eine realistische Einschätzung der Schwächen der RVN in der Kriegführung gegen die NLF. In militärischer Hinsicht forderten die USA von Diem, dass ARVN-Einheiten stärker in die Offensive gehen sollten. Ausführlicher war die Kritik am Wehrdörfer-Programm. Neue Wehrdörfer sollten erst gebaut werden, wenn sie auch ausreichend geschützt und wenn Entwicklungshilfe bereitgestellt werden konnte. Außerdem müssten die Bauern für ihre Arbeit beim Bau neuer Dörfer vernünftig bezahlt werden. Zwangsumsiedlungen seien zu vermeiden. Zur Lösung der aktuellen politischen Krise sollte Diem die verhafteten Studenten und Mönche freilassen. Religionsfreiheit müsse gewährt werden, brutale Polizeimaßnahmen sollten ein Ende finden, und die Landreform sei zu beschleunigen.

Diem ging auf die Forderungen nicht ein. Er zog sich zurück und verließ sich mehr auf Nhu denn je. Britische Diplomaten fanden Diems Verhalten zunehmend grotesk. Sie verglichen es mit dem von Adolf Hitler in den letzten Tagen vor Kriegsende im Bunker in Berlin.[60] Am 1. November 1963 schlug eine Gruppe von Generälen der ARVN schließlich zu. Ein Verbindungsmann der CIA hatte mit den Putschisten Kontakt gehalten und ihre Pläne finanziell unterstützt. Diem und Nhu versuchten zu fliehen, wurden aber gefasst und auf Geheiß der Putschisten erschossen.[61]

Schluss

Der Putsch in Saigon brachte eine zerstrittene Militärjunta an die Macht, die das politische Chaos im Land weiter vergrößerte. Auch wurde klar, dass Diems Bürokratie die militärische Situation und vor allem die Erfolge des Wehrdörfer-Programms zu positiv beschrieben hatte. Die Folgen des Putschs erlebte Kennedy nicht mehr. Nur drei Wochen nach der Ermordung von Diem und Nhu wurde er in Dallas erschossen.

Ob Kennedy wie sein Nachfolger Lyndon B. Johnson den Krieg in Vietnam ausgeweitet hätte, können wir natürlich nicht wissen. Allerdings ist unwahrscheinlich, dass er im Herbst 1963 insgeheim beschlossen hat, sich aus Vietnam zurückzuziehen. Weder seine öffentlichen Aussagen noch seine Taten lassen darauf schließen.[62] In einem TV-Interview mit Walter Cronkite hatte Kennedy noch im September 1963 einen Rückzug aus Vietnam kategorisch abgelehnt.[63]

---

60 Vgl. das Schreiben des HOCHKOMMISSARIAT LONDON an das Außenministerium in Canberra, 24. August 1963, Australisches Nationalarchiv, Canberra, A1838/334, file 3014/11/51, part 1.
61 Vgl. KAISER, Tragedy (wie Anm. 3), S. 271–275.
62 Siehe hierzu die Diskussion bei TRACHTENBERG, Kennedy (wie Anm. 1), S. 34–37.
63 Vgl. JOHN F. KENNEDY: Äußerungen, in: Transcript of Broadcast with Walter Cronkite

Fest steht, dass in seiner Amtszeit die Zahl der US-Militärberater von 800 auf 16.000 anstieg, dass die USA ihre Waffenlieferungen massiv ausgeweitet und den Sturz der Diem-Regierung herbeigeführt haben.

Kennedys Vietnampolitik war eine logische Folge seiner außenpolitischen Überzeugungen. Wie andere führende Demokraten vertrat er eine harte Haltung im Kalten Krieg. Er sah die USA weltweit in der Verantwortung, gegen den Kommunismus zu kämpfen. Dabei setzte er auf militärische Stärke. Beweis dieser Stärke musste aus seiner Sicht auch die Bereitschaft sein, militärisch in Konflikte einzugreifen. Vietnam wurde aber nicht nur zum Testfall für die Strategie der »flexible response«. Kennedy und seine Berater erhoben Vietnam zu einem Symbol im Kalten Krieg. Vietnam stand dafür, kommunistischen nationalen Freiheitsbewegungen Paroli zu bieten. Es stand für die Entschlossenheit Washingtons, seinen antikommunistischen Verbündeten beizustehen, und gleichzeitig sollte in Vietnam bewiesen werden, wie durch sozio-ökonomische Maßnahmen gezielt die Attraktivität kommunistischer Bewegungen gemindert werden konnte, wie Kennedy es schon als Senator gefordert hatte.

Letztlich befanden sich die USA im Herbst 1963 in einer Situation, die mit derjenigen Frankreichs im Indochinakrieg vergleichbar war. Auf dem Papier war die RVN ein unabhängiger Staat. Doch die USA hatten sich in alle Belange des öffentlichen Lebens eingemischt. Kennedy und seine Berater glaubten mit Modernisierungskonzepten, wie sie das Wehrdörfer-Programm enthielt, Fortschritte erzielen zu können. Rückschläge bei diesem Vorgehen führten nicht etwa dazu, dass dieser Ansatz grundsätzlich in Frage gestellt worden wäre, sondern wurden auf eine unzulängliche Umsetzung durch Diems Regierung zurückgeführt.[64] Die Diskussionen über die Entmachtung Diems in Washington zeigten schließlich, dass sich die USA mittlerweile das Recht herausnahmen, direkt mitzubestimmen, wer in Saigon die Regierung führte. Ein Sieg im Kampf gegen die kommunistischen Rebellen hatte absolute Priorität. Nicht allein Diems brutaler und autokratischer Regierungsstil verärgerte Washington. Vielmehr war es die Befürchtung, dass er den Krieg nicht im Sinne der USA weiterführen würde. Kennedy hätte sicherlich eine freiheitliche, rechtsstaatliche Regierung in Saigon bevorzugt. Doch zunächst galt es, den Kommunismus zu besiegen. Dafür schienen alle Mittel recht: US-Militäreinsätze, offen und verdeckt, Chemikalien zur Entlaubung des Dschungels, Entwicklungsgelder, gesellschaftliche Umwälzungen und schließlich auch ein politischer Umsturz.

1954 hatte Kennedy die französische Kolonialregierung kritisiert, weil sie den

---

Inaugurating a CBS Television News Program, 2. September 1963, Public Papers of the President, in: PETERS / WOOLLEY, Presidency (wie Anm. 24), verfügbar unter: https://www.jfklibrary.org/asset-viewer/archives/JFKPOF/046/JFKPOF-046-025 [13. Oktober 2017].
64 LATHAM, Modernization (wie Anm. 29), S. 202.

Vietnamesen erst nach einem Sieg gegen die Vietminh die volle Unabhängigkeit gewähren wollte. Weder Kennedy noch seinen Beratern schien 1963 aufzufallen, wie sehr die amerikanische Politik inzwischen an die kolonialen Zeiten in Indochina erinnerte. Durch ihre Einmischung waren die USA unter Kennedy zu einer Art neo-kolonialen Schutzmacht geworden. Die Grundlage für die massive Ausweitung des Konflikts im Jahre 1965 war gelegt. Kennedys Eskalationsschritte wieder rückgängig zu machen, wäre jedem Präsidenten schwer gefallen, sicherlich auch Kennedy selbst.

Hans Kundnani

Joschka Fischer und die deutsche Beteiligung am Krieg gegen Serbien

Um etwa 18.45 Uhr am 24. März 1999, dem ersten Abend der *Operation Allied Force*, starteten vier Kampfflugzeuge der Bundeswehr vom Typ Tornado, ausgerüstet mit HARM Anti-Radar-Raketen, vom Luftstützpunkt San Damiano in Italien, um serbische Luftabwehrstellungen anzugreifen. In den folgenden Wochen flogen die deutschen Tornados fast täglich. Es war ein winziger Beitrag zum NATO-Einsatz gegen Serbien: Sie flogen nur 436 von insgesamt 37.565 Kampfeinsätzen der Allianz und feuerten nur ein Tausendstel aller Raketen ab, die während des Konflikts abgeschossen wurden.[1] Trotzdem war es für die Bundesrepublik Deutschland ein riesiger Schritt. »Die Bundesregierung hat sich ihre Entscheidung nicht leicht gemacht, schließlich stehen zum ersten Mal nach Ende des Zweiten Weltkriegs deutsche Soldaten im Kampfeinsatz«, sagte Bundeskanzler Gerhard Schröder (geb. 1944) am ersten Abend des Kriegs.[2]

Die wohl wichtigste Figur in der öffentlichen deutschen Debatte zum Krieg war Außenminister Joschka Fischer (geb. 1948). Diese Rolle ergab sich zum Teil daraus, dass die Legitimität des Kriegs am heftigsten – und gewissermaßen stellvertretend für das ganze Land – innerhalb seiner Partei diskutiert wurde. Es hatte aber auch mit der hochmoralisch aufgeladenen Argumentation zu tun, mit der er für die Intervention und eine deutsche Beteiligung daran warb. Mehr als sonst jemand berief sich Fischer auf den Holocaust, um die Intervention der NATO gegen Serbien im Allgemeinen und die deutsche Beteiligung im Besonderen zu rechtfertigen. Dabei implizierte er, dass sich aus der Vergangenheit Deutschlands eine besondere Verantwortung ergebe, einen neuerlichen Völkermord zu verhindern. Später wurde deswegen auch vor allem Fischer vorgeworfen, in der Debatte um den Krieg »Auschwitz« instrumentalisiert zu haben.

Dieser Beitrag untersucht die deutsche Beteiligung am Krieg gegen Serbien

---

1 Vgl. Günter Joetze: Der letzte Krieg in Europa? Das Kosovo und die deutsche Politik. Stuttgart 2001, S. 1.
2 Gerhard Schröder: Erklärung zur Lage im Kosovo, 24. März 1999, in: *Bulletin der Bundesregierung*, 30. März 1999.

und die Rolle von Joschka Fischer im Entscheidungsprozess der Bundesregierung und in der öffentlichen Debatte. Im ersten Teil wird die Veränderung der deutschen Sicherheitspolitik seit Ende des Kalten Kriegs zusammengefasst. Im zweiten Teil wird die intellektuelle und politische Entwicklung Fischers von seiner Auseinandersetzung mit der NS-Vergangenheit bis zur Bundestagswahl 1998 diskutiert. Im dritten Teil werden die Entscheidung, an dem NATO-Einsatz gegen Serbien teilzunehmen, und die anschließende öffentliche Debatte über den Kosovokrieg erörtert. Im vierten Teil wird dargelegt, wie diese Debatte im Allgemeinen und insbesondere Fischers »Instrumentalisierung« von Auschwitz im Nachhinein betrachtet werden. Schließlich wird erläutert, was die Debatte über den Kosovokrieg über Deutschlands Verhältnis zum Westen und seinen Normen verrät.

Eine stufenweise Veränderung der deutschen Sicherheitspolitik

Auch vor der Debatte zu Auslandseinsätzen der Bundeswehr in den 1990er Jahren wurde die deutsche Außenpolitik geprägt durch jene »idealistische Strömung, deren Vertreter auf eine grundlegende Neugestaltung der internationalen Beziehungen abzielen«.[3] Im Laufe ihrer Geschichte hatte die Bundesrepublik ein Selbstverständnis entwickelt, das auf viele Beobachter wie ein ganz neuer außenpolitischer Ansatz wirkte, der auf dem Gedanken internationaler Integration in multilateralen Institutionen beruhte – insbesondere in der NATO und dem europäischen Integrationsprojekt, das später zur Europäischen Union werden sollte. Manch aufmerksamer Zeitgenosse betrachtete die Bundesrepublik deswegen als einen völlig neuartigen außenpolitischen Akteur: nicht als eine realpolitisch oder ideologisch agierende Großmacht wie ihre Rechtsvorgänger, sondern als eine normative Macht, die international Normen setzt.

Der wohl einflussreichste Versuch, diesen neuen außenpolitischen Ansatz auf den Punkt zu bringen, war die Vorstellung von der Bundesrepublik als einer »Zivilmacht« – also einer Macht, die die internationalen Beziehungen durch eine Stärkung internationaler Normen zu »zivilisieren« versucht. Geprägt wurde dieser Begriff von Hanns W. Maull, der die These vertrat, Deutschland sei neben Japan zum »Prototypen« eines »neuen Typs internationaler Macht« geworden.[4] Eine idealtypische »Zivilmacht« im Maullschen Sinne schließt militärische Gewalt nicht grundsätzlich aus, setzt sie aber ausschließlich kollektiv und mit internationaler Legitimation ein, um damit einen Beitrag zur Herausbildung

---
3 JÜRGEN PETER SCHMIED: Einleitung [zu diesem Band], S. 9–24, hier: S. 21.
4 HANNS W. MAULL: Germany and Japan: The New Civilian Powers, in: *Foreign Affairs* 69 (Winter 1990/1991), S. 91–106, hier: S. 92.

eines multilateralen Gewaltmonopols – analog zum staatlichen Gewaltmonopol im Inneren – zu leisten.

Dabei hatte die Bundesrepublik Deutschland im Kontext des Kalten Kriegs den schwierigen Fragen nach der Rolle militärischer Gewalt jenseits der Selbstverteidigung weitgehend aus dem Weg gehen können. Artikel 26 des Grundgesetzes verbot der Bundesrepublik das Führen eines Angriffskriegs; Artikel 87a GG, der nach dem NATO-Beitritt 1955 in die Verfassung eingefügt wurde, gestand den westdeutschen Streitkräften lediglich eine defensive Rolle zu. Das bedeutete, dass die Bundesrepublik ihr Militär nur dann einsetzen durfte, wenn sie selbst oder ein anderer NATO-Staat direkt angegriffen wurde. Ein Einsatz außerhalb des NATO-Gebietes (»out of area«) kam nicht in Frage. Während des Kalten Kriegs war Deutschland ebenso wie seine Verbündeten mit dieser defensiven Rolle relativ zufrieden.

Mit der wiedergewonnenen Souveränität nach der deutschen Einheit 1990 wuchsen aber die Erwartungen an Deutschland, vor allem aufseiten der Vereinigten Staaten, die sich die Bundesrepublik als »partner in leadership« wünschten.[5] Dazu kamen die sich häufenden ethnischen und regionalen Konflikte nach dem Ende des Kalten Kriegs. Diese beiden Faktoren erhöhten den Druck auf Deutschland, in der internationalen Politik mehr Verantwortung zu übernehmen und insbesondere einen größeren militärischen Beitrag zu leisten. Das zeigte sich bereits im Golfkrieg von 1991 und erst recht bei den Jugoslawienkriegen der 1990er Jahre. Daraus entstand eine Spannung zwischen zwei wichtigen Prinzipien deutscher Außenpolitik: zwischen dem Multilateralismus und insbesondere der Mitgliedschaft in der NATO auf der einen Seite sowie der traditionellen »Kultur der Zurückhaltung« auf der anderen Seite.

Helmut Kohls (1930–2017) Ansatz bestand darin, Deutschland zur Übernahme von mehr Verantwortung zu drängen, gleichzeitig aber an der »Kultur der Zurückhaltung« festzuhalten. Das bedeutete erstens, dass jeder Militäreinsatz nur in einem multilateralen Rahmen stattfinden und vor allem von der Zustimmung der Vereinten Nationen abhängig sein sollte. Zweitens implizierte der Ansatz, dass Deutschland sein Militär äußerst vorsichtig einsetzen und dabei vor allem auch historisch sensibel hinsichtlich der dunklen Seiten der deutschen Geschichte agieren sollte. Diese Überlegungen mündeten in die sogenannte Kohl-Doktrin, gemäß der deutsche Truppen im Ausland zum Einsatz kommen konnten, allerdings nicht in Gebieten, die im Zweiten Weltkrieg von der Wehrmacht besetzt worden waren. Da aber das frühere Jugoslawien eben ein solches Territorium war, musste sich die Regierung Kohl im Laufe der 1990er Jahre selbst über die Kohl-Doktrin hinwegsetzen.

---

5 GEORGE H. W. BUSH: A Europe Whole and Free. Rede in Mainz, 31. Mai 1989, verfügbar unter: https://usa.usembassy.de/etexts/ga6-890531.htm [31. März 2016].

Nachdem 1992 die Vereinten Nationen Sanktionen gegen Jugoslawien verhängt hatten, kam es der bundesdeutschen Luftwaffe zu, AWACS-Aufklärungsflüge zu fliegen und später auch die Flugverbotszone in Bosnien durchzusetzen. 1994 bat die NATO Deutschland auch um den Einsatz von Tornados und um logistische Unterstützung für den Fall einer notwendigen Evakuierung der UN-Friedenstruppe UNPROFOR in Bosnien. Im selben Jahr entschied das Bundesverfassungsgericht, dass die Bundeswehr an Einsätzen im Ausland teilnehmen dürfe, solange diese von den Vereinten Nationen und dem Bundestag genehmigt seien. Dieses Urteil schuf juristische Klarheit darüber, unter welchen Bedingungen humanitäre und militärische Einsätze der Bundeswehr auch außerhalb des Bündnisgebiets zulässig seien: nur mit Mandat der Vereinten Nationen *und* des Bundestags.

So fand unter dem Druck von Deutschlands NATO-Partnern – also von äußeren Sachzwängen getrieben – eine stufenweise Veränderung der deutschen Sicherheitspolitik statt. Die deutsche Politik reagierte darauf, indem sie versuchte, konkrete Entscheidungen an die Justiz zu delegieren. Soweit eine Debatte in der deutschen Politik in den 1990er Jahren stattfand, war es im Grunde genommen eine Debatte zwischen dem linken und rechten Parteienspektrum. Die Unionsparteien und die FDP waren bereit, der Bundeswehr eine aktivere Rolle einzuräumen. Vor allem der damalige Verteidigungsminister Volker Rühe (CDU) argumentierte, dass der Bundeswehr in Zukunft größere Bedeutung zukommen solle und sie entsprechend umgestaltet werden müsse. Das Stichwort lautete »Normalisierung«, ein Begriff, der schon im Historikerstreit vorkam und in den frühen 1990er Jahren fast als Synonym für »Bündnisfähigkeit« verwendet wurde.[6] Die deutsche Linke hingegen lehnte eine »Normalisierung« ab und warnte vor einer »Militarisierung« der deutschen Außenpolitik.

Die SPD hatte sich lange mit der Mitgliedschaft der Bundesrepublik in der NATO versöhnt, sprach sich aber dennoch gegen deutsche Auslandseinsätze und die Umwandlung der Bundeswehr in eine »Interventionsarmee« aus. So stimmten die meisten SPD-Abgeordneten im Juni 1995 im Deutschen Bundestag gegen die Entsendung deutscher Aufklärungstornados nach Jugoslawien. Bei den Grünen war die Opposition noch fundamentaler. Es entstand im Laufe der 1990er Jahre eine immer größere Spannung zwischen zwei Grundprinzipien der Grünen: dem Pazifismus und dem Einsatz für Menschenrechte.[7] Die Grünen waren kritisch gegenüber der Politik des serbischen Präsidenten Slobodan Milošević, lehnten aber eine militärische Intervention ab – insbesondere der NATO,

---

6 Zum Begriff »Normalität« siehe HANS KUNDNANI: The Concept of ›Normality‹ in German Foreign Policy since Unification, in: *German Politics and Society* 30 (2012), S. 38–58.
7 Vgl. LUDGER VOLMER: Die Grünen und die Außenpolitik – Ein schwieriges Verhältnis. Eine Ideen-, Programm- und Ereignisgeschichte grüner Außenpolitik. Münster 1998, S. 438–440.

die sie als Teil eines »konsistent pazifistischen« Ansatzes zusammen mit der Bundeswehr auflösen wollten.[8] Sie hofften, dass regionale Konflikte durch andere multilaterale Organisationen gelöst werden könnten, zum Beispiel durch die Organisation für Sicherheit und Zusammenarbeit in Europa (OSZE).

Der »Widerstand« der Achtundsechziger

Im Vergleich zu vielen seiner Parteikollegen war Joschka Fischer nie Pazifist. Er machte sich einen Namen als Straßenkämpfer in den frühen 1970er Jahren in Frankfurt und war der inoffizielle Anführer der sogenannten »Putzgruppe« innerhalb des »Revolutionären Kampfs«, einer linksradikalen Gruppierung, die regelmäßig gegen die Polizei kämpfte.[9] Innerhalb der Gruppe nannte man ihn »Verteidigungsminister«. Fischers Gewaltbereitschaft und die von vielen anderen Mitgliedern seiner Generation ist aber nur im Kontext ihrer Auseinandersetzung mit der NS-Vergangenheit zu verstehen. Man kann den »Kampf« vieler Angehöriger der Studentenbewegung gegen die Bundesrepublik als eine Art *ex-post-facto-*»Widerstand« gegen den Nationalsozialismus begreifen. Auch die Gewalt wurde mit dem Hinweis auf die vermeintlichen Kontinuitäten zwischen dem »Dritten Reich« und der Bundesrepublik gerechtfertigt.

Nach der Entebbe-Entführung 1976 – palästinensische und deutsche Terroristen hatten ein Flugzeug der Air France mit zahlreichen israelischen Passagieren entführt, bis auf dem Flughafen von Entebbe in Uganda einem israelischen Spezialkommando die Befreiung der Geiseln gelang – setzte sich Fischer erneut mit der NS-Vergangenheit auseinander und änderte sein Verständnis von »Widerstand« und – daraus folgend – seine Haltung zur Bundesrepublik. Später erzählte er der Journalistin Sibylle Krause-Berger, dass Entebbe gezeigt habe, wie seine Generation, die sich emphatisch vom Nationalsozialismus distanziert hatte, dessen Verbrechen fast zwangsläufig wiederholt habe.[10] Obwohl es nicht über Nacht geschah, kann man überspitzt sagen, dass nach Entebbe »Widerstand« für Fischer nicht mehr hieß, die Bundesrepublik zu bekämpfen, sondern sie zu unterstützen. Seit Anfang der 1980er Jahre bekannte sich Fischer zum

---

8 Es gab bedeutende Unterschiede innerhalb der Grünen. Volmer unterscheidet zwischen drei Kategorien: »radikale Pazifisten«, die grundsätzlich die Anwendung von Gewalt ablehnten; »politische Pazifisten«, die versuchten, langfristig die Gewalt in der internationalen Politik abzuschaffen, aber die Notwendigkeit militärischer Interventionen in der Zwischenzeit akzeptierten; und »nukleare Pazifisten«, die nur Atomwaffen ablehnten. Ebd., S. 493–496.
9 Vgl. dazu WOLFGANG KRAUSHAAR: Fischer in Frankfurt. Karriere eines Außenseiters. Hamburg 2001.
10 Vgl. SYBILLE KRAUSE-BERGER: Joschka Fischer. Der lange Marsch durch die Illusionen. Stuttgart 1997, S. 110; sowie MICHAEL SCHWELIEN: Joschka Fischer. Eine Karriere. Hamburg 2000, S. 180.

demokratischen Staat und begann, sich allmählich zum Linksliberalen zu wandeln. Dolf Sternbergers Begriff des »Verfassungspatriotismus« spielte dabei eine entscheidende Rolle.

Ab Mitte der 1980er Jahre beschäftigte sich Fischer auch mit der Frage, was Auschwitz für die deutsche Außenpolitik bedeuten solle. Zum 40. Jubiläum des Endes des Zweiten Weltkriegs in Europa verfasste er für *Die Zeit* eine Art außenpolitisches Manifest für seine Generation. Er beschrieb, wie die Kinder der »Tätergeneration« lange mit der Vorstellung gekämpft hatten, sich mit der Bundesrepublik identifizieren zu können. Wenige Tage vor Bundespräsident Richard von Weizsäckers berühmter Rede zum 8. Mai 1945 vertrat auch Fischer die »Befreiungsthese« und beendete den Artikel mit dem Satz: »Nicht das westliche Bündnis kann das Wesen der westdeutschen Staatsräson sein, sondern allein die deutsche Verantwortung für Auschwitz. Alles andere kommt danach.«[11] Damit schlug Fischer eine neue idealistische deutsche Außenpolitik vor.

Die Frage, die er die nächsten zwei Jahrzehnte unterschiedlich beantwortete und die in seiner Haltung zum Kosovokrieg kulminierte, war: Was heißt »Verantwortung für Auschwitz« als »deutsche Staatsräson«? Bis in die 1990er Jahre hieß die Antwort schlicht: »Nie wieder Krieg!«. Die berühmte Spannung zwischen den Prinzipien »Nie wieder Krieg!« und »Nie wieder Auschwitz!« – also die Spannung, die die Debatte über den Kosovo-Einsatz grundierte – wurde erst nach dem Ende des Kalten Kriegs offensichtlich. In seinem Artikel für *Die Zeit* forderte Fischer 1985 noch im Kontext des Kalten Kriegs (und zwar in der heißen Phase des Kalten Kriegs nach dem NATO-Doppelbeschluss), »eine wirkliche Abrüstung, eine Zurückdrängung der militärischen Potentiale in Europa und eine von allen Staaten getragene europäische Friedensordnung«.[12]

Wie die meisten Linken sah Fischer in der Situation nach dem Zusammenbruch der Sowjetunion vor allem die Gefahr einer »Remilitarisierung« der deutschen Außenpolitik. In seinem 1994 veröffentlichen Buch *Risiko Deutschland* schrieb er etwa:

> Die weitere Entwicklung ist unschwer abzusehen: Es fängt heute mit der Parole ›Mehr Verantwortung übernehmen!‹ an, dann werden die ersten Kriegseinsätze stattfinden, die ersten Toten wird es geben, die ersten vaterländischen Rituale werden folgen, die Generalität wird mehr Freiheiten wollen, Kriegshelden werden wieder heroisiert, längst überwunden geglaubte Traditionen werden exhumiert werden, und die von den Deutschnationalen heißersehnte Wiederkehr des ›Primats der Außenpolitik‹ wird dann ›gefeiert‹ werden dürfen; parallel dazu wird Deutschland einen ständigen Sitz im Sicherheitsrat der Vereinten Nationen erhalten, in dem als ständige Mitglieder heute nur lauter Nuklearmächte sitzen. Folglich wird auch in Deutschland dann die Debatte

---

11 JOSCHKA FISCHER: Wir Kinder der Kapitulanten, in: *Die Zeit*, 3. Mai 1985, verfügbar unter: http://www.zeit.de/1985/19/wir-kinder-der-kapitulanten [1. April 2016].
12 Ebd.

beginnen um die ›vollständige‹ Souveränität, und dies ist in der heutigen Welt nun einmal die nukleare Souveränität.[13]

Manche deutschen Linken sahen aber andere Gefahren. Unter ihnen waren Fischers Freund Daniel Cohn-Bendit (geb. 1945), ein Kind deutscher Juden, die vor den Nationalsozialisten geflohen waren, Marieluise Beck, Gründungsmitglied der Grünen, die mit Flüchtlingen vom Balkan gearbeitet hatte, ihr Lebensgefährte Ralf Fücks sowie Gerd Poppe, ein ehemaliger ostdeutscher Dissident. Sie versuchten, die Grünen zu überzeugen, ihre Haltung zu militärischen Interventionen zu ändern. Bei einer Diskussion in Frankfurt im Jahr 1993 kritisierte Cohn-Bendit die Linken, einschließlich Fischers, die über Menschenrechte zwar redeten, aber gegen eine militärische Intervention in Bosnien waren. Cohn-Bendit beschrieb sich als »Kind von D-Day«, das ohne eine anti-faschistische militärische Intervention gar nicht existieren würde. Fischer war von Cohn-Bendits Meinung schockiert und forderte diesen auf, seinen eigenen Sohn nach Bosnien zu schicken.[14]

Die »Pazifismus-Debatte« ging bis Ende des Jahres weiter. Im Juni schrieb Cohn-Bendit in der *tageszeitung*, dass er sich für seine Generation – also die Achtundsechziger – »schäm[e]«, die ihre Eltern verurteilt hatten und jetzt tatenlos mit ansehen würden, wie bosnische Muslime massakriert wurden, so wie die Welt seinerzeit hilflos verfolgt hatte, wie die europäischen Juden vernichtet wurden.[15] Auf einem Sonderparteitag in Bonn im Oktober 1993 zum Krieg im ehemaligen Jugoslawien verglich er Bosnien mit dem Warschauer Ghetto und warnte die Grünen davor, sich in die Tradition des Appeasements einzureihen, das zur Vernichtung der Juden geführt habe. Für Fischer aber war Cohn-Bendits Sichtweise noch »out of date«: »Für mich war einfach nicht vorstellbar, daß deutsche Soldaten nach Jugoslawien geschickt werden wegen der Verbrechen, die die Wehrmacht da begangen hat.«[16]

Wenn es für Fischer einen Bruch mit der eigenen Vorstellungswelt gab, dann war es zwei Jahre später nach dem Massaker von 7.000 bosnischen Muslimen im Juli 1995 in Srebrenica – die schlimmste Gräueltat in Europa seit dem Zweiten Weltkrieg. In London, Paris und vor allem in Washington führte Srebrenica zu einer neuen Strategie auf dem Balkan. Das Waffenembargo der Vereinten Nationen schien alle Glaubwürdigkeit verloren zu haben ebenso wie die Vorstellung, man könne humanitäre Hilfe leisten, ohne sich auf eine Seite zu stellen. Ab

---

13 Zitiert nach: MATTHIAS GEIS / BERND ULRICH: Der Unvollendete. Das Leben des Joschka Fischer. Berlin 2002, S. 155f.
14 Vgl. JOSCHKA FISCHER: Die rot-grünen Jahre. Deutsche Außenpolitik vom Kosovo bis zum 11. September. Köln 2007, S. 212.
15 DANIEL COHN-BENDIT: Versager aller Länder, verteidigt Euch!, in: *die tageszeitung*, 24. Juni 1993.
16 Interview mit dem Verfasser, Berlin, 1. September 2008.

jetzt würde eine humanitäre Intervention eine robuste militärische Aktion gegen Serbien bedeuteten, um einen entscheidenden Sieg zu erreichen. In der Praxis hieß das: massive, nachhaltige Luftangriffe gegen serbische militärische Ziele.

In Deutschland dagegen warf Srebrenica nicht nur strategische, sondern auch tiefere, fast existentielle Fragen auf – insbesondere für die Generation von 1968. Für Fischer war das Echo von Auschwitz jetzt deutlich zu vernehmen – ein Völkermord in Europa zum ersten Mal seit 1945. In einem Interview 2008 sagte er:

> Es ging mir sauschlecht, zwei oder drei Tage lang. Ich guckte den jungen Joschka Fischer an im Spiegel morgens beim Rasieren, und fragte mich: ›Wie konnte das passieren? Was hast du getan?‹ Die Frage, die ich meinen Eltern gestellt habe, stellte sich mir plötzlich in meinem inneren Dialog [...]. Da war für mich der Punkt: Jetzt musst du was tun. Jetzt kannst du dich nicht mehr wegducken, es kann keine Kompromisse mehr geben, sonst machst du dich schuldig.[17]

Wenn also »Verantwortung für Auschwitz« wirklich »deutsche Staatsräson« sein sollte, wie er 1985 schon geschrieben hatte, war es nicht mehr genug, einfach nur Kriege vermeiden zu wollen. Aus diesem Denkprozess entstand Fischers sogenannter Bosnienbrief im Juli 1995, in dem er zum ersten Mal – ähnlich wie Cohn-Bendit – für eine humanitäre Intervention plädierte. Nach Srebrenica hatte der Westen jetzt aus seiner Sicht eine einfache Wahl – »Rückzug oder Widerstand«:

> Und so stellt sich heute erneut, nach sechzig Jahren, für Europa die Frage: Wo hört die Nachgiebigkeit gegenüber einer Politik der Gewalt auf? Manche in Deutschland meinen, daß Bosnien das ›Spanien‹ unserer Generation wäre, daß sich im Bosnienkrieg ein neuer und zugleich altbekannter Balkanfaschismus blutig austobte, den man aus moralischen, aber auch aus höchst politischen Gründen nicht gewähren lassen dürfe. Wer jetzt in Sarajevo, Gorazde und Bihac nicht die rote Linie des ›Bis hierher und nicht weiter‹ ziehe, der werde nach unsäglichen Opfern diese dann irgendwann doch in nicht allzu ferner Zukunft ziehen müssen, weil dieser Faschismus mit seiner Gewaltpolitik nicht aufhören werde. Und läuft die deutsche Linke nicht massive Gefahr, ihre moralische Seele zu verlieren, wenn sie sich, egal mit welchen Ausflüchten, vor diesem neuen Faschismus und seiner Politik der Gewalt wegduckt?
> Und, so wird weiter die quälende Frage gestellt, droht unserer Generation jetzt nicht ein ähnliches politisch-moralisches Versagen, wie der Generation unserer Eltern und Großeltern in den dreißiger Jahren, wenn wir dem Schrecken mit unseren Möglichkeiten nicht entgegentreten und alles menschenmögliche [sic!] tun, um weitere Opfer zu verhindern?[18]

---

17 Interview mit dem Verfasser, Berlin, 1. September 2008. Vgl. auch JOSCHKA FISCHER / FRITZ STERN: Gegen den Strom. Ein Gespräch über Geschichte und Politik. München 2013, S. 211.
18 JOSCHKA FISCHER: Die Katastrophe in Bosnien und die Konsequenzen für unsere Partei Bündnis 90/Die Grünen. Ein Brief an die Bundestagsfraktion und an die Partei, 30. Juli 1995, verfügbar unter: https://www.gruene.de/fileadmin/user_upload/Dokumente/Grüne_Geschich

Der Bosnienbrief löste noch eine intensive Debatte unter den Grünen aus, die sechs Monate andauerte. Unter der Oberfläche der Frage nach der militärischen Intervention stellte sich auch die Frage der Westbindung. Die NATO blieb problematisch für viele Grüne, nicht nur weil es ein militärisches Bündnis war, sondern auch wegen der engen Beziehung zu den Vereinigten Staaten von Amerika, die es implizierte.

Nach Srebrenica begannen die USA, serbische Ziele zu bombardieren. Diese Luftangriffe, zusammen mit einer kroatisch-bosnischen Offensive, zwangen die Serben zu Verhandlungen, die dann im November 1995 zum Abkommen von Dayton führten. Bosnien-Herzegowina wurde geteilt, und zwei Republiken wurden geschaffen: eine bosnisch-kroatische Föderation und eine Serbische Republik. Deutsche Tornados nahmen im August und September 1995 an dem NATO-Einsatz *Operation Deliberate Force* zum Schutz der UN-Friedenstruppe teil. Die Regierung Kohl entschied, zur Durchsetzung des Abkommens von Dayton auch Bundeswehrsoldaten als Teil der NATO-Friedenstruppe IFOR nach Bosnien zu schicken. Diesmal stimmte die überwiegende Mehrheit der Bundestagesabgeordneten dafür (543 gegen 107, bei sechs Enthaltungen).

Allein die Grünen blieben bei ihrer Opposition. Auf einem Sonderparteitag in Bremen setzten sie sich mit der Frage der Beteiligung der Bundeswehr an IFOR auseinander – eine Frage, die Fischer aus taktischen Gründen in seinem Bosnienbrief nicht erwähnt hatte. Der Antrag von Fischers Freund Hubert Kleinert wurde abgelehnt. Stattdessen stimmte die Partei einem alternativen Antrag zu, der »nachhaltige Alternativen zur militärischen Konfliktresolution« und eine »Demilitarisierung internationaler Politik« forderte, also eine Niederlage für die »Realisten« um Fischer darstellte.[19] Im Frühjahr 1998 – in einer Zeit, als es schon ziemlich wahrscheinlich war, dass es zu einem Regierungswechsel und einer rot-grünen Koalition kommen würde – stritten die Grünen noch darüber, ob die Bundeswehr an SFOR, dem Nachfolger von IFOR, teilnehmen sollte.

Hier soll nicht der Standpunkt vertreten werden, dass Joschka Fischer als reiner Idealist anzusehen ist. Seine intellektuelle Entwicklung seit Mitte der 1970er Jahre ist nicht zu trennen von dem Wunsch, Macht zu erlangen – sowohl innerhalb der Partei als auch darüber hinaus. Insbesondere war seine Beschäftigung mit der NS-Vergangenheit Teil einer breit angelegten Auseinandersetzung mit der Bundesrepublik. Der wichtigste Aspekt seines Umdenkens aber, der ihm später erlaubt hat, für eine deutsche Beteiligung an der militärischen Intervention gegen Serbien zu argumentieren, war bereits abgeschlossen, als Fischer an die Macht kam und 1998 deutscher Außenminister wurde. Obwohl er seine Partei

---

te/JoschkaFischer_Die_Katastrophe_in_Bosnien_und_die_Konsequenzen_fuer_unsere_Partei_1995.pdf [1. April 2016].
19 VOLMER, Grünen (wie Anm. 7), S. 521.

noch nicht überzeugt hatte, war er schon zur Zeit des Bosnienbriefs bereit, militärische Gewalt einzusetzen, um einen Völkermord zu verhindern.

Ein Krieg gegen die Vergangenheit

Der amerikanische Assistant Secretary of State Richard Holbrooke, der das Abkommen von Dayton ausgehandelt hatte, prägte den berühmt gewordenen Ausdruck, dass er keinen Frieden, sondern nur »die Abwesenheit von Krieg« erreicht habe.[20] Kurz vor der Bildung der ersten rot-grünen Bundesregierung im Herbst 1998 drohte der Konflikt auf dem Balkan wieder aufzuflammen – und zwar diesmal im Kosovo, einer Region, über die in Dayton gar nicht gesprochen worden war. Dort eskalierte die Gewalt zwischen der Guerillagruppe UCK (Befreiungsarmee des Kosovo) und der serbischen Armee und paramilitärischen serbischen Einheiten. Es drohte erneut eine humanitäre Katastrophe, als die Kosovo-Albaner aus ihren Dörfern flohen. Manche Mitglieder der Clinton-Regierung, allen voran Madeleine Albright, die im Jahr zuvor Warren Christopher als Secretary of State ersetzt hatte, traten für eine weitere militärische Intervention gegen Serbien ein.

Die Bundesregierung unter Helmut Kohl hatte schon grundsätzlich ihre Zusage für eine Beteiligung der Bundeswehr an einer solchen militärischen Intervention gegeben. Sie wäre nur der letzte Schritt in der stufenweise vollzogenen Veränderung der deutschen Sicherheitspolitik seit Ende des Kalten Kriegs gewesen, die unter Kohl stattfand. Trotzdem wäre es ein großer und in mancher Hinsicht problematischer Schritt gewesen. Zwar hatte sich das Land nach und nach mit der Vorstellung von Auslandseinsätzen der Bundeswehr angefreundet, doch bis dato hatte es sich nur um Friedensmissionen und nicht um Kampfeinsätze gehandelt. Zweitens erlaubte die Entscheidung des Bundesverfassungsgerichts von 1994 »out-of-area«-Einsätze nur mit Billigung des Sicherheitsrats der Vereinten Nationen. Wegen der russischen Opposition aber gab es keine Aussicht auf ein solches Mandat. Aus rechtlicher Perspektive konnte man eine solche Intervention daher als Angriffskrieg betrachten.

Als Helmut Kohl im September 1998 abgewählt wurde, war ein militärischer Einsatz schon in Planung. Am 9. Oktober – die Verhandlungen über ein Koalitionsabkommen hatten gerade erst begonnen – besuchten Gerhard Schröder und Joschka Fischer Washington. Sie hofften, deutsche Truppen aus jeglichen militärischen Operationen im Kosovo heraushalten zu können – zumindest bis sich der neue Bundestag konstituiert hatte. Erst stimmte Clinton zu. Doch drei Tage später, als Fischer und Schröder bereits wieder in Bonn waren, änderte das

---

20 RICHARD HOLBROOKE: To End a War. New York 1998, S. 360.

Weiße Haus seine Meinung. Nun hieß es, eine sofortige Entscheidung über die deutsche Teilnahme sei essentiell, um gegenüber Milošević Einigkeit innerhalb der NATO demonstrieren zu können. Laut Fischer mussten er und Schröder innerhalb von »fünfzehn Minuten« über »eine Frage von Krieg und Frieden« entscheiden.[21] Sie stimmten zu. Am 16. Oktober 1998 stimmte auch der Bundestag mit großer Mehrheit, einschließlich der meisten Sozialdemokraten und Grünen, dem möglichen Bundeswehreinsatz im Kosovo zu.

Mitte Januar 1999 tötete die serbische Polizei 40 Kosovo-Albaner in dem Dorf Račak. Fischer sagte später, dass das Massaker von Račak für ihn »der Wendepunkt« gewesen sei: Vorher habe er noch gedacht, dass eine friedliche Lösung möglich sei; nach der Gräueltat glaubte er, dass nur eine militärische Intervention Milošević stoppen könne.[22] Trotzdem arbeitete er weiter an einer diplomatischen Lösung. Die Konferenz, die im Februar im Schloss Rambouillet in der Nähe von Paris stattfand, war weitgehend das Ergebnis seiner Bemühungen. Nachdem sie gescheitert war, weil die Serben sich weigerten, eine NATO-Präsenz im Kosovo zu akzeptieren, flog Fischer noch am 8. März 1999 nach Belgrad, um sich dort mit Milošević zu treffen, der in Fischers Augen bereit schien, »über Leichen zu gehen«.[23] Erst jetzt fing die öffentliche Debatte in Deutschland über eine militärische Intervention richtig an.

Der Kosovokrieg polarisierte die Linken in Deutschland wie überall im Westen. Manche akzeptierten das Argument, dass eine Intervention nötig sei angesichts von Verbrechen, die – in den Worten von Michael Walzer – »shock the moral conscience of mankind«.[24] Nicht nur in Deutschland waren unter den lautesten Befürwortern einer solchen Intervention viele Veteranen von 1968, in Frankreich etwa Bernard Kouchner, der Gründer von »Ärzte ohne Grenzen« und einer der prominentesten Vertreter einer humanitären Intervention. Deswegen nannte der amerikanische Schriftsteller Paul Berman die Kosovo-Intervention einen »Krieg der 68er«.[25] Die Beschreibung trifft allerdings nur teilweise zu: Auch viele Gegner der Intervention waren Achtundsechziger. Tariq Ali etwa, eine wichtige Figur in der Bewegung gegen den Vietnamkrieg in Großbritannien, beschrieb die Befürworter einer Intervention als »Tomahawk liberals« und be-

---

21 GUNTER HOFMANN: Wie Deutschland in den Krieg geriet, in: *Die Zeit*, 12. Mai 1999, verfügbar unter: http://www.zeit.de/1999/20/199920.krieg_.xml [1. April 2016].
22 Vgl. ebd.
23 FISCHER, Jahre (wie Anm. 14), S. 146.
24 MICHAEL WALZER: Just and Unjust Wars. New York 2000, S. xii.
25 PAUL BERMAN: Power and the Idealists. The Passion of Joschka Fischer and its Aftermath. New York 2005, S. 91.

hauptete, das eigentliche Ziel der NATO sei es, einen »bridgehead against Russia« zu etablieren.²⁶

In der Diskussion über die Intervention spielte in Deutschland jedoch der Holocaust eine besonders große Rolle. Insbesondere wurde der Holocaust benutzt als Argument für einen Einsatz, der einen Völkermord an den Kosovo-Albanern verhindern sollte. Frank Schirrmacher, damals Feuilletonchef der *Frankfurter Allgemeinen Zeitung*, schrieb im April 1999: »[D]ieser Krieg wird in Deutschland, anders als in anderen Ländern, fast ausschließlich mit Auschwitz begründet«.²⁷ Dieses Argumentationsmuster wurde vor allem mit Joschka Fischer assoziiert. Seine berühmteste Aussage zu dem Themenkomplex erfolgte auf dem Sonderparteitag der Grünen in Bielefeld am 7. April 1999, der vielleicht den Höhepunkt der Debatte in Deutschland über den Kosovokrieg darstellte: »Ich habe nicht nur gelernt: Nie wieder Krieg. Ich habe auch gelernt: Nie wieder Auschwitz.«²⁸

Angesichts seines Standpunkts seit Srebrenica – ja, sogar seiner ganzen Biographie – war es kaum überraschend, dass er sich dafür entschied, die deutsche Beteiligung am Krieg auf diese Art zu verteidigen. Das heißt nicht, dass Fischers Entscheidung nur ideengeschichtlich zu verstehen ist und nichts mit Realpolitik zu tun hatte. Im Gegenteil: Es ging darum, die Koalition zusammenzuhalten, wie Fischer selbst zugegeben hat. Die Argumentation, die Fischer benutzt hat, um den Krieg und die deutsche Beteiligung daran zu verteidigen, war aber konsistent mit seiner Gedankenwelt. Überspitzt gesagt, war die *Operation Allied Force* für Fischer nicht nur ein gerechter Krieg, sondern auch »Widerstand«. Anders ausgedrückt, es war für ihn ein Krieg gegen die Vergangenheit. Deswegen war es auch ohne UN-Mandat ein gerechter Krieg: Im Januar 1999 sagte er der *New York Times:* »If people are being massacred, you cannot mutter about having no mandate.«²⁹

Die Parallele zwischen Kosovo und Auschwitz wurde noch expliziter als Verteidigungsminister Rudolf Scharping (geb. 1947) behauptete, er habe nachrichtendienstliche Informationen über den sogenannten »Hufeisenplan« erhalten, einen serbischen Plan, das Kosovo in einem halbkreisförmigen Zugriff ethnisch zu säubern. Eingedenk der berüchtigten Wannsee-Konferenz von 1942 war das für Scharping »ein Beweis dafür, dass schon im Dezember 1998 eine

---

26 TARIQ ALI: Springtime for NATO, in: *New Left Review* I / 234 (März/April 1999), S. 62–72, hier: S. 64.
27 FRANK SCHIRRMACHER: Luftkampf. Deutschlands Anteil am Krieg, in: *Frankfurter Allgemeine Zeitung*, 17. April 1999.
28 GEIS / ULRICH, Unvollendete (wie Anm. 13), S. 159. Fischer hat die Bemerkung bei einer Pressekonferenz am 31. März 1999 gemacht. Vgl. auch FISCHER, Jahre (wie Anm. 14), S. 185.
29 ROGER COHEN: Germany's Pragmatic Ex-Radical thinks globally, in: *The New York Times*, 28. Januar 1999.

systematische Säuberung des Kosovo und die Vertreibung der Kosovo-Albaner geplant worden war«.[30] Scharping sprach auch von »ernstzunehmenden Hinweisen auf Konzentrationslager« im Kosovo. Was er im Kosovo beobachtete, kam ihm vor wie »die Fratze der eigenen Geschichte«.[31]

Solche Äußerungen machten die öffentliche Diskussion über den Krieg zu einer hypermoralischen Debatte, die sich um die Frage nach den richtigen Lehren aus der NS-Vergangenheit drehte. Aus einer Debatte über eine Krise in einem fremden Land wurde eine etwas narzisstische Diskussion über deutsche Identität, anknüpfend an den Historikerstreit und insbesondere an die heftigen Diskussionen um das geplante Holocaust-Mahnmal in Berlin und um Martin Walsers Rede in der Frankfurter Paulskirche im Oktober 1998, in der er die »Instrumentalisierung« von Auschwitz für politische Zwecke kritisiert hatte.

»Nie wieder«?

Im Nachhinein scheint im Kosovokrieg die Doktrin der humanitären Intervention international ihren Höhepunkt erreicht zu haben. Noch während der Intervention hielt Tony Blair (geb. 1953) seine Chicagoer Rede, in der er von einem »gerechten Krieg« sprach, eine neue »doctrine of international community« vertrat[32] und zur Rechtfertigung argumentierte, »we are all internationalists now«. Insbesondere behauptete er, dass die Verantwortung, einen Völkermord zu verhindern, über das Prinzip der »Nichteinmischung« gestellt werden müsse: »Acts of genocide can never be a purely internal matter.«[33] 2005 vereinbarten die Vereinten Nationen das Prinzip der *Responsibility to Protect*. Es wurde aber immer schwieriger, Unterstützung für humanitäre Interventionen auf der Basis dieses Prinzips zu finden.

Auch in Deutschland ist seit dem Kosovokrieg die Bereitschaft, humanitäre Interventionen zu unterstützen, zurückgegangen. Der Widerstand gegen militärische Interventionen und insbesondere die Beteiligung deutscher Truppen daran wurde durch die Erfahrungen von Afghanistan und die Wahrnehmung verstärkt, dass der Irakkrieg zu einer Katastrophe geführt habe. Schon 2010 – also bevor Deutschland sich im März 2011 bei einer Abstimmung des UN-Sicherheitsrats über eine militärische Intervention gegen Libyen enthielt –

---

30 Zitiert in: SCHWELIEN, Fischer (wie Anm. 10), S. 126.
31 Zitiert in: JÜRGEN ELSÄSSER / ANDREI S. MARKOVITS (Hrsg.): Die Fratze der eigenen Geschichte. Von der Goldhagen-Debatte zum Jugoslawien-Krieg. Berlin 1999, S. 174.
32 Siehe den Beitrag von VICTORIA HONEYMAN in diesem Band.
33 TONY BLAIR: Doctrine of International Community, Chicago, 24. April 1999, verfügbar unter: http://webarchive.nationalarchives.gov.uk/+/www.number10.gov.uk/Page1297 [1. April 2016].

schrieb der Journalist Thomas Schmid, ein alter Freund Fischers aus seiner Zeit beim »Revolutionären Kampf« in Frankfurt in den 1970er Jahren: »Die interventionistische Episode deutscher Außen- und Sicherheitspolitik scheint abgeschlossen zu sein.«[34]

Obwohl Fischer 1999 mit seinem »Nie wieder Auschwitz!«-Argument erfolgreich war, scheint sich im Nachhinein ein Konsens darüber gebildet zu haben, dass es ein Fehler war, den Holocaust für außenpolitische Zwecke zu »instrumentalisieren«. Obwohl zwei Drittel von Fischers Parteikollegen ihn auf dem Sonderparteitag in Bielefeld im Mai 1999 unterstützten, waren viele Grüne empört über seine Argumentation und insbesondere über die Berufung auf Auschwitz zur Rechtfertigung der Intervention. Für Angelika Beer etwa, damals verteidigungspolitische Sprecherin der Grünen, zeigte sie »die politische Hilflosigkeit der Koalition«. Auch manche deutsche Diplomaten sahen den Vergleich zwischen Auschwitz und dem Kosovo als einen Fehler an. Wolfgang Ischinger, zur Zeit des Kosovokriegs Staatssekretär im Auswärtigen Amt, sagte etwa: »They overplayed the argument in order to win domestic support.«[35]

Interessanterweise hat sich in der Kosovo-Debatte Gerhard Schröder, anders als Fischer, nicht auf den Holocaust berufen. Später kritisierte er Fischer sogar dafür, dass er die Erinnerung an Auschwitz in Anspruch genommen hat, um eine deutsche Beteiligung am Krieg zu rechtfertigen:

> Das habe ich für falsch gehalten. [...] Ich habe das immer als eine Übersteigerung im Begründungszusammenhang gesehen. Auschwitz ist was sehr, sehr Einzigartiges, in der Brutalität, in der Dimension, in der Fabrikmäßigkeit, mit der es gemacht wurde. Auch wenn es Srebrenica gegeben hat, ist ein Vergleich, ist sozusagen etwas, was die Einzigartigkeit von Auschwitz in Frage stellt und was hinter Auschwitz steht, der Holocaust. Deswegen habe ich diesen Begründungszusammenhang nie selber benutzt und habe ihn [...] für falsch gehalten. Aber wir haben darüber nur privat geredet.[36]

Für Schröder gab es keinen kategorischen Imperativ zu intervenieren, um einen Genozid zu verhindern. Stattdessen rechtfertigte er eine deutsche Beteiligung am Krieg, indem er sich des Vokabulars der »Normalität« bediente. So erklärte er im Februar 1999 in einer Rede auf der Münchner Sicherheitskonferenz, Deutschland wolle keinen Sonderweg beschreiten und sei bereit, als »normaler Bünd-

---

34 THOMAS SCHMID: Im Wohnzimmer durch die Welt, in: *Internationale Politik* 6 (November/Dezember 2010), verfügbar unter: https://zeitschrift-ip.dgap.org/de/ip-die-zeitschrift/archiv/jahrgang-2010/november-dezember/im-wohnzimmer-durch-die-welt [1. April 2016].
35 Interview mit dem Verfasser, London, 16. November 2006.
36 Interview mit dem Verfasser, Berlin, 27. August 2008. Allerdings schrieb Schröder später auch, das Vorgehen der Serben erinnerte »an die Gräueltaten der deutschen Sonderkommandos im Zweiten Weltkrieg«. GERHARD SCHRÖDER: Entscheidungen. Mein Leben in der Politik. 5. Aufl. Hamburg 2006, S. 111.

nispartner« Verantwortung zu übernehmen.³⁷ So wie Fischer sprach Schröder auch oft von »Verantwortung«, meinte aber Verantwortung als »normales« Land, wo Fischer Verantwortung für Auschwitz meinte.

Schröders Kritik an Fischer zeigt, wie seit den Debatten der späten 1980er und frühen 1990er Jahre die klaren Trennlinien zwischen links und rechts in der Frage des Umgangs mit der NS-Vergangenheit verwischt wurden. Im Historikerstreit etwa argumentierte ein konservativer Historiker wie Ernst Nolte für eine »Historisierung« des Holocaust und eine »Normalisierung« Deutschlands. Dagegen bestanden linke Denker wie Jürgen Habermas auf der Einzigartigkeit des Holocausts und warfen Nolte vor, ihn »relativiert« zu haben. In der Debatte um den Kosovokrieg bediente sich auch Schröder des Begriffs der »Normalität«, bestand aber zur gleichen Zeit auf der »Einzigartigkeit« des Holocausts und warf ausgerechnet Fischer vor, der die Verantwortung für den Holocaust als Teil der »deutschen Staatsräson« ansah, ihn durch den Vergleich mit Srebrenica relativiert zu haben.

Anscheinend hat sich inzwischen die Denkweise von Schröder in Deutschland durchgesetzt. Außer in Bezug auf Israel, dessen Sicherheit Angela Merkel 2008 als »Teil der Staatsräson« der Bundesrepublik Deutschland beschrieb, ist der Holocaust kaum mehr ein Thema in Diskussionen über die deutsche Außenpolitik.³⁸ Fast niemand behauptet mehr, dass Deutschland eine »besondere Verantwortung« habe, Massaker oder Völkermorde zu verhindern. Der Holocaust wurde zum Beispiel in der Diskussion um Libyen im Jahr 2011 kaum thematisiert, obwohl damals ein Massaker in Bengasi drohte. Sogar Fischer hat sich anscheinend an diese Realität angepasst. In seinem Buch *Die Rückkehr der Geschichte*, das 2005 – also nach dem 11. September 2001 – erschien, rechtfertigte er den Kosovokrieg eher realpolitisch als moralisch oder humanitär. Insbesondere wies er auf die Gefahren für die Stabilität der ganzen Region hin.³⁹

Seit dem Kosovokrieg hat der Faktor Auschwitz also in der deutschen Außenpolitik an Gewicht verloren – und es scheint einen Konsens in Deutschland zu geben, dass dies eine positive Entwicklung ist. Dazu schrieb zum Beispiel Heinrich August Winkler 2014 in einem Beitrag:

> Auschwitz als Argument in aktuellen deutschen Debatten ist seit der Jahrtausendwende seltener geworden, und das ist gut so. Denn jede tagespolitische Bezugnahme auf die

---

37 DERS.: Ausgestaltung einer Europäischen Sicherheits- und Verteidigungspolitik. Rede bei der 35. Münchner Tagung für Sicherheitspolitik, 6. Februar 1999, in: *Bulletin der Bundesregierung*, 22. Februar 1999.
38 ANGELA MERKEL: Rede vor der Knesset in Jerusalem, 18. März 2008, verfügbar unter: https://www.bundesregierung.de/Content/DE/Bulletin/2008/03/26-1-bk-knesset.html [1. April 2016].
39 Vgl. JOSCHKA FISCHER: Die Rückkehr der Geschichte. Die Welt nach dem 11. September und die Erneuerung des Westens. Köln 2005, S. 105.

Ausrottung der europäischen Juden gerät in die Gefahr einer Instrumentalisierung und damit einer Banalisierung des schrecklichsten Ereignisses der deutschen und der europäischen Geschichte.[40]

Das Eingreifen im Kosovo scheint also eine Ausnahme gewesen zu sein: nicht nur die erste, sondern wohl auch die letzte militärische Intervention, die man in Deutschland unter Berufung auf den Holocaust gerechtfertigt hat. Nie wieder wird wohl mit dem Argument »Nie wieder Auschwitz!« ein Krieg gerechtfertigt werden.

»Normalisierung« oder deutscher Sonderweg?

Als der deutsche Finanzminister Wolfgang Schäuble im Sommer 2015 Griechenland mit einem Austritt aus dem Euro drohte, schrieb Joschka Fischer in der *Süddeutschen Zeitung*:

Deutsche Macht verfügte anders, als es in Frankreich und Großbritannien und den Vereinigten Staaten der Fall war, niemals über eine zivilisatorische Idee, die über die bloße Macht hinausging. Die zweite deutsche Nationalstaatsgründung 1989 beruhte auf einer unwiderruflichen Westorientierung und Europäisierung des Landes. Gerade die Europäisierung deutscher Politik füllte und füllt diese zivilisatorische Leerstelle.[41]

Trotz Europäisierung aber hatte die Bundesrepublik, anders als Frankreich, Großbritannien und die Vereinigten Staaten von Amerika, bis zum Kosovokrieg nie militärische Gewalt eingesetzt, um diese »zivilisatorische Idee« zu verteidigen. Insofern lässt sich argumentieren, dass die Beteiligung am Krieg gegen Serbien ein letzter Schritt zur »Normalisierung« Deutschlands war, durch den die von Fischer beschriebene »zivilisatorische Leerstelle« endgültig gefüllt wurde. Das Paradoxe ist aber, dass diese »Normalisierung« vollzogen wurde unter Berufung auf die spezifische deutsche Schuld am Holocaust und eine sich daraus ergebende »besondere Verantwortung«, Völkermorde zu verhindern. Auch wenn die Beteiligung am Krieg an sich, um mit Heinrich August Winkler zu sprechen, als ein Schritt auf Deutschlands »langem Weg nach Westen« betrachtet werden kann, deutete die Debatte dazu eher auf einen neuen deutschen Sonderweg hin. Winkler selbst hat vor einer, auf der Abkehr vom Nationalsozialismus gründenden »deutschen Sondermoral« gewarnt.[42] Dabei argumentieren

---

40 HEINRICH AUGUST WINKLER: Was bedeutet internationale Verantwortung Deutschlands?, 26. Juni 2014, verfügbar unter: https://www.boell.de/de/2014/06/26/was-bedeutet-internatio nale-verantwortung-deutschlands [1. April 2016].
41 JOSCHKA FISCHER: Fatale Entscheidung für ein deutsches Europa, in: *Süddeutsche Zeitung*, 26. Juli 2015.
42 HEINRICH AUGUST WINKLER: Rede zum 70. Jahrestag des 8. Mai 1945 im Deutschen Bun-

Daniel Levy und Natan Sznaider, dass der Holocaust in den 1990er Jahren zu einer Art »kosmopolitischen Erinnerungskultur« wurde, die von einem bestimmten nationalen Kontext befreit und zur universellen Metapher jenseits des Nationalstaats wurde.⁴³ So kann auch die Berufung auf Auschwitz als westliche »Normalität« verstanden werden.

Unabhängig davon, ob man die Entwicklung, für die die deutsche Beteiligung am Kosovokrieg steht, als »Normalisierung« oder neuen deutschen Sonderweg auffasst – sie scheint inzwischen rückgängig gemacht geworden zu sein. Man hätte zur Zeit des Kosovokriegs erwarten und hoffen können, dass Deutschland in der Zukunft weiter an militärischen Interventionen teilnehmen würde, auch ohne zuvor nach Parallelen zum Holocaust zu suchen. Dementsprechend hat auch Heinrich August Winkler argumentiert: »Wenn Deutschland sich an Versuchen der Völkergemeinschaft beteiligt, einen drohenden Völkermord oder andere Verbrechen gegen die Menschlichkeit zu verhindern, bedarf es nicht der Berufung auf Auschwitz.«⁴⁴ In der Praxis aber ist mit der Abkehr von der »Instrumentalisierung von Auschwitz« auch die Bereitschaft in Deutschland zurückgegangen, an militärischen Interventionen teilzunehmen.⁴⁵ So scheint die Formel »Nie wieder Krieg!« das Argument »Nie wieder Auschwitz!« als leitendem Prinzip der deutschen Außenpolitik wieder ersetzt zu haben.

---

destag, in: DERS.: Zerreißproben. Deutschland, Europa und der Westen. Interventionen 1990–2015. München 2015, S. 198–209, hier: S. 207. Vgl. auch DERS.: Der lange Weg nach Westen, 2 Bde. 4., durchgesehene Aufl. München 2002.
43 DANIEL LEVY / NATAN SZNAIDER: Erinnerung im globalen Zeitalter: Der Holocaust. Frankfurt a.M. 2007, S. 9. Vgl. ebd.
44 WINKLER, Rede (wie Anm. 42), S. 206.
45 Die Bundesrepublik nimmt natürlich weiter an etlichen Auslandseinsätzen teil. Das sind aber eher Friedensoperationen beziehungsweise »Stabilisierungseinsätze«, wie der Einsatz in Afghanistan immer beschrieben wurde.

Victoria Honeyman

Tony Blair und der Zweite Irakkrieg

Auf dem NATO-Gipfel Ende Mai 1997, weniger als einen Monat nach seiner Wahl zum britischen Premierminister, erklärte Tony Blair (geb. 1953) seinen Zuhörern:

> I was born in 1953, a child of the Cold War era, raised amid the constant fear of a conflict with the potential to destroy humanity. Whatever other dangers may exist, no such fear exists today. Mine is the first generation able to contemplate the possibility that we may live our entire lives without going to war or sending our children to war. That is a prize beyond value.[1]

Nach seinem überwältigenden Wahlsieg im Mai 1997 genoss Blair außerordentlich großes Ansehen. Viele Beobachter – sowohl im In- als auch im Ausland – erblickten in ihm den Repräsentanten einer neuen Generation von Führungsfiguren, einen Mann, der gemäß seiner eigenen Beschreibung den Zweiten Weltkrieg nicht erlebt hatte und daher auch nicht so stark von diesem Ereignis beeinflusst war wie einige seiner Vorgänger, etwa Margaret Thatcher (1925–2013). Blairs Hoffnung, der er auch auf dem NATO-Gipfel in Paris im Mai 1997 Ausdruck verlieh, war, dass seine Generation ihre Kinder niemals in einen Krieg werde schicken müssen. Dieses erstrebenswerte Ziel spiegelte die neue Weltordnung wider, die sich seit dem Ende des Kalten Kriegs und der blutigen Territorialkonflikte, die nach dem Kollaps der sowjetischen Kontrolle über Osteuropa ausgebrochen waren, entwickelt hatte. Rhiannon Vickers hat darauf hingewiesen, dass »Robert Cooper, Blair's special advisor on foreign affairs, argued that with peace being the natural order in the developed world, in the future the use of force might become rare, and that ›International affairs will be dull‹«.[2]

---

1 TONY BLAIR: Statement at the Signing Ceremony of the NATO-Russia Founding Act, Paris, 27. Mai 1997, verfügbar unter: https://www.nato.int/docu/speech/1997/s970527i.htm [20. September 2018].
2 RHIANNON VICKERS: The Labour Party and the World, Bd. 2: Labour's Foreign Policy since 1951. Manchester 2011, S. 184.

Das war, wie wir wissen, jedoch nicht der Fall. Blair entsandte britische Truppen häufiger als seine Vorgänger auf auswärtige Schlachtfelder und verwickelte Großbritannien in einen der kontroversesten und unpopulärsten Kriege seit Menschengedenken. Seit der Suez-Krise von 1956 hatte das Vereinigte Königreich nicht mehr in einem solch scharfen Gegensatz zur internationalen öffentlichen Meinung gestanden, und das trotz seiner Allianz mit den Vereinigten Staaten von Amerika, Australien und Polen. Blairs Ansehen wurde durch den Irakkrieg dauerhaft beschädigt; noch immer versucht er, sich von diesem Makel reinzuwaschen, und noch immer kämpft die Labour Party gegen die unguten Geister des Irakkriegs an – trotz diverser Entschuldigungen und mehrfacher Führungswechsel.

Dieser Beitrag beginnt mit einer Analyse von Blairs außenpolitischen Überzeugungen vor dem Irakkrieg, wobei das Hauptaugenmerk auf den vielzitierten »ethical dimensions« liegen wird, die Außenminister Robin Cook (1946–2005) erstmals im Mai 1997 in den Medien vorgestellt hat. Anschließend wird die Entwicklung dieser Politik hin zu einem »liberal interventionism« nachgezeichnet, ein Prozess, der stark von Blairs Erfahrungen im Kosovokrieg 1999 beeinflusst worden ist. Dann werden die spezifischen Details des Irakkriegs diskutiert. Eine Betrachtung, warum Großbritannien an dieser militärischen Auseinandersetzung teilgenommen hat und warum Blair trotz der öffentlichen Ablehnung seine Kriegsentscheidung unbeirrt verteidigt, beendet den Aufsatz.

»Ethical Dimensions«?

Im Vorfeld der Unterhauswahlen im Mai 1997 gab es kaum öffentliche Diskussionen über außenpolitische Fragen, sieht man von den Beziehungen Großbritanniens zur Europäischen Union, diesem dauerhaft schwelenden Konflikt, einmal ab. Am Ende ihres Wahlprogramms von 1997 skizzierte die Labour Party kurz, wie sie Großbritannien zu einer führenden Stellung innerhalb der EU verhelfen würde, und ging auf die geplante Politik hinsichtlich der europäischen Gemeinschaftswährung und die britische Rolle in der NATO ein. Außerdem wollte sie die globale Verantwortung für die Umwelt, Rüstungskontrollen und Menschenrechte stärken.[3] Wie es häufig mit außenpolitischen Themen bei Wahlen geschieht, waren diese Überlegungen den innenpolitischen Vorhaben untergeordnet. Die Außenpolitik war, die EU einmal ausgenommen, ziemlich unumstritten während des Wahlkampfs von 1997. Aber so sollte es nicht bleiben. Keine zwei Wochen nach der Amtsübernahme von Labour berichtete *The*

---

3 Vgl. LABOUR PARTY: Labour Party Manifesto, 1997, verfügbar unter: http://www.labour-party.org.uk/manifestos/1997/1997-labour-manifesto.shtml [24. September 2018].

Guardian von einer Rede Robin Cooks, in der dieser sein »Mission Statement« umriss. In der mittlerweile berühmt gewordenen Rede argumentierte der Außenminister, dass:

> The Labour Government does not accept that political values can be left behind when we check in our passports to travel on diplomatic business. Our foreign policy must have an ethical dimension and must support the demands of other peoples for the democratic rights on which we insist for ourselves. The Labour Government will put human rights at the heart of our foreign policy ...[4]

Aber worin bestand die »ethische Dimension« der Außenpolitik? Cook verband Ethik und Menschenrechte, und sicherlich stellte auch das Wahlprogramm der Labour Party einen Zusammenhang zwischen diesen beiden Prinzipien her – unter Einschluss der Rüstungskontrolle.[5] Darüber hinaus blieben allerdings sowohl die Definition Cooks als auch diejenige Blairs äußerst vage. Dahinter stand wohl die Annahme, dass jeder wusste, was »ethisch« ist, und dass es deshalb keiner weiteren Erklärungen bedurfte. Das ist verständlich, vor allem wenn man bedenkt, dass ihre Außenpolitik letztlich so »neu« nicht war. Bei genauerer Betrachtung würde eine detaillierte Definition vielleicht zu Tage fördern, dass diese Politik im Wesentlichen die gleiche war wie zuvor. Relativ unbestimmt zu bleiben, erschien daher vorteilhaft und würde helfen, die »Neuartigkeit« des Kurses zu proklamieren. Es gab auch keine Überlegungen, was passieren sollte, wenn die »ethische Dimension« mit den nationalen Interessen Großbritanniens in Konflikt geraten sollte. Sie war »gut« an sich, und das genügte.

Stephen Dyson hat ausgeführt, dass sowohl Margaret Thatcher als auch Tony Blair dazu neigten, komplexe Entscheidungen auf Schwarz-Weiß-Muster beziehungsweise Gut-Böse-Argumentationen zu reduzieren und dass sie Überlegungen, die heikle »Grautöne« berücksichtigten, mieden.[6] Insbesondere für Blair wurde also keine weitere Definition benötigt. Wie Raymond Plant bemerkt hat,

> there is no doubt that Blair took the elaboration of the case for liberal interventionism very seriously and he made substantial speeches on the theme, including the definitive speech in Chicago on ›The Doctrine of the International Community‹ ... However, it is equally clear that those speeches fall a long way short of a convincing normative case for the position on which his foreign policy rested.[7]

---

4 ROBIN COOK: British Foreign Policy, in: *The Guardian*, 12. Mai 1997.
5 Vgl. LABOUR PARTY, Manifesto (wie Anm. 3).
6 Vgl. STEPHEN DYSON: The Blair Identity. Leadership and Foreign Policy. Manchester 2009, S. 42.
7 RAYMOND PLANT: Blair's Liberal Interventionism, in: MATT BEECH / SIMON LEE (Hrsg.): Ten Years of New Labour. Houndsmill 2008, S. 151–169, hier: S. 151.

Aber was ist nun eine »ethische« Außenpolitik, und was ist in diesem Zusammenhang unter einer »Dimension« zu verstehen? Rhiannon Vickers hat festgestellt, dass »the ethical dimension became strongly associated with the issue of human rights«[8]. Sie kann aber auch keine weiteren Erklärungen anbieten, weil es der Labour-Regierung diesbezüglich an Klarheit mangelte. Für Chris Brown ist eine solche Definition ebenfalls sehr schwierig. Vor allem hat er sich gegen den partiellen Anspruch des Ansatzes verwahrt, denn eine bestimmte Politik sei entweder vollständig ethisch oder überhaupt nicht. Für die Einschätzung, ob eine Nation ethisch gehandelt habe, brauche es

> a view to be taken on Britain's stance *vis-à-vis* the European Union and NATO and the UN family of organisations, relations with Eastern Europe and the successors of the former Soviet Union, with the Commonwealth and the rest of the Third world, and so on.[9]

Damit ist angedeutet, dass eine »ethische Dimension« nicht einfach in einem Bereich der Außenpolitik existieren kann, sondern dass sie sich über alle Felder hinweg erstrecken muss. Fraglich ist hingegen, welche Maßnahmen zu diesem Zweck geeignet sind. Genauere Erläuterungen sind schwer zu erhalten. Oft sind sie an normatives Denken und die Menschenrechte gebunden, aber darüber hinaus besteht Klärungsbedarf. David Chandler hat etwa schon im Jahr 2003 darauf hingewiesen, dass »there is a general consensus that western government policy-makers have, in the last decade, explicitly taken on board normative and ethical concerns, shifting away from a ›realist‹ approach in which a more narrowly conceived national interest was the basis of policy-making«[10]. Jamie Gaskarth hat mehrere ehemalige Außenminister nach ihrer Sicht auf eine »ethical foreign policy« befragt. Die Antworten fielen höchst unterschiedlich und nicht besonders schmeichelhaft aus. Wie Gaskarth bemerkt hat, »it would appear that the idea of ›ethical‹ foreign policy is considered a natural part of the traditional practice of foreign policy – with Cook's and Blair's suggestion that they were creating something new or innovative dismissed as ›illusion‹ or exaggeration.«[11] Lord Carrington beschrieb Cooks Rede, in der dieser seine Ideen

---

8 VICKERS, Labour Party (wie Anm. 2), S. 163.
9 CHRIS BROWN: Ethics, Interests and Foreign Policy, in: KAREN ELIZABETH SMITH / MARGOT LIGHT (Hrsg.): Ethics and Foreign Policy. Cambridge 2001, S. 15–32, hier: S. 30.
10 DAVID CHANDLER: Rhetoric without Responsibility: The Attraction of ›Ethical‹ Foreign Policy, in: *The British Journal of Politics and International Relations* 5 (2003), S. 295–316, hier: S. 296.
11 JAMIE GASKARTH: Interpreting Ethical Foreign Policy: Traditions and Dilemmas for Policymakers, in: *The British Journal of Politics and International Studies* 15 (2012), S. 192–209, hier: S. 197.

skizziert hatte, als »piffle«, während Douglas Hurd diesen Ansatz als »absolute nonsense« bezeichnet hat.[12]

Trotzdem ließen der Gebrauch des Wortes »ethisch« und seine Deutung in der Presse als etwas völlig Neues die New-Labour-Regierung wie eine frische Brise erscheinen – im Vergleich mit den vorherigen konservativen Regierungen sowie letztlich mit allen früheren Amtsträgern. Die Einschätzung enthielt auch den (bewussten) Vorwurf, dass es Cooks Vorgängern im Ministerium des Äußeren und für das Commonwealth an Ethik und moralischer Gesinnung gemangelt habe und dass sie einen sehr begrenzten außenpolitischen Kurs gesteuert hätten, der allein auf nationale Interessen ausgerichtet gewesen sei. Wenig überraschend nahmen die Angegriffenen das ziemlich persönlich. Rita Abrahamsen und Paul Williams haben betont, dass Labours »›ethical foreign policy‹ implies that the foreign policy of previous administrations was somehow devoid of ethical commitments and assumptions. While this may well have been an impression that New Labour wished to create, it is not one that we endorse«[13]. Wie Nicholas J. Wheeler und Tim Dunne bemerkt haben, war die Verwendung des Wortes »ethisch« als Kurzformel für »newness« eher irreführend:

> It is commonplace for this ›ethical dimension‹ to be cited as the principal innovation in New Labour's approach to foreign policy, implying that previous administrations have not pursued an ethical foreign policy. The inference that ethics have been ›added and stirred‹ into the rest of the agenda underestimates the extent to which British foreign policy has always accommodated a particular understanding of ethics, in terms of both who the community is and how it is to be enhanced or secured.[14]

Wie auch immer, Blair erbte ein Land, das gewissen Zwängen unterlag. Um einen außenpolitischen Kurs zu verfolgen, in dessen Zentrum die Menschenrechte standen – selbst wenn es sich eher um eine Änderung in der Darstellung als in der Praxis handelte –, musste sich Großbritannien nach Unterstützung seitens anderer Gruppen und Nationen umsehen, insbesondere seitens der Vereinigten Staaten. Die USA wurden – ähnlich wie das Vereinigte Königreich – traditionell mit einer stark interessengeleiteten Außenpolitik in Verbindung gebracht, vor allem während des Kalten Kriegs. Mit der Wiedervereinigung Deutschlands und dem Ende des Ost-West-Konflikts wandte sich die weltweite Aufmerksamkeit jedoch anderen drängenden Aufgaben zu. Der Bürgerkrieg in Ruanda und der

---

12 CHRIS MONCRIEFF: Carrington Denounces Foreign Policy ›Piffle‹, in: *Press Association News*, 23. Oktober 1997; NICHOLAS WATT: Hurd ridicules Cook's ethical policy ›nonsense‹, in: *The Times*, 17. Dezember 1997.
13 RITA ABRAHAMSEN / PAUL WILLIAMS: Ethics and Foreign Policy: The Antinomies of New Labour's ›Third Way‹ in Sub-Saharan Africa, in: *Political Studies* 49 (2001), S. 249–264, hier: S. 262.
14 NICHOLAS J. WHEELER / TIM DUNNE: Good International Citizenship: A Third Way for British Foreign Policy, in: *International Affairs* 74 (1998), S. 847–870, hier: S. 851f.

erste Jugoslawienkrieg warfen die Frage auf, wie angemessene Gegenmaßnahmen gegen massive Menschenrechtsverletzungen gerechtfertigt werden können – ein Problem, mit dem Politiker und Wissenschaftler bis heute ringen. Der Krieg im Kosovo 1998 bedeutete auf jeden Fall einen Wendepunkt für Großbritannien und die USA. Anders als im Bosnienkrieg waren die beiden Staaten dieses Mal an den Kampfhandlungen entscheidend beteiligt – und zwar aus humanitären Gründen. Der Einsatz veranlasste Vaclav Havel, den Präsidenten der Tschechischen Republik, zu dem berühmten Ausspruch: »This is probably the first war that has not been waged in the name of national interests but rather in the name of principles and values. Kosovo has no oil fields to be coveted. ... [NATO] is fighting out of the concern for the fate of others«.[15]

David McCourt, der die britischen und amerikanischen Reaktionen auf die Kriege in Bosnien und im Kosovo untersucht hat, ist zu dem Ergebnis gekommen, dass der entscheidende Unterschied zwischen beiden Fällen nicht einfach in Blairs Agieren lag, sondern im Verhalten der USA. Blairs ganze Rhetorik änderte demnach in der Praxis wenig. Sein Einfluss trug erst Früchte, als er den amerikanischen Präsidenten überzeugen konnte, sich neu zu positionieren: »Britain's embrace of intervention cannot be reduced to an effect of Blair and New Labour alone because it was underpinned be wider changes in attitude towards the appropriateness of military force in humanitarian crisis«.[16]

Folgt man McCourts Argument in all seinen Konsequenzen, dann konnten eine Menschenrechtspolitik und ein stärker ethisch inspirierter Ansatz erst dann realisiert werden, als sie für die USA akzeptabel wurden beziehungsweise deren eigene Ziele und Ambitionen widerspiegelten. McCourt hat denn auch hervorgehoben, dass die USA 1995 eine Intervention in Bosnien nicht einfach wegen der damit verbundenen Werte befürwortet haben, sondern weil der Konflikt auf dem Balkan zu einer Angelegenheit im Wahlkampf geworden war.[17]

Diese mehr realistische Perspektive fand auch in Großbritannien Widerhall. Der konservative Politiker William Hague hat den britischen Ansatz, Außenpolitik zu betreiben, als »enlightened self-interest« beschrieben, also beinahe als Form eines ethischen Pragmatismus – eine Einschätzung, die jedenfalls definitiv etwas anderes meint als die Formel von einer ethischen Außenpolitik, ungeachtet der Schwammigkeit dieses Begriffs. 2009 stellte Hague fest, dass »Britain will be safer if our values are strongly upheld and widely respected in the world«[18]. Diese

---

15 Zitiert aus: America's Double-Edged Sword, in: *The Boston Globe*, 5. Juli 1999.
16 DAVID MCCOURT: Embracing Humanitarian Intervention: Atlanticism and the UK Interventions in Bosnia and Kosovo, in: *The British Journal of Politics and International Studies* 15 (2012), S. 246–262, hier: S. 246.
17 Vgl. ebd., S. 253.
18 WILLIAM HAGUE: The Future of British Foreign Policy. Speech to the International Institute

Bemerkung kann man auch so verstehen, dass die britischen Politiker auf einen Gezeitenwechsel in der Wählerschaft antworteten, der eine offensichtlichere Berücksichtigung ethischer Standpunkte einforderte, und dass Blair und seine Nachfolger diesem Wunsch vielleicht eher nachgegeben haben, als ihn zu fördern oder sogar zu inspirieren.

Liberaler Interventionismus – Das Vermächtnis Tony Blairs

Jason Ralph hat sich dafür ausgesprochen, dass Blair »gave added definition to the so called ›ethical dimension‹ of British foreign policy« während des Kosovo-Feldzugs, gipfelnd in seiner »doctrine of the international community speech«[19], die er 1999 in Chicago gehalten hat. Die Verlagerung der außenpolitischen Schwerpunkte wurde durch Blairs Erfahrungen im Kosovo verstärkt, wo ihn die Not der vom Krieg betroffenen Menschen sehr bewegt hat. Blairs Rede zeigt, wie sich sein außenpolitisches Denken seit den ungestümen Anfangstagen seiner Regierung im Mai 1997 entwickelt hat. Der Kosovo-Konflikt ist vielleicht eines der ganz wenigen Beispiele, bei dem die Handlungen der Blair-Regierung mit Recht als »ethisch« definiert werden können – vor allem aufgrund des Fehlens britischer Interessen in dieser Region. Es sollte allerdings festgestellt werden, dass das Agieren der USA und ihre letztliche Zustimmung zu einer militärischen Intervention wieder einmal ausschlaggebend für die britische Entscheidungsfindung waren.

Der Kosovo-Einsatz prägte Blair und beeinflusste sein außenpolitisches Denken. Die Ergebnisse dieser Neuausrichtung machte er 1999 in seiner Chicagoer Rede öffentlich. In diesem Beitrag, der sogenannten »Doctrine of the International Community«, skizzierte er sechs Prinzipien, die, wie Blair andeutete, die britische Außenpolitik in Zukunft prägen sollten. Zudem hob er auf die zentrale Rolle des Premierministers in außenpolitischen Entscheidungsprozessen ab. Schließlich führte er fünf Schlüsselfragen an, die vor einer Intervention in einem anderen souveränen Staat bedacht werden sollten. Diese seien nicht »absolute tests. But they are the kind of issues we need to think about in deciding in the future when and whether we will intervene«. Die fünf Fragen lauten:
1. Are we sure of our case?
2. Have we exhausted all diplomatic options?

---

for Strategic Studies, London, 21. Juli 2009, verfügbar unter: https://conservative-speeches.sayit.mysociety.org/speech/601323 [17. September 2018].

19 JASON RALPH: After Chilcot: The ›Doctrine of International Community‹ and the UK Decision to Invade Iraq, in: *The British Journal of Politics and International Relations* 13 (2011), S. 304–325, hier: S. 306.

3. Are there military options we can sensibly and prudently undertake?
4. Are we prepared for the long term?
5. Do we have national interests involved?[20]

Oliver Daddow zufolge war die gesamte Chicagoer Rede, einschließlich der fünf Testfragen, »devised behind the Foreign Office's back, as one of the key contributors to the speech, Lawrence Freedman, has testified«[21]. In einem Interview mit Daddow hat Freedman dargelegt, dass die Rede einfach ein Versuch der Blair-Regierung war, »of saying something that was distinctively ›Blairy‹«[22] Daddow ging sogar so weit zu behaupten, dass Blairs Chicagoer Rede »stole the ›ethical‹ clothes of Cook and the FCO«[23]. Die Aussagen belegen jedenfalls, wie zentralistisch das außenpolitische Denken Blairs und das des engsten Kreises seiner Berater geworden war, so dass selbst das Ministerium für Außenpolitik und das Commonwealth von der entfachten Diskussion überrumpelt wurde, bei der es doch eigentlich um die Leitlinien seiner eigenen Politik ging. Wie auch immer, Blairs fünf Testfragen wurden nicht von allen akzeptiert und sogar von Akademikern kritisiert, weil sie gewisse Schlüsselfaktoren ignorieren würden. Für Jason Ralph war es etwa bezeichnend, dass keine Überlegungen angestellt werden sollten, ob der Kriegsgrund vor Dritten gerechtfertigt werden konnte – seien es andere Länder, andere politische Führungspersönlichkeiten oder andere internationale Organisationen.[24]

Klaus Dodds und Stuart Elden haben Blairs Außenpolitik als »a form of idealism moderated by realism«[25] beschrieben. Die Verfasserin würde dagegen hervorheben, dass seine Außenpolitik als eine Art von Realismus mit einem Anstrich von Idealismus charakterisiert werden kann. Die Unterschiede sind mehr als nur semantisch. Während Dodds und Elden argumentiert haben, dass für Blair der Hauptcharakterzug seiner Außenpolitik idealistisch war und in dem Wunsch bestand, eine bessere Welt zu schaffen, plädiert die Autorin dieses Beitrags dafür, dass Blair zuerst und zuvorderst auf internationale Umstände hinarbeitete, die Großbritannien mehr Sicherheit bieten sollten – eine sehr viel

---

20 Tony Blair: Doctrine of the International Community. Speech delivered at the Economic Club, Chicago, 24. April 1999, verfügbar unter: http://webarchive.nationalarchives.gov.uk/+/http://www.number10.gov.uk/Page1297 [17. September 2018].
21 Oliver Daddow: ›Tony's War?‹ Blair, Kosovo and the Interventionist Impulse in British Foreign Policy, in: International Affairs 85 (2009), S. 547–560, hier: S. 556.
22 Ebd., S. 557.
23 Oliver Daddow: Conclusion, in: Ders. / Jamie Gaskarth (Hrsg.): British Foreign Policy. The New Labour Years. London 2011, S. 221–235, hier: S. 225.
24 Ralph, Chilcot (wie Anm. 19), S. 307.
25 Klaus Dodds / Stuart Elden: Thinking ahead: David Cameron, the Henry Jackson Society and British neo-Conservatism, in: The British Journal of Politics and International Relations 10 (2008), S. 347–363, hier: S. 359.

realistischere Haltung. Die Aufgabe, eine »ethische Dimension« in die Außenpolitik zu integrieren, geschah nicht ohne Seitenblick auf Großbritannien und seine Interessen. (Umgekehrt kamen moralische Überlegungen nur dann ins Spiel, wenn sie keine negativen Auswirkungen auf das Vereinigte Königreich hatten, wie man an verschiedenen Waffenskandalen in den frühen Jahren der Regierung von Blair sehen kann.) Indem man Bürgerkriege und gewalttätige Unruhen zu einem frühen Zeitpunkt beendete, konnten die Kosten für Großbritannien in einer langfristigen Perspektive verringert werden. Denn Frieden in den diversen Unruheregionen der Welt würde nicht nur die Ausgaben für Migranten, die vor Verfolgung nach Großbritannien flohen, reduzieren. Auch die Notwendigkeit, finanzielle Mittel für Hilfsleistungen und friedenssichernde Maßnahmen bereitzustellen – von den Gefallenen und Verwundeten, die die britischen Streitkräfte dabei zu beklagen hätten, ganz zu schweigen – würde mit der Zeit abnehmen. Der Frieden würde es Großbritannien (und anderen Ländern) zudem ermöglichen, sich in den neu entstehenden Märkten zu engagieren und wirtschaftlichen Nutzen daraus zu ziehen. Blair selbst räumte ein, dass er von »enlightened self-interest« angetrieben werde, denn »self-interest and our mutual interests are today inextricably woven together«[26].

Wie Nicholas J. Wheeler und Tim Dunne hervorgehoben haben, existiert für manche Politikwissenschaftler »a mutual interdependence between the provision of national security, the strengthening of international order and the promotion of human rights, and this is the concept of good international citizenship«[27]. Die Verfasserin dieses Kapitels würde dazu anmerken, dass Blair, Gordon Brown und vielleicht auch in einem etwas geringerem Maß David Cameron dieser Denkschule angehören, obwohl sie sich in ihrer Vorgehensweise, »good international citizenship« zu etablieren, unterschieden haben und letzten Endes vielleicht gar nicht als »good international citizens« angesehen werden können.[28]

Die Entscheidungsmechanismen in den Regierungen von Tony Blair sind weidlich untersucht worden ebenso wie die Frage, wer letztlich die Verantwortung für den Irakkrieg und seine Folgen zu tragen hat. Stephen Dyson und Jamie Gaskarth haben sich in diesem Zusammenhang ausführlich mit Blairs Persönlichkeit und seinen Prinzipien beschäftigt. Beides sind maßgebliche Faktoren,

---

26 TONY BLAIR: The Power of World Community, in: MARK LEONARD (Hrsg.): Reordering the World. The Long-Term Implications of September 11th. London 2002, S. 119–124, hier: S. 120.
27 WHEELER / DUNNE, Citizenship (wie Anm. 14), S. 854.
28 Für Nicholas J. Wheeler und Tim Dunne muss ein »good international citizen« bestimmte Rechte unbedingt anerkennen. Wheeler und Dunne legen dar, dass sich Großbritannien unter der Blair-Regierung zum Beispiel gegenüber Indonesien allerdings nicht wie ein »good international citizen« verhielt, weil die Regierung »placed selfish economic advantage above getting tough with the Suharto government over human rights«. Ebd., S. 862.

wenn Entscheidungen in einer kleinen Gruppe getroffen werden, wie es Blairs bevorzugter Stil war. Gaskarth hat denn auch herausgestellt, dass:

> to privilege belief as a virtue goes against the empirical basis of most foreign policymakers. In the dominant realist imagining of world politics, it is the material world and the brute realities of power that are the primary foundation of policy. In contrast, Blair appears to be advancing belief as a legitimising factor in policymaking and as a virtue guiding policy construction.[29]

Für Blair war Glaube alles – jedenfalls genug, um über einen Mangel an empirischen Beweisen hinwegzugehen und zugleich eine Voraussetzung, um seine Gegner zu ignorieren. Jason Ralph hat ausgeführt, dass

> convincing other states through recognised institutions that there is justification for the use of force is an additional requirement. Claiming that one is acting on behalf of international society without convincing other states in those institutions that action is necessary gives credence to the cynical side of the realist critique.[30]

Der 11. September 2001 und der Weg nach Bagdad

In historischer Perspektive haben Premierminister der Labour Party tendenziell weniger enge Beziehungen zu den amerikanischen Präsidenten unterhalten als ihre konservativen Gegenspieler. Die Gründe dafür sind nicht ganz klar. Eine wichtige Ursache dafür könnte allerdings sein, dass die amerikanische Politik insgesamt etwas stärker noch rechts ausgerichtet ist. Konservative Premierminister scheinen traditionell daher eher in der Lage zu sein, eine gemeinsame Arbeitsgrundlage sowohl mit demokratischen als auch mit republikanischen Präsidenten zu finden, während die Vorsitzenden von Labour damit Schwierigkeiten haben, insbesondere wenn sie auf republikanische Präsidenten treffen. Für Großbritannien ist die englisch-amerikanische Partnerschaft indes die mit Abstand wichtigste internationale Beziehung überhaupt. Sie wird auch weithin viel weniger problematisiert als das britische Verhältnis zur Europäischen Union, das bekanntermaßen viele Bürger mit großem Mißtrauen betrachten.

Als Tony Blair 1997 das erste Mal gewählt wurde, war in den USA Bill Clinton (geb. 1946) an der Macht und damit ein weiterer Vertreter jener »neuen Generation von Politikern«. Auf beiden Seiten des Atlantiks wurde das Gespann als sehr vielversprechend angesehen. Clinton und Blairs Team hatten schon im britischen Wahlkampf eng kooperiert; es bestanden also bereits Verbindungen. Die beiden Männer schienen sich zudem gut zu verstehen, was immer hilfreich

---

29 JAMIE GASKARTH: Where would we be without Rules? A Virtue Ethics Approach to Foreign Policy Analysis, in: *Review of International Studies* 37 (2011), S. 393–415, hier: S. 408.
30 RALPH, Chilcot (wie Anm. 19), S. 307 f.

ist, um eine Beziehung zu festigen. Ihre Vorstellungen waren zwar nicht in jeder Hinsicht identisch, wiesen aber Ähnlichkeiten auf, so dass sich der Anfang ihrer Zusammenarbeit sehr aussichtsreich ausnahm.

Als eigentlicher Sprengsatz in dieser Beziehung sollte sich der Kosovokrieg erweisen. Blair war 1998 in kürzester Zeit davon überzeugt, dass ein Militärschlag im Kosovo notwendig sei, während Clinton sehr viel weniger dazu bereit war, amerikanische Truppen in einen europäischen Krieg zu schicken – nicht zuletzt aus dem Grund, dass Serbien und das Kosovo normalerweise als Teil der russischen Einflusssphäre angesehen wurden. Obwohl sich die Beziehungen zwischen Ost und West seit dem Ende des Kalten Kriegs merklich gebessert hatten, war es immer noch nicht ohne Risiko, in den russischen Hinterhof einzudringen und der Regierung in Moskau sozusagen auf die Füße zu treten. Der russische Präsident Boris Jelzin war aus nachvollziehbaren innenpolitischen Gründen nicht in der Lage, den Unabhängigkeitsträumen der Kosovaren Sympathien entgegenzubringen. Er war daher gewillt, die Handlungen der serbischen Regierung, die die aufständische Region in die Knie zwingen wollte, zu übersehen – so wie er es bereits in Tschetschenien getan hatte. Blair, der persönlich von einem Eingreifen im Kosovo überzeugt war, gelang es jedoch nicht, Clinton in dieser Frage auf seine Seite zu ziehen. Das Zögern des Amerikaners verstimmte ihn. Tatsächlich haben einige Wissenschaftler denn auch darauf hingewiesen, dass erst der sich auswachsende Skandal um Clintons Beziehung mit der Praktikantin Monica Lewinsky den amerikanischen Präsidenten zum Handeln zwang und zu dem Versuch, die öffentliche Aufmerksamkeit weg von seiner privaten Affäre auf die internationalen Angelegenheiten zu lenken. Nach dem glücklichen Ende des Kosovokriegs renkte sich die Beziehung zwischen Clinton und Blair zwar wieder ein, aber sie erreichte nie mehr die frühere Qualität.

Die Wahl eines republikanischen Senators aus Texas zum amerikanischen Präsidenten im Jahr 2000 sorgte für Beunruhigung in der britischen Regierung. Während es gute Beziehungen zwischen republikanischen Präsidenten und konservativen britischen Preminierminstern oft gegeben hatte, etwa die Partnerschaft zwischen Ronald Reagan und Margaret Thatcher, würde einem Tandem aus einem Republikaner und einem Labour-Politiker vielleicht das erforderliche Mindestmaß an Gemeinsamkeiten für eine starke anglo-amerikanische Allianz fehlen. Der enge Zusammenhalt zwischen George W. Bush (geb. 1946) und Tony Blair war daher für die meisten Beobachter eine große Überraschung. Die Beziehung war schon vor dem 11. September 2001 leidlich gut, wenn auch ereignisarm.

Die Terrorattacke auf das World Trade Center und ihre enormen Auswirkungen festigten dann die Partnerschaft zwischen den beiden Männern. Für den Präsidenten agierten die Briten als wichtigster Verbündeter und entzogen mit ihrem Engagement allen Behauptungen den Boden, dass es sich bei den Vergeltungsmaßnahmen um einen amerikanischen Alleingang oder um eine ungerechtfertigte Aktion handele – vergleichbar dem Vorgehen der USA seinerzeit im Vietnamkrieg. Alex Danchev hat sogar behauptet, Großbritannien habe den Amerikanern als »fig-leaf of legitimacy for this fight«[31] gedient. Für das Vereinigte Königreich, das sich in einem neuartigen Konflikt einem Feind gegenübersah, der auf der Landkarte geographisch nicht zu identifizieren war, gab es in dieser Situation nur einen angemessenen Platz: direkt hinter den Amerikanern. Danchev hat die damalige Konstellation in Hinsicht auf die *special relationship* folgendermaßen kommentiert: »compliance is expected; enthusiasm is supererogatory«[32].

Zweifelsohne sind den Vereinigten Staaten von Amerika nach dem 11. September 2001 enorme Sympathien und ein großes Maß an Unterstützung zuteil geworden. Ebenso bestand darüber Gewissheit, dass die schreckliche Attacke – ungeachtet der Frage, wer die Täter waren – zu einem militärischen Angriff auf Bagdad führen würde. Bereits am Tag des Anschlags auf das World Trade Center diskutierten zahlreiche Nachrichtenagenturen in den USA mögliche Vergeltungsmaßnahmen; der Irak stand auf der damaligen Liste weit oben.

Dies war ein Resultat des lange währenden Konflikts mit dem Land im Nahen Osten sowie der verbreiteten Wahrnehmung, das irakische Regime stelle ein Problem dar, das gelöst werden müsse. Das anhaltende Ignorieren von Resolutionen des UN-Sicherheitsrats, die den uneingeschränkten Zugang von Waffeninspekteuren im Irak ermöglichen sollten, trug zu dieser Einschätzung ebenso bei wie die Aktionen, mit denen im vorangegangenen Jahrzehnt die vollständige Offenlegung der Waffenarsenale hatte erzwungen werden sollen. Wirtschaftssanktionen, die nach dem Ersten Golfkrieg eingeführt worden waren, hatten dem Regime Saddam Husseins (1937–2006) nicht entscheidend schaden können, sondern verursachten lediglich Leid und verheerende Armut unter der irakischen Bevölkerung. Um die schlimmsten Auswirkungen der Sanktionen zu mildern und den Irakern die Versorgung mit Grundnahrungsmitteln und Medikamenten zu ermöglichen, wurde Mitte der 1990er Jahre das Öl-für-Lebensmittel-Programm eingeführt. Enorme Korruption beeinträchtigte diese Maßnahme jedoch, und einige Quellen behaupteten sogar, dass die Hussein-Regierung das Projekt um Millionen von Dollar betrogen habe. Zudem lehnte das irakische Regime noch immer eine vollständige Offenlegung der Waffenarsenale für die UN-Inspekteure ab, indem es ein Katz-und-Maus-Spiel um den Zugang zu Rüstungsgütern veranstaltete und dadurch den Eindruck

---

31 ALEX DANCHEV: Tony Blair's Vietnam: The Iraq War and the »Special Relationship« in Historical Perspective, in: *Review of International Studies* 33 (2007), S. 189–203, hier: S. 194.
32 Ebd., S. 194.

erweckte, dass Waffen möglicherweise von einem Ort zum andern transportiert würden. Dieses Vorgehen kulminierte 1998 in der Operation »Desert Fox«, bei der die USA den Irak taktisch bombardierten und so versuchten, eine Einwilligung zu erzwingen. Zur Zeit der Attacken vom 11. September 2001 war also offensichtlich, dass ein vollständiges Einlenken von Saddam Hussein nicht zu erwarten war. In diesem Moment begannen die Regierungen Großbritanniens und der USA, militärische Optionen zu diskutieren.

Die unmittelbare Aufgabe nach dem 11. September 2001 war der Militärschlag gegen Afghanistan, der hier nicht thematisiert wird. Es soll allerdings darauf hingewiesen werden, dass es keine UN-Resolution gab, die den militärischen Einsatz im Mittleren Osten deckte. Die USA umgingen diese Angelegenheit, indem sie sich auf Artikel 51 der UN-Charta stützten und den Krieg in Afghanistan zu einem Akt der Selbstverteidigung deklarierten.[33] Als die Militäroperation dann offiziell beendet war, geriet der Irak in den Fokus der beiden Regierungen. (Später sollte freilich Kritik daran aufkommen, wie schnell die amerikanische und die britische Regierung sich in Afghanistan zu Siegern erklärt hatten, obwohl zahlreiche Anzeichen in eine andere Richtung deuteten. Daraus, so der Einwand, resultierten dann zwei Kriege an zwei Fronten, die gleichzeitig geführt werden mussten, was Engpässe und unerwünschte Zwangslagen sowohl bei den Truppenstärken als auch bei den Waffensystemen nach sich zog.)

Die Washingtoner Administration argumentierte jedenfalls, dass die terroristischen Organisationen und die von Diktatoren geführten sogenannten Schurkenstaaten miteinander in Verbindung stehen würden und dass man, um die einen zu treffen, auch die anderen angreifen müsse – unabhängig davon, ob es konkrete Verbindungen zwischen dem Irak und Al-Quaida gebe. Wie David Coates und Joel Krieger bemerkt haben, »as the evidence of *direct* linkage between Iraq and al-Qaeda proved illusive, it was the *indirect* connections, and the *possibilities of direct ones*, that were increasingly cited in both London and Washington as necessitating unilateral and speedy action«[34]. Trotzdem machte man sich Sorgen hinsichtlich der Wortwahl der Resolution 1441 des Sicherheitsrats der Vereinten Nationen, die feststellte, die Mitglieder seien

> [d]etermined to ensure full and immediate compliance by Iraq without conditions or restrictions with its obligations under resolution 687 (1991) and other relevant resolutions and recalling that the resolutions of the Council constitute the governing standard of Iraqi compliance.[35]

---

33 Vgl. VICKERS, Labour Party (wie Anm. 2), S. 187.
34 DAVID COATES / JOEL KRIEGER: Blair's War. Cambridge – Malden 2004, S. 68. [Kursivdruck im Original].
35 UN-Resolution 1441 des Sicherheitsrats der Vereinten Nationen, 8. November 2002, ver-

Im UN-Sicherheitsrat geht es trotz der geringen Mitgliederzahl gewöhnlich nicht harmonisch zu. Daher werden viele Resolutionen genau so formuliert wie die Resolution 1441, in der eine bestimmte Handlung gefordert wird, aber nur wenige Strafmaßnahmen benannt werden, die im Fall mangelnder Kooperation angewandt werden können. Dies erlaubt den Mitgliedern des Sicherheitsrats, auf der Ebene der Prinzipien übereinzustimmen, nicht jedoch bei dem sehr viel heikleren Punkt, wann und unter welchen Bedingungen militärische Interventionen oder wirtschaftliche Sanktionen beschlossen werden sollen. Dieser Sachverhalt kann die Länder in eine diplomatische Sackgasse oder sogar zu völliger Handlungsunfähigkeit gegenüber internationalen Herausforderungen führen.

Was der Resolution 1441 fehlte, war jegliche Legitimierung militärischer Aktionen, falls der Irak seinen Verpflichtungen nicht nachkommen sollte. Wie immer in solchen Situationen kann Erfolg zumindest im nachhinein zu einem gewissen Maß an Einvernehmen führen, so zum Beispiel über den Kosovokrieg, für den es kein UN-Mandat gegeben hatte, oder über die Kampagne »Desert Fox« von 1998, die weithin akzeptiert, wenn nicht sogar populär gewesen war. Washington schien nicht den Wunsch zu haben, eine weitere UN-Resolution aushandeln zu wollen, die eine Aktion gegen den Irak legitimieren würde. Die US-Regierung hatte den Irak 1998 ohne Resolution angegriffen, und als tief verwundete Nation, die nach einer verheerenden, auf dem eigenen Boden erlittenen Attacke wie ein angeschlagener Boxer taumelte, war die Motivation der Bush-Administration nicht besonders groß, auch noch eine entsprechende UN-Resolution herbeizuführen.

Dieses Problem ging auf Großbritannien über. Wie zuvor erwähnt, hatten Blair und seine Regierung viel Aufhebens um ihren ethischen Standpunkt in der Außenpolitik gemacht sowie um die Bedeutung der Menschenrechte für die internationale Gemeinschaft. Blair hatte bereits Truppen in den Kosovokrieg ohne UN-Mandat entsandt und seine Rede über den liberalen Interventionismus, die er 1999 in Chicago gehalten hatte, ging nicht auf die Rolle des internationalen Rechts im Fall einer Kriegserklärung ein – eine vielsagende Unterlassung. Gleichwohl würde jedweder Krieg im Irak international hohe Wellen schlagen. Frankreich und Russland sprachen 2002 darüber, die wirtschaftlichen Sanktionen gegen den Irak zu lockern und so zu versuchen, den Ölpreis zu senken. Die Waffeninspektoren unter Führung des schwedischen Politikers Hans Blix wurden zwar immer noch an ihrer Arbeit gehindert, aber allmählich erhielten sie auch Einblick in bislang gesperrte Gebiete, eine Entwicklung, die

---

fügbar unter: http://www.un.org/Depts/unmovic/documents/1441.pdf [28. Januar 2015; Kursivdruck im Original].

immer wichtiger wurde, je deutlicher die Drohungen mit einem Militärschlag ausfielen.

> By refusing full co-operation with UN Weapons inspectors, Saddam Hussein gave the impression that he had something to hide, especially after resolution 1441 had been passed by the UN in November 2001 [...] His [Hussein's] power relied on the threat of the potential use of weapons of mass destruction, both domestically against his own people and regionally, in terms of Iraq's relationship with its neighbour and rival, Iran.[36]

Unabhängig von den Fragen, die in Bezug auf die Waffenkapazitäten des Irak immer noch im Umlauf sind, ließ für David Coates und Joel Krieger der Umstand, dass der Iran und Nordkorea eher mit Eindämmungsmaßnahmen als mit militärischen Schritten konfrontiert wurden – und das trotz ihrer nuklearen Ambitionen –, den Irakkrieg weniger gerechtfertigt aussehen.[37] Nachdem britische Truppen bereits in Afghanistan standen und die Terroristen des 11. September 2001 als Bürger verschiedener Staaten des Mittleren Ostens (aber nicht des Iraks) identifiziert worden waren, reagierte die britische Öffentlichkeit zögerlich auf das Ansinnen, Truppen in einen weiteren Krieg so fern der Heimat zu entsenden. Zu keinem Zeitpunkt in all den Jahren als Premierminister befand sich Tony Blair in einem derart tiefen Gegensatz zu seiner Wählerschaft.

Als die Spekulationen über Blairs Pläne ins Kraut schossen, lehnte es die britische Regierung ab, die Teilnahme an einem Krieg im Irak zu bestätigen. Stattdessen sprach man von einer bedingungslosen Unterstützung für die Bush-Regierung und übte bei jeder sich bietenden Gelegenheit Kritik an der irakischen Führung. Clare Short, Ministerin für internationale Entwicklung, hat zu Protokoll gegeben, dass sämtliche im Kabinett geführten Diskussionen über den Irakkrieg auf der Annahme basierten, der Waffengang sei allgemein akzeptiert. Das Kabinett habe niemals die Kriegsentscheidung an sich erörtern dürfen. Vielmehr seien die Gespräche auf zweitrangige Themen im Zusammenhang mit der Invasion beschränkt gewesen. Selbst der »Stop the War«-Marsch in London, an dem im Februar 2003 schätzungsweise ein bis zwei Millionen Demonstranten teilnahmen, konnte Blair nicht dazu bringen, seine Strategie zu überdenken. Er war überzeugt, dass »the protestors did not represent the silent ›moral majority‹ and that there was a moral case for removing Saddam Hussein«[38]. Nichts und niemand konnte Blair die Einsicht vermitteln, dass ein Krieg im Irak unpopulär sein sowie – und noch wichtiger – sich spaltend und vergiftend auf die Gesellschaft und das politische Klima auswirken würde.

Die Begleiterscheinungen des Irakkriegs – das vertrackte Rechtfertigungsdossier vom Februar 2003, der mysteriöse Tod des britischen Waffenexperten

---

36 VICKERS, Labour Party (wie Anm. 2), S. 189f.
37 Vgl. COATES / KRIEGER, War (wie Anm. 34), S. 77, 167.
38 VICKERS, Labour Party (wie Anm. 2), S. 189.

David Kelly, die zahllosen Ermittlungen, die Beschuldigungen wegen Menschenrechtsverletzungen, die Kritik an der Strategie und der Bereitstellung von militärischem Gerät – all diese Umstände unterminierten die ursprüngliche Begründung für den Krieg. Ohnehin war diese Rechtfertigung bereits von Anfang an ziemlich fadenscheinig gewesen, so dass jede substantielle Kritik die geringe Glaubwürdigkeit zerstören musste.

Während Bush und Blair Saddam Hussein, der fraglos ein übler Diktator war, als Staatsfeind Nr. 1 darstellten, wurden andere Despoten mit einer miserablen Menschenrechtsbilanz von den beiden entweder ignoriert oder sogar hofiert. Vielleicht am deutlichsten wurde das 2006, als Blair persönlich eine Untersuchung der britischen Strafverfolgungsbehörde blockierte, die einen Handel zwischen dem Rüstungshersteller *British Aerospace Electronic Systems* (BAE) und der Regierung Saudi-Arabiens aus den 1980er Jahren unter die Lupe nehmen wollte. Blair behauptete, die Nachforschungen hätten eingestellt werden müssen, weil Belange der nationalen Sicherheit betroffen gewesen seien. Der damalige Vorsitzende der Liberal Democrats, Sir Menzies Campbell, erklärte hingegen, dass Großbritannien von den saudischen Amtsträgern mit der Drohung erpresst worden sei, ein großes Geschäft platzen zu lassen, nämlich den Kauf von 72 Eurofightern von BAE.[39] Unabhängig von den Motiven, die hinter der vorzeitigen Beendigung des Verfahrens stecken mochten, wirft dieser Vorgang ein Schlaglicht auf die engen Beziehungen zwischen Briten und Saudis, ist doch der saudische Staat in der Tat ein wichtiger Käufer von Waffen aus britischer Produktion, ungeachtet seiner fragwürdigen Bilanz in Sachen Menschenrechte.

Wie sind diese Entscheidungen also unter ethischen Gesichtspunkten zu bewerten? Für Blair, legt man Stephen Dysons Charakterisierung seiner Ansichten zugrunde, war der Irakkrieg es wert, gekämpft zu werden. In seiner typischen Schwarz-Weiß- beziehungsweise Gut-Böse-Wahrnehmung glaubte der Premierminister und so argumentiert er bis heute, dass Saddam Hussein ein schlimmer Diktator war, der von der internationalen Bühne entfernt werden musste.[40] Während im Krieg möglicherweise Fehler gemacht wurden, war der Preis an Menschenleben und Material durch das erreichte Ziel doch gerechtfertigt. Für andere Beobachter geht diese Rechnung nicht auf. Die Toten, die das »Iraqui Body Count Project« aufführt, zeigen, dass seit dem Ausbruch des Kriegs und in dem sich anschließenden Bürgerkrieg weit über 150.000 irakische Zivilisten infolge von Gewalttaten ihr Leben verloren, fast 30.000 allein im Jahr

---

39 Vgl. Blair Defends Saudi Probe Ruling, in: *BBC News*, 15. Dezember 2006, verfügbar unter: http://news.bbc.co.uk/1/hi/uk_politics/6182125.stm [2. Februar 2015].
40 Vgl. STEPHEN DYSON: Personality and Foreign Policy: Tony Blair's Iraq Decisions, in: *Foreign Policy Analysis* 2 (2006), S. 289–306, hier: S. 295.

2006.⁴¹ Zwischen 2003 und 2010 fielen zudem 4.421 amerikanische Soldaten im Irak, und rund 32.000 Mitglieder der US-Armee wurden verletzt; Großbritannien hatte 179 Tote zu beklagen.⁴² So gesehen, war der Preis, der für die Intervention im Irak gezahlt werden musste, sehr hoch.

Rückwirkungen

Zweifellos wird Tony Blair immer mit dem Irakkrieg in Verbindung gebracht werden. Ohne diesen Waffengang würde seine Zeit als Premierminister als sehr erfolgreich gelten. Seine Regierung führte den Mindestlohn ein und verlagerte politische Kompetenzen von Westminster nach Schottland, Wales und Nordirland. Blair war die treibende Kraft hinter dem Friedensabkommen in Nordirland einschließlich der dazugehörenden politischen Regelungen. Er erhöhte das Ansehen und die finanzielle Unterstützung der internationalen Entwicklungshilfe, indem er Großbritannien zu einer von gerade einmal einer Handvoll von Nationen weltweit machte, die 0,7 Prozent ihres Bruttonationaleinkommens in Entwicklungshilfeprojekte investieren. Er kämpfte und gewann den Krieg im Kosovo und trug dazu bei, dass sich Großbritanniens Beziehungen zur EU zumindest etwas verbesserten.

Aber der Irakkrieg überschattet all diese Erfolge. Es ist ein Krieg, dessen schleichendes Gift – wie es scheint – mit den Jahren eher noch stärker wirkt. Wie Rhiannon Vickers bemerkt hat, »the major domestic legacy [...] was a widespread and growing erosion of trust in the honesty of the Labour government in general, and of Tony Blair in particular«⁴³. Blair gewann zwar die Unterhauswahlen im Jahr 2005, aber dafür gab es mehrere Gründe, unter anderem die Schwäche der konservativen Partei. Der Krieg im Irak war ein zentrales Thema bei dieser Wahl, aber Blair gelang es, einen ausreichend großen Teil der Wählerschaft zu überzeugen, dass der Waffengang notwendig gewesen war und Hussein hatte gestürzt werden müssen. Möglicherweise kam ihm auch entgegen, dass die Wähler in Krisenzeiten für einen Regierungswechsel nicht unbedingt aufgeschlossen sind – ähnlich wie während des Kriegs gegen den Terror.

Ungeachtet der Gründe für seinen Wahlerfolg blieb Blair bis 2007 an der Macht und wurde so zu einem der am längsten amtierenden britischen Premierminister in der Geschichte. Seit seinem Rücktritt gab es zahlreiche Untersuchungen und Berichte zu seinen Handlungen im Vorfeld des Irakkriegs –

---

41 Siehe die Iraq Body Count Website, verfügbar unter: https://www.iraqbodycount.org/database/ [20. September 2018].
42 Vgl. Iraq War in Figures, in: *BBC News*, 14. Dezember 2011, verfügbar unter: http://www.bbc.co.uk/news/world-middle-east-11107739 [2. Februar 2015].
43 VICKERS, Labour Party (wie Anm. 2), S. 192.

zuletzt den Chilcot-Bericht, der im Sommer 2016 veröffentlicht wurde und der der ehemaligen Regierung ein verheerendes Zeugnis ausgestellt hat. Blair verteidigt jedoch weiterhin sein Handeln. Bis 2015 arbeitete er als Gesandter für die Vereinten Nationen, die EU, die USA und Russland im Mittleren Osten. Es gab Gerüchte, dass er 2007 gerne zum Präsidenten des Europäischen Rats berufen worden wäre, aber seine Kandidatur entwickelte niemals eine wirkliche Zugkraft, und so blieb er bei seiner Gesandtentätigkeit im Mittleren Osten.

Was hat all das mit liberalem Interventionismus zu tun? Der Begriff »ethical dimensions« wurde sehr schnell fallengelassen. Nach 1997 haben Cook oder Blair kaum noch auf ihn Bezug genommen – zweifelsohne hauptsächlich wegen des Aufruhrs, den dieses politische Label hervorgerufen hatte. Die Idee eines »liberal interventionism« war hingegen langlebiger, gewisse Auswirkungen können heute noch in Großbritannien ausgemacht werden. Die konservative Partei kündigte 2006 etwa einen liberalen Konservatismus an, ein Amalgam aus liberalem Interventionismus und einigen realistischeren Prinzipien, die nach dem Irakkrieg Aufwind erhalten hatten. Dazu gehörten Aspekte wie Legalität und der unbedingte Wille, die internationale Gemeinschaft von der Notwendigkeit eines Kriegs zu überzeugen. In seiner Zeit als britischer Premierminister schreckte David Cameron nicht davor zurück, britische Truppen in Unruheregionen zu entsenden. Aber diese Missionen waren tendenziell sehr viel kleineren Ausmaßes als diejenigen unter Blair und bestanden hauptsächlich aus Luftschlägen oder dem Einsatz militärischer Ausbildungsteams, wie zum Beispiel in Libyen. Cameron hat sich zusätzlich noch um die Zustimmung des Unterhauses zu seinen militärischen Vorhaben bemüht, und er gab seine Pläne für Militäraktionen wieder auf, wenn er keine Mehrheit für sie erhielt, wie im Fall von Syrien.

Die Auswirkungen des Irakkriegs auf das politische System Großbritanniens und alle damals beteiligten Politiker sind immens. Die Geschehnisse von 2003 und den folgenden Jahren demonstrierten sowohl den Spielraum als auch die Grenzen eines britischen Premierministers, selbst wenn er von einem amerikanischen Präsidenten unterstützt wird. Es erscheint wahrscheinlich, dass zukünftige Regierungschefs lange und gründlich darüber nachdenken werden, bevor sie ihren außenpolitischen Zielen ethische Grundsätze zuschreiben.

Übersetzung: Jürgen Peter Schmied

Thomas Freiberger

Barack Obama und der Drohnenkrieg – Anmerkungen zu einem Missverständnis

Das deutsche Verhältnis zu Barack Obama (geb. 1961) basiert auf einem großen Missverständnis.[1] Dieses Missverständnis begann schon während Obamas Wahlkampf für das Präsidentenamt im Jahr 2008. Selten wurde das, was ein Präsident sowohl als Kandidat als auch als Amtsinhaber sagte, derart selektiv in der Presse und Öffentlichkeit wahrgenommen. Weil er den Afghanistan-Krieg befürwortet und den Irak-Krieg abgelehnt hatte, wurde Obama im Gegensatz zu Hillary Clinton (geb. 1947), die beide Feldzüge unterstützt hatte, fälschlicherweise als Friedenskandidat wahrgenommen. So präsentierte man ihn im Präsidentschaftswahlkampf 2008 erfolgreich als Verkörperung traditioneller amerikanischer Hoffnungen – und damit als Gegenentwurf zu Amtsinhaber George W. Bush (geb. 1946).[2] Das lange Zeit bestehende Narrativ, wonach auf den neokonservativen Hardliner Bush endlich der linksliberale Erlöser Obama gefolgt sei, ist inzwischen einer gründlichen Ernüchterung gewichen. Das große Missverständnis blieb jedoch im Prinzip bestehen, da Obama bis heute noch an den falschen Erwartungen zu Beginn seiner Amtszeit gemessen wird – dies schließt auch eine falsche Wahrnehmung seines Verständnisses von Krieg und Frieden ein.[3] Im Hinblick auf die Problematik des Drohnenkriegs im Rahmen der Terrorbekämpfung ist es also notwendig, der Frage nachzugehen, wie Obama über den Krieg denkt.

---

1 Vgl. dazu grundlegend TREVOR MCCRISKEN: Ten Years On: Obama's War on Terrorism in Rhetoric and Practice, in: *International Affairs* 87 (2011), S. 781–801, hier: S. 781.
2 Vgl. R. WARD HOLDER / PETER B. JOSEPHSON: The Irony of Barack Obama. Barack Obama, Reinhold Niebuhr and the Problem of Christian Statecraft. Farnham u. a. 2012, S. 97 sowie 11.
3 Vgl. TIMOTHY J. LYNCH: Obama, Liberalism, and US Foreign Policy, in: INDERJEET PARMAR / LINDA B. MILLER / MARK LEDWIDGE (Hrsg.): Obama and the World. New Directions in US foreign policy. 2. Aufl. London – New York 2014, S. 41–52, hier: S. 41.

Überzeugungen

Henry Kissinger hat einmal eine scharfsinnige Beobachtung über politische Staatsämter gemacht:

> Es ist eine Illusion zu glauben, daß politische Führer durch Erfahrungen an Tiefgründigkeit gewinnen. Ich habe schon gesagt, daß die Überzeugungen, die führende Politiker vor der Übernahme eines hohen Amtes gewonnen haben, ihr intellektuelles Kapital sind, das sie während ihrer Amtszeit verbrauchen. Der politische Führer hat nur wenig Zeit, tiefgründige Überlegungen anzustellen. Er steht unaufhörlich im Kampf, in dem das Dringende immer wieder das Wichtige verdrängt. Das öffentliche Leben jedes Politikers ist ein ständiges Ringen, aus dem Druck der Verhältnisse ein Element der freien Wahl zu retten.[4]

Dementsprechend ist es lohnend, sich auf die Suche nach Obamas »intellektuellem Kapital« zu begeben. Von diesem Kapital musste Obama bereits in der ersten Krise seiner Präsidentschaft zehren, als das Nobel-Komitee ihm am 9. Oktober 2009 gewissermaßen prophylaktisch den Friedensnobelpreis zuerkannte. Da das Nobel-Komitee freundlicherweise in Vorleistung gegangen war, konnte Obama die Preisverleihung nutzen, um relativ unverbindlich über sein Verständnis von Krieg und Frieden zu reflektieren. Im Dezember stellte Obama sich denn auch gleich zu Beginn seiner Dankesrede in die Tradition von Augustinus und dessen Konzept des »gerechten Kriegs«, wonach Krieg immer nur eine *ultima ratio* im Dienste einer höheren Gerechtigkeit sein dürfe. Zugleich verneigte er sich vor den Ikonen des gewaltfreien Widerstands im 20. Jahrhundert: Mahatma Gandhi und Martin L. King. In den darauf folgenden Gedanken präsentierte er dann seine außen- und sicherheitspolitischen Überzeugungen gewissermaßen in einer Nussschale:

> But as a head of state sworn to protect and defend my nation, I cannot be guided by their examples alone. I face the world as it is and cannot stand idle in the face of threats to the American people. For make no mistake: Evil does exist in the world. A nonviolent movement could not have halted Hitler's armies. Negotiations cannot convince Al Qaida's leaders to lay down their arms. To say that force may sometimes be necessary is not a call to cynicism; it is a recognition of history, the imperfections of man, and the limits of reason. [...] Yet the world must remember that it was not simply international institutions, not just treaties and declarations that brought stability to a post-World War II world. Whatever mistakes we have made, the plain fact is this: The United States of America has helped underwrite global security for more than six decades with the blood of our citizens and the strength of our arms. [...] So yes, the instruments of war do have a role to play in preserving the peace. And yet this truth must coexist with another: That no matter how justified, war promises human tragedy. The soldier's courage and

---

4 HENRY A. KISSINGER: Memoiren 1968–1973. München 1979, S. 63.

sacrifice is full of glory, expressing devotion to country, to cause, to comrades in arms. But war itself is never glorious, and we must never trumpet it as such.

In diesen Äußerungen wird deutlich, dass Obama kein Pazifist ist. Vielmehr begreift er militärische Gewalt unter bestimmten Umständen als notwendiges und legitimes Mittel, weil er der Auffassung ist, dass die Strahlkraft der institutionellen Errungenschaften des Liberalismus manchmal nicht ausreicht, um dieses Wertefundament effektiv zu schützen. Allerdings, so Obama, müsse dieses Wertefundament auch in der US-Kriegführung zum Ausdruck kommen. »I believe the United States must remain a standard bearer in the conduct of war. That is what makes us different from those whom we fight. [...] We lose ourselves, when we compromise the very ideals that we fight to defend, and we honor them, by upholding them not when it's easy, but when it is hard.«[5]

Alle diese Äußerungen lassen ein intellektuelles Vorbild in Fragen der Außen- und Sicherheitspolitik erkennen, das Obama jedoch in seinen offiziellen Reden nicht nannte. Nur in einem einzigen Interview, im April 2007, hat er einmal durchblicken lassen, wer dieses Vorbild ist. Auf die Frage, ob er jemals Texte des amerikanischen Theologen Reinhold Niebuhr gelesen habe, antwortete Obama: »I love him. He is one of my favorite philosophers.« Und auf die Nachfrage, was ihn die Lektüre der Werke von Niebuhr gelehrt habe, antwortete Obama:

> I take away [...] the compelling idea that there's serious evil in the world, and hardship and pain. And we should be humble and modest in our belief we can eliminate those things. But we shouldn't use that as an excuse for cynicism and inaction. I take away [...] the sense we have to make these efforts knowing they are hard, and not swinging from naïve idealism to bitter realism.[6]

Die Ideen Reinhold Niebuhrs durchtränken Obamas Buch *The Audacity of Hope* ebenso wie seine Reden.[7] Wie Niebuhr entfaltet Obama seine Gedanken gerne durch die dichotomische Gegenüberstellung sich widersprechender Thesen, um dann schließlich die Notwendigkeit schwieriger Balanceakte herauszuarbeiten.[8] Der prägende Einfluss der Schriften Niebuhrs auf Obamas Denken hat bislang

---

5 BARACK OBAMA: Remarks on Accepting the Nobel Peace Prize in Oslo, 10. Dezember 2009, in: The Public Papers of the Presidents of the United States. Barack Obama, 2009. 2 Bde., Bd. 2 – Juli bis Dezember 2009, Washington, D.C. 2013, S. 1799–1804, hier: S. 1800–1802.
6 DAVID BROOKS: Obama, Gospel and Verse, in: *The New York Times*, 26. April 2007.
7 Vgl. dazu seine Bemerkungen zur außenpolitischen Weltsicht in: BARACK OBAMA: The Audacity to Hope. Thoughts on Reclaiming the American Dream. New York 2006, S. 271–323; sowie ANDREW PRESTON: Sword of the Spirit, Shield of Faith. Religion in American War and Diplomacy. New York – Toronto 2012, S. 610–613.
8 Vgl. dazu die Einleitung von GARY DORRIEN, in: REINHOLD NIEBUHR: The Children of Light and the Children of Darkness. A Vindication of Democracy and a Critique of Its Traditional Defense. With a New Introduction by Gary Dorrien. Chicago – London 2011, S. IX–XXV.

vergleichsweise wenig Aufmerksamkeit in der Presse und der Wissenschaft auf sich gezogen.⁹

Wer ist dieser Reinhold Niebuhr? Reinhold Niebuhr (1892–1971) war der gesellschaftlich wohl einflussreichste protestantische Theologe der USA im 20. Jahrhundert. Ursprünglich ein überzeugter Liberaler und Pazifist, entwickelte Niebuhr unter dem Eindruck der totalitären Herausforderung und der Weltwirtschaftskrise der 1930er Jahre das Modell eines innen- und außenpolitischen »christlichen Realismus« und wurde damit zu Amerikas bekanntestem Renegaten.¹⁰ Seinen spektakulären Bruch mit den Pazifisten vollzog er in den 1940er Jahren, und sein berühmtestes Werk ist bis heute seine 1944 veröffentlichte Streitschrift *The Children of Light and the Children of Darkness*¹¹. Dieses Buch enthält die Essenz seiner Philosophie des »christlichen Realismus«. Niebuhr stellte in diesem Buch die These auf, dass jedes Gemeinwesen mit fundamentalen Widersprüchen der menschlichen Natur zu kämpfen habe, nämlich der grundsätzlichen Unvereinbarkeit von Eigeninteresse und Allgemeinwohl. Somit sei auch die Demokratie immer ein Balanceakt zwischen einander widersprechenden Prinzipien menschlichen Verhaltens. Weder der bürgerliche Liberalismus (mit seiner Betonung des Individualismus) noch der Marxismus (mit seiner Preisung des Kollektivismus) hätten bislang eine befriedigende Antwort auf diese Frage anbieten können. Ein weiteres Problem ergebe sich aus der Spiritualität des Menschen, da der Einzelne nicht bloß überleben, sondern sich selbst verwirklichen wolle. Dieses beständige Streben nach Selbstverwirklichung und Selbstbestätigung generiere Machthunger und öffne damit einhergehend Räume für den Machtmissbrauch.

Was Niebuhr folglich umtrieb, war die Frage, wie der Liberalismus mit diesen Problemen umgehen solle. Seine Antwort war ernüchternd: Sämtliche liberalen Denker zeichneten sich durch gefährliche Naivität und Sentimentalität aus, weil sie glaubten, diese einander widersprechenden Grundantriebe menschlichen Handelns durch universell geltende Gesetze und Werte vollständig einhegen zu können. Liberale Vordenker wie John Locke, Adam Smith, Jean-Jacques Rousseau, Thomas Paine und Jeremy Bentham nannte er daher »children of light«. Demokratische Gesellschaften seien jedoch den Angriffen der »children of darkness« ausgesetzt gewesen, womit Niebuhr realistische Vordenker wie Niccolò Machiavelli oder Thomas Hobbes meinte. Die »children of darkness« seien grundsätzlich weiser, aber auch zynischer als die »children of light«, weil sie die eigensüchtige Natur des Menschen kennen und dementsprechend handeln

---

9 Die bislang umfassendste Studie zu diesem Thema stammt aus der Feder von HOLDER / JOSEPHSON, Irony (wie Anm. 2). Zum Forschungsstand siehe ebd., S. 4f.
10 Zum Hintergrund siehe PRESTON, Sword (wie Anm. 7), S. 303–314; HOLDER / JOSEPHSON, Irony (wie Anm. 2), S. 19–44.
11 Vgl. NIEBUHR, Children (wie Anm. 8).

würden. Da die »children of darkness« jedoch kein anderes Gesetz als das Eigeninteresse akzeptieren würden, beförderten sie häufig das Böse. Und aus dieser Konstellation erwächst nach Niebuhr die Kernschwäche der Demokratie: Der Glaube an eine leicht herzustellende politische und soziale Harmonie mache sie blind für die »forces of darkness«. Auf zwischenstaatlicher Ebene plädierte Niebuhr daher für eine wehrhafte Demokratie, die zum Erhalt des Friedens notfalls auch Gewalt anwenden dürfe. Allerdings müsse diese Gewalt stets christlich und wertegebunden ausgeübt werden, mit anderen Worten: Aus Kindern des Lichts dürfen keine Kinder der Dunkelheit werden. Die Kunst einer liberalen Außenpolitik verlange also nach einer Balance zwischen diesen beiden Extremen. Niebuhr hat die politische Führung während des Kalten Kriegs daher auch heftig kritisiert, wenn er Anzeichen für einen Übergang zur dunklen Seite sah. Auf zwischenstaatlicher Ebene war Niebuhr zudem ein Befürworter kollektiver Sicherheitssysteme.[12]

Barack Obamas Außen- und Sicherheitspolitik orientierte sich stark, wenn auch nicht immer konsequent, an Niebuhrs »christlichem Realismus«.[13] In seiner Welt gab und gibt es das Böse, und sie wird von fehlbaren Menschen bevölkert. »We are an imperfect people«, hat er einmal selbstkritisch festgestellt. Und weil die Welt so ist, schloss er auch nicht aus, dass die Verteidigung der eigenen Werte den Einsatz von Waffengewalt erfordern kann.[14] Gleichzeitig erkannte er aber die Notwendigkeit einer wertegebundenen Außenpolitik an: »I make this claim not simply as a matter of idealism. We uphold our most cherished values not only because doing so is right, but because it strengthens our country and keeps us safe. Time and again, our values have been our best national security asset – in war and peace; in times of ease and in eras of upheaval.«[15] Damit beschreibt er ein Grundprinzip, das George Kennan einmal als »something worse principle« bezeichnet hat, wonach Amerikas globaler Führungsanspruch immer dann akzeptiert werde, wenn sämtliche weltpolitischen Alternativen für die anderen Staaten schlechter sind.[16] Obamas Außen- und

---

12 Vgl. ebd., bes. S. 141 und 153–190. Vgl. auch REINHOLD NIEBUHR: The Irony of American History. With a New Introduction by Andrew J. Bacevich. Chicago 2008.
13 Vgl. dazu HOLDER / JOSEPHSON, Irony (wie Anm. 2), passim.
14 BARACK OBAMA: Remarks on National Security, 21. Mai 2009, verfügbar unter: https://obamawhitehouse.archives.gov/the-press-office/remarks-president-national-security-5-21-09 [22. Oktober 2017].
15 Ebd. Die Rede wurde symbolträchtig in der Rotunde der National Archives gehalten, in der die *Declaration of Independence* aufbewahrt und ausgestellt wird. Eine der beiden großen Skulpturen vor dem Haupteingang des neoklassizistischen Archivgebäudes ziert zudem eine Inschrift, die einen elementaren Zusammenhang zwischen Freiheit und Wehrhaftigkeit herstellt: »Eternal Vigilance is the Price of Liberty«.
16 JOHN L. GADDIS: Strategies of Containment. A Critical Appraisal of American National Security Policy during the Cold War. Revised and Expanded Edition Oxford – New York 2005, S. 384.

Sicherheitspolitik basierte daher nicht auf gewagten »grand strategies«, sondern auf prekären Balancen, die immer wieder neu austariert werden mussten.

Hat Barack Obama nun die liberalen Werte, an die er glaubt, verraten? Die Antwort lautet zunächst: Nein. Sein Liberalismus hatte nur von Anfang an eine andere Grundierung als diejenige, die in der Öffentlichkeit vielfach wahrgenommen wurde. Für Obama schlossen sich politischer Liberalismus und sicherheitspolitischer Realismus nicht aus. Im Dezember 2009 erhielt also nicht ein Linksliberaler, sondern ein liberaler »christlicher Realist« den Nobelpreis. Es stellt sich die Frage, ob Obama seine liberalen Überzeugungen vielleicht in der Praxis verraten hat.

Verrat?

Mit Blick auf die außen- und sicherheitspolitische Praxis hat sich Obama von Anfang an bemüht, sein Grundkonzept in die Tat umzusetzen. Eine der ersten Amtshandlungen war die offizielle Anweisung, das Gefangenenlager Camp Delta im Navy-Stützpunkt Guantanamo auf Kuba zu schließen, Folter als zulässige Verhörmethode zu untersagen und die global verstreuten Geheimgefängnisse der CIA aufzulösen. Der Unilateralismus der Vorgängeradministration sollte durch einen neuen Multilateralismus abgelöst werden. An die Stelle von George W. Bushs Politik der gewaltsamen Verbreitung amerikanischer Werte und der Politik der Einschüchterung (»shock and awe«) trat eine Politik des diplomatischen Dialogs, die auch das Gespräch mit den einstigen »Schurkenstaaten« suchte. Ferner bemühte sich die US-Regierung ihr ehrgeiziges Projekt einer »Global Zero«-Initiative im Bereich der Nuklearrüstung voranzutreiben, was schließlich in einen neuen START-Abrüstungsvertrag mündete. Politisch vollzog Obama offiziell die priorisierte Ausrichtung auf den Asien-Pazifik-Raum, sehr zum Unmut der langjährigen europäischen Partner. In diesen Bereichen hat sich Obama tatsächlich um eine neue Akzentsetzung bemüht – ob er darin auch erfolgreich war, wird noch an anderer Stelle betrachtet werden.[17]

Seine Anhänger hatten aber vor allem auf eine radikale Abkehr vom »Krieg gegen den Terror« der Bush-Regierung gehofft. Diese Kehrtwende blieb jedoch aus. Bei genauerer Analyse überwiegen in der Antiterrorbekämpfung sogar die Kontinuitäten zur Vorgängerregierung.[18] Hat Obama also seine Wähler arglistig getäuscht? Nein, auch hier liegt ein großes Missverständnis vor. Obama war nie

---

17 Vgl. dazu McCrisken, Years (wie Anm. 1), S. 781–801; Stephen L. Carter: The Violence of Peace. America's Wars in the Age of Obama. New York 2011.
18 Vgl. McCrisken, Years (wie Anm. 1), S. 781–784. Die bislang ausführlichste Studie zu diesen Kontinuitätslinien stammt von Lloyd C. Gardner: Killing Machine. The American Presidency in the Age of Drone Warfare. New York – London 2013.

grundsätzlich ein Gegner der Antiterrorbekämpfung der Vorgängerregierung. Hierzu gibt es ein erhellendes Zitat aus einer Rede im Oktober 2002:

> I don't oppose all wars. My grandfather signed up for a war the day after Pearl Harbor was bombed, fought in Patton's army. He fought in the name of a larger freedom, part of that arsenal of democracy that triumphed over evil. I don't oppose all wars. After September 11, after witnessing the carnage and destruction, the dust and the tears, I supported this administration's pledge to hunt down and root out those who would slaughter innocents in the name of intolerance, and I would willingly take up arms myself to prevent such tragedy from happening again. I don't oppose all wars. What I am opposed to is a dumb war. What I am opposed to is a rash war. What I am opposed to is the cynical attempt by Richard Perle and Paul Wolfowitz and other armchair, weekend warriors in this administration to shove their own ideological agendas down our throats, irrespective of the costs in lives lost and in hardships borne.[19]

Den Krieg gegen Al Qaida und die Taliban in Afghanistan hat er von Anfang an unterstützt, weil auch er von dem Terrorangriff auf das World Trade Center am 11. September 2001 zutiefst erschüttert war.[20] Den Irakkrieg lehnte er indessen entschieden ab, weil er ihn für eine strategisch und moralisch fragwürdige Ablenkung von der eigentlichen Terrorbekämpfung in der afghanisch-pakistanischen Grenzregion hielt. Der Irakkrieg war für ihn eine immense Verschwendung amerikanischer Ressourcen und eine amerikanische Reputationsschädigung ersten Rangs. Allerdings wollte Obama nie mit der Antiterrorbekämpfung der Bush-Regierung brechen, sondern diese auf eine andere Grundlage stellen. Auch wenn Obama im Wahlkampf das Image des Innenpolitikers und Reformers pflegte, genossen seit seinem Einzug ins Weiße Haus Fragen der nationalen Sicherheit höchste Priorität. Er selbst bekräftigte dies vier Monate nach seinem Amtsantritt: »[M]y single most important responsibility as President is to keep the American people safe. It's the first thing that I think about when I wake up in the morning. It's the last thing that I think about when I go to sleep at night.«[21] Diese Prioritätensetzung wird auch in den offiziellen Strategiepapieren der Administration sichtbar. Zu den drei wichtigsten »National Security Priorities« zählten: erstens der Schutz des amerikanischen Volkes vor der Proliferation von Massenvernichtungswaffen an Extremisten oder feindlich gesonnene Staaten. Besonders die Weitergabe von Nuklearwaffen oder waffenfähigen Spaltmaterials

---

19 BARACK OBAMA: Speech against the Iraq War, Federal Plaza (Chicago), Oktober 2002, verfügbar unter: http://obamaspeeches.com/001-2002-Speech-Against-the-Iraq-War-Obama-Speech.htm [22. Oktober 2017]. Auszüge dieser Rede finden sich auch in: OBAMA, Audacity (wie Anm. 7), S. 294f.
20 Vgl. DERS.: Ein amerikanischer Traum. Die Geschichte meiner Familie. Hamburg 2008, S. 9f.
21 DERS.: Remarks on National Security, 21. Mai 2009, verfügbar unter: https://obamawhitehouse.archives.gov/the-press-office/remarks-president-national-security-5-21-09 [22. Oktober 2017].

an Terroristen wurde als Bedrohung aufgefasst. Zweitens galt es, die Cyber-Netzwerke der USA vor Angriffen zu schützen. Drittens wurde der islamistische Terrorismus ebenfalls als »far reaching network of hatred and violence« betrachtet, das zu bekämpfen war. Für die Obama-Administration verkörperte das Terror-Netzwerk Al Qaida »the dark side of this globalized world«[22]. »Counter Terrorism and Irregular Warfare« gehörten daher nach wie vor zum Hauptaufgabenfeld der amerikanischen Streitkräfte, wenngleich die Obama-Administration sich bemühte, den Begriff »war on terror« zu vermeiden.[23]

Diese Priorisierung hatte weitreichende Folgen: Die rasche Beendigung des Irakkriegs diente dazu, dort gebundene Ressourcen für die intensivere Bekämpfung terroristischer Rückzugsräume in Afghanistan und West-Pakistan freizusetzen. Mit der sogenannten »AfPak«-Strategie, einer kurzfristigen massiven Erhöhung der US-Truppen vor Ort, sollten diese Netzwerke, die sich aufgrund der amerikanischen Konzentration auf den Irakkrieg wieder hatten ausbreiten können, ausgetrocknet werden. Zugleich setzte Obama von Anfang an auf den gezielten Einsatz von Drohnen. Im Zeitraum von 2009 bis 2017 autorisierte Obama vermutlich über 500 Drohnenangriffe, die meisten davon in Stammesgebieten in Pakistan[24], aber auch im Jemen[25] und Somalia[26]. Gegen Ende von Obamas Amtszeit wurden wohl auch Drohnenangriffe auf libyschem Staatsgebiet geflogen.[27] Zum Vergleich: Die Bush-Regierung hatte in ihrer ge-

---

22 THE WHITE HOUSE: National Security Strategy, Mai 2010, S. 1–6, hier: S. 1, verfügbar unter: https://obamawhitehouse.archives.gov/sites/default/files/rss_viewer/national_security_strategy.pdf [22. Oktober 2017]. Vgl. auch ebd.
23 THE WHITE HOUSE: Sustaining U.S. Global Leadership: Priorities for 21st Century Defense, 3. Januar 2012, S. 4, verfügbar unter: http://archive.defense.gov/news/Defense_Strategic_Guidance.pdf [22. Oktober 2017].
24 Da das US-Drohnenprogramm nach wie vor geheim gehalten wird, ist man auf die Datensammlungen nichtstaatlicher Forschungseinrichtungen angewiesen. Die bislang umfassendste Datensammlung hat wohl das New America's International Security Program zusammengetragen. Demnach wurden unter Obama in Pakistan von 2009 bis 2017 insgesamt 353 Luftschläge, in der großen Mehrheit Drohnenangriffe, durchgeführt. Insgesamt wurden in diesem Zeitraum zwischen 1.934 und 3.094 Personen durch US-Operationen getötet. Vgl. dazu die Datensammlung »Drone Strikes: Pakistan«, verfügbar unter: https://www.newamerica.org/in-depth/americas-counterterrorism-wars/pakistan/ [22. Oktober 2017].
25 Unter Obama wurden im Jemen von 2009 bis 2017 insgesamt 183 Angriffe, darunter über 160 Drohnenangriffe, durchgeführt. Insgesamt wurden während der Amtszeit Obamas zwischen 1.090 und 1.388 Personen durch US-Operationen getötet. Vgl. dazu die Datensammlung »Drone Strikes: Yemen«, verfügbar unter: https://www.newamerica.org/in-depth/americas-counterterrorism-wars/us-targeted-killing-program-yemen/ [22. Oktober 2017].
26 Unter Obama wurden in Somalia von 2009 bis 2017 insgesamt 46 Drohnenangriffe und 10 Luftangriffe durchgeführt. Insgesamt wurden im Zeitraum von 2003 bis 2017 zwischen 590 und 734 Personen durch US-Operationen getötet. Vgl. dazu die Datensammlung »Drone Wars Somalia: Analysis«, verfügbar unter: http://securitydata.newamerica.net/drones/somalia-analysis.html [25. April 2018].
27 Am 22. Februar 2016 haben die USA einen neuen Drohnen-Stützpunkt auf Sizilien in Betrieb

samten Amtszeit 49 Drohnenangriffe durchführen lassen.²⁸ Diese Zahlen zeigen, dass Obama eine »kill not capture«-Strategie gegenüber Terroristen verfolgt hat.
Mit dieser Praxis waren jedoch höchst bedenkliche Entwicklungen verbunden:
1. Die gezielte Tötung von Terrorverdächtigen basierte auf der sogenannten »signature strike«-Methode, wonach keine nachrichtendienstlich gesicherten Erkenntnisse für einen Drohnenangriff vorliegen müssen. Allein schon der Verdacht, die zufällige Nähe oder eine Verbindung zu einem Terrorverdächtigen genügen, um Ziel eines Drohnenangriffs zu werden. Überdies hat Obama am 30. September 2011 mit der gezielten Tötung Anwar al-Awlakis durch einen Drohnenangriff, die Tötung eines US-Bürgers ohne Gerichtsverfahren befohlen. Damit widerspricht die Entscheidungsgrundlage für diese Drohnenangriffe sämtlichen Prinzipien demokratischer Rechtsstaatlichkeit.²⁹
2. Die praktische Durchführung der Drohnenangriffe unterlief ebenfalls grundlegende Prinzipien der US-Rechtsstaatlichkeit, des Völkerrechts und des Kriegsrechts. Der massive Drohneneinsatz hob die klare Trennung zwischen den zivilen und militärischen Sphären des Rechtsstaats auf und erodierte den Primat der zivilen Kontrolle des Militärs. Während die Drohnenangriffe in Afghanistan noch mit den Prinzipien des Kriegsrechts vereinbar gewesen und daher von der Air Force durchgeführt worden waren, wurden die Drohneneinsätze in Pakistan und anderen Regionen von der CIA durchgeführt, die inzwischen zahlreiche Drohnenpiloten in ihrem Hauptquartier in Langley beschäftigte. In diesem Fall wurden Kriegsakte von einem Geheimdienst ausgeführt, die sich wiederum der Kontrolle durch die Legislative weitestgehend entziehen und auch vor der Öffentlichkeit wesentlich effizienter geheim gehalten werden können als klassische Militäroperationen. Eine weitere Folge dieser prekären Verschiebung bestand darin, dass die

---

genommen, von dem aus Angriffe gegen libysche Jihadisten geflogen werden sollen. Auch über den verdeckten Einsatz von US-Spezialkräften wurde berichtet. Vgl. RANIAH SALLOUM: Islamischer Staat in Libyen: Amerikas nächster Krieg, in: *Spiegel Online*, 25. Februar 2016, verfügbar unter: http://www.spiegel.de/politik/ausland/islamischer-staat-in-libyen-amerikas-naechster-krieg-a-1079020.html [22. Oktober 2017].

28 Vgl. dazu die akkumulierten Daten des New America's International Security Program, verfügbar unter: http://securitydata.newamerica.net/index.html [22. Oktober 2017]. Tatsächlich war George W. Bush deutlich zögerlicher, was den Einsatz bewaffneter Drohnen anbelangt, und auch das Pentagon und die CIA schreckten anfänglich vom Einsatz dieser Waffen zurück. Ein möglicher Grund mag gewesen sein, dass bereits unter den Präsidenten Gerald Ford und Ronald Reagan die Durchführung von Attentaten durch Regierungsbehörden per »executive order« verboten worden war. Auch unter Präsident Bill Clinton wurde dieses Prinzip nicht infrage gestellt. Vgl. GARDNER, Machine (wie Anm. 18), S. 127-129.

29 Vgl. dazu ebd., S. 151-155; JEREMY SCAHILL: Dirty Wars. The World Is a Battlefield. London 2013, S. 248-253.

völkerrechtliche Verletzung der Souveränität anderer Staaten durch Drohnenangriffe faktisch einen Akt des Kriegs darstellt, aber nun in der Öffentlichkeit als verdeckte Geheimdienstoperationen in Krisenregionen deklariert wurde. Wir wissen heute wesentlich mehr über das amerikanische Atomwaffenarsenal als über das Drohnenprogramm.[30]
3. Die gezielte Verletzung der staatlichen Souveränität Pakistans bei der Tötung von Osama Bin Laden durch eine Navy-Spezialeinheit in Abbottabad deutet auf einen neuen militärischen Unilateralismus der USA hin, der die Glaubwürdigkeit der westlichen Führungsmacht schwer beschädigen könnte.

Einen weiteren großen Schwerpunkt von Obamas Sicherheitsstrategie bildete der gezielte Ausbau der technischen Spionagefähigkeiten der USA, besonders der sogenannten Signal Intelligence (SIGINT), durchgeführt durch die National Security Agency (NSA).[31] Sehr zum Missfallen der Europäer hatte Obama weitaus weniger Bedenken, was den Einsatz technischer Spionage gegen Verbündete und die eigenen Bürger anbelangt. Dennoch war dies aus der Sicht Obamas konsequent. Wenn man die Kriege der Zukunft primär als »Netzwerkkriege« begreift, dann muss man der Netzwerkspionage höchste Priorität einräumen, um derartige Gefahren präventiv bekämpfen zu können. Eine Entschuldigung für die Spionageskandale der Ära Obama war also nicht zu erwarten, da der Präsident die Europäer in dieser Hinsicht nur für naive Profiteure der amerikanischen Politik halten konnte.[32] Obama bereitete sein Land auf die Cyberkriege der Zukunft vor, egal was die Europäer davon halten mochten. Allerdings kann der Mehrwert der immensen Datenansammlungen der NSA für die Antiterrorbekämpfung durchaus angezweifelt werden.[33]

Ein wichtiger Punkt, der oftmals in Obamas Antiterror-Strategie übersehen wird, war der Versuch, in Afghanistan in Verhandlungen mit den Taliban zu treten, wenngleich diese Strategie erfolglos geblieben ist und im Widerspruch zu

---

30 Vgl. ebd., S. 132–135.
31 Vgl. dazu TREVOR McCRISKEN / MARK PYTHIAN: The Offensive Turn: US Intelligence and the ›War on Terror‹, in: PARMAR / MILLER / LEDWIDGE, Obama (wie Anm. 3), S. 185–196.
32 Die Architektur der amerikanischen Geheimdienste hat sich nach dem 11. September 2001 stark verändert. Dies gilt auch für die privilegierte Geheimdienstpartnerschaft mit Großbritannien seit dem Zweiten Weltkrieg. Derzeit bevorzugen die USA eine unilaterale Vorgehensweise oder streben regional und zeitlich begrenzte Zweckkooperationen mit anderen westlichen Geheimdiensten an. Vgl. dazu RHODRI JEFFREYS-JONES: In Spies We Trust. The Story of Western Intelligence. Oxford 2013.
33 Eine Studie zu diesem Thema ist jüngst zu dem Ergebnis gekommen, dass in der überwiegenden Mehrheit klassische Polizeiarbeit zu entscheidenden Hinweisen geführt hat und nur zu einem geringen Anteil NSA-Daten. Vgl. PETER BERGEN / DAVID STERMAN / EMILY SCHNEIDER / BAILEY CAHALL: Do NSA's Bulk Surveillance Programs Stop Terrorists? Januar 2014, verfügbar unter: https://static.newamerica.org/attachments/1311-do-nsas-bulk-surveillance-programs-stop-terrorists/IS_NSA_surveillance.pdf [22. Oktober 2017].

einem der erklärten Kriegsziele stand, dem afghanischen Volk beim Aufbau demokratischer Strukturen zu helfen.[34] Was ist also von Obamas Politik der Terrorbekämpfung zu halten? Einerseits ist diese Politik ohne Frage völkerrechtlich und rechtsstaatlich nicht weniger problematisch als die großangelegte militärische Interventionspolitik der Bush-Regierung. Andererseits lässt sie mehr Mäßigung im Umgang mit militärischer Gewalt erkennen. Blickt man jedoch auf die Erfolge seiner Außen- und Sicherheitspolitik, dann ist die Bilanz noch durchwachsener. Camp Delta existiert nach wie vor auf Kuba. Seine Versuche, mit den ehemaligen »Schurkenstaaten« Iran und Nordkorea in einen diplomatischen Dialog zu treten, waren nur im Falle des Irans erfolgreich.[35] Das Ende des Kriegs gegen den Terror ist nicht in Sicht. Das Scheitern des sogenannten »Arabischen Frühlings«, ein seit Jahren festgefahrener Nahostkonflikt, der syrische Bürgerkrieg und eine drohende Konfrontation mit Russland über den Ukrainekonflikt haben seinen außenpolitischen Visionen enge Grenzen gesetzt. Diese negative Bilanz ist jedoch auch zahlreichen Sachzwängen geschuldet, mit denen sich Obama seit seinem Amtsantritt konfrontiert sah.

Zwänge

Die größte außenpolitische Bürde Obamas war zweifellos die fatale Bilanz der Vorgängerregierung.[36] Bis dahin hatte keine US-Regierung nach 1945 derart viel weltpolitisches Kapital verspielt wie die Regierung von George W. Bush. Zugleich haben die Kosten der beiden Kriege in Afghanistan und Irak im Zusammenspiel mit der Weltwirtschaftskrise 2008 die USA strategisch überdehnt. Es war nun an Obama, die Scherben dieser Politik aufzusammeln. Innenpolitisch sah er sich aufgrund der Wirtschaftskrise und der politischen Spaltung der Konservativen ebenfalls einer schwierigen Gemengelage gegenüber. So demonstrierte der Kongress Obama seine »power of the purse« und verweigerte ihm sämtliche Mittel, die für eine ordnungsgemäße Überführung der Gefangenen von Guantanamo in Festlandgefängnisse benötigt wurden. Zudem weigerten sich die eu-

---

34 Vgl. GARDNER, Machine (wie Anm. 18), S. 159.
35 Im Juli 2015 gelang es Obama, den Iran in einer multilateralen Kraftanstrengung zur Unterzeichnung eines Atomabkommens zu bewegen. Der Joint Comprehensive Plan of Action ist verfügbar unter: https://www.state.gov/documents/organization/245317.pdf [22. Oktober 2017].
36 Siehe dazu die ausgezeichnete Zusammenfassung der außen- und sicherheitspolitischen Bilanz der zweiten Bush-Administration in: HAL BRANDS: What Good is Grand Strategy? Power and Purpose in American Statecraft from Harry S. Truman to George W. Bush. Ithaca und London 2014, S. 144–189; sowie die vergleichende Studie von JAMES M. LINDSAY: George W. Bush, Barack Obama and the future of US global leadership, in: *International Affairs* 87 (2011), S. 765–779.

ropäischen Verbündeten, welche die Praxis in Guantanamo zuvor heftig kritisiert hatten, eigene Staatsbürger, die wegen Terrorverdachts in Camp Delta inhaftiert waren, aufzunehmen. Dies hatte weitreichende Folgen für die Terrorbekämpfung, denn Obama war ursprünglich mit einer »capture or kill strategy« angetreten, was bedeutet, dass die Verhaftung von Terrorverdächtigen der Tötung vorgezogen werden sollte. Die Zuspitzung der Verwahrungsproblematik verwandelte die ursprüngliche Strategie schließlich aus pragmatischen Gründen in eine »kill strategy«, die zu einer Verschärfung des Drohnenkriegs führte. Einen weiteren Grund für die Ausweitung des Drohnenkriegs hat Obamas ehemaliger Stabschef im Weißen Haus benannt. Demnach habe Obama früh realisiert: »[T]he muscular attacks could have a huge political upside for Obama, insulating him against charges that he was weak on terror«.[37]

Auch Obamas Versuche, mit Nordkorea und Iran sowie generell mit den Staaten des Nahen Ostens in einen Dialog zu treten, waren aufgrund der vergifteten Atmosphäre größtenteils zum Scheitern verurteilt. Die Strategie der Bush-Administration mittels eines Präventivkriegs gegen den Irak, Staaten wie Libyen, Syrien, Iran und Nordkorea von der Produktion von Massenvernichtungswaffen abzuschrecken, ist nur in Libyen aufgegangen. In allen anderen Fällen hat sie zur Beschleunigung der Waffenprogramme und einer Verringerung der Dialogbereitschaft geführt. Die massive Konzentration auf den Krieg gegen den Terror hat zudem zu einer sträflichen Vernachlässigung der Beziehungen zu Russland geführt. In vielerlei Hinsicht litt Obamas Außenpolitik darunter, dass die Vorgängerregierung sie in methodischer Hinsicht in ein Prokrustesbett gezwängt hatte. Ein weiteres Problem bestand darin, dass Obama außen- und sicherheitspolitisch schon aufgrund der strategischen Überdehnung im Sinne einer Lastenteilung auf Partner angewiesen war. Allerdings erwiesen sich die europäischen Alliierten einmal mehr in militärischen und nachrichtendienstlichen Fragen als nicht anschlussfähig. Hatten zahlreiche Staaten den amerikanischen Interventionismus im Namen der Terrorbekämpfung noch kritisiert, forderten sie jetzt lauthals das militärische Eingreifen der USA angesichts der radikalislamischen Bedrohung durch IS-Kämpfer an der Grenze zur Türkei. Nach den Erfahrungen mit dem Irakkrieg war Obama hinsichtlich eines neuen militärischen Engagements sehr zurückhaltend. Dass der US-Präsident seine Außen- und Sicherheitspolitik nicht nach Plan umsetzen konnte, hing also auch eng mit den Zwängen des Amts zusammen, oder wie Stephen Carter es auf den Punkt gebracht hat: »On matters of the nation's security, at least, the Oval Office evidently changes the outlook of its occupant far more than the occupant changes the outlook of the Oval Office.«[38]

---

37 Zitiert nach GARDNER, Machine (wie Anm. 18), S. 132.
38 CARTER, Violence (wie Anm. 17), S. 186.

Irrtümer

Betrachtet man Obamas Ansatz des »christlichen Realismus« in Theorie und Praxis, so könnte man zu dem Ergebnis kommen, dass dieser Ansatz in sich schlüssig war. Selbst die Verletzung von freiheitlichen Grundrechten im Namen der nationalen Sicherheit scheint angesichts der akuten Bedrohungslage vertretbar. Doch genau hier irrte die Obama-Administration, weil sie von falschen sicherheitspolitischen Prämissen ausging. Der 11. September hat nicht nur zu einer starken Überzeichnung von Bedrohungsszenarien geführt, sondern auch den Blick auf real existierende Bedrohungslagen versperrt. Die Sicherheitsexperten der Bush- und der Obama-Regierung erklären uns seit Jahren, unsere Lebenswelt sei viel unübersichtlicher und gefährlicher geworden. Wir würden nicht mehr im Kalten Krieg leben, wo es klare Regeln gegeben habe, nicht zuletzt im Umgang mit Nuklearwaffen. Perfide Terroristen und Schurkenstaaten würden nach Massenvernichtungswaffen streben, die sie dann gegen die USA und den Westen auch einsetzen würden. Die Proliferation von Massenvernichtungswaffen und weltweit operierende Terrornetzwerke stellten demnach die derzeit größte Bedrohung der westlichen Demokratien dar. Erschwerend komme hinzu, dass diese Bedrohungsszenarien völlig neu seien.

Um es auf den Punkt zu bringen: Dieses sicherheitspolitische Narrativ hat kein Fundament in den Fakten wie die folgenden Statistiken zeigen. Folgt man den sicherheitspolitischen Argumenten der Bush- und Obama-Regierungen, dann müssten die USA und Westeuropa am massivsten von Terrorismus bedroht sein. Tatsache ist jedoch, dass die USA in den letzten vierzig Jahren – mit Ausnahme der Anschläge vom 11. September 2001 – als eines der sichersten Länder gelten konnten. Im Rahmen der hier verglichenen Länder und Regionen konnte nur noch der Irak eine bessere Bilanz bis in das Jahr 2002 aufweisen.

Wie die Tabelle zeigt, sind die Regionen Südasien, Afrika und Naher Osten besonders stark von Terroranschlägen betroffen. Allerdings hat in den Jahren von 2003 bis 2009 kein Land dermaßen unter Terroranschlägen gelitten wie der Irak. Die Vermutung liegt nahe, dass seit dem Einmarsch der USA in den Irak die Anzahl der Terroristen in der Nahostregion zugenommen und nicht – wie angestrebt – abgenommen hat.

Dieses Bild verfestigt sich auch für die Jahre, die im Zeichen des sogenannten »Arabischen Frühlings« standen, der im Dezember 2010 einsetzte und die Staaten Nordafrikas und des Nahen Osten erfasste.[39] In den revolutionären Wirren und dem damit einhergehenden Zerfall staatlicher Strukturen konnten sich neben demokratisch gesinnten Gruppen auch zahlreiche neue jihadistische

---

39 Vgl. dazu die Betrachtungen von EUGENE ROGAN: The Arabs. A History. 2. Aufl. London 2012, S. 626–644.

Todesopfer von ausgewählten Terroranschlägen weltweit

Jahr	Weltweit	USA	Westeuropa	Südasien	Indonesien	Afrika	Naher Osten/ Persischer Golf	Irak
1968	28	0	4	0	k.A.	k.A.	21	k.A.
1969	8	0	2	4	k.A.	0	4	k.A.
1970	101	0	49	1	k.A.	1	32	k.A.
1971	66	0	3	0	k.A.	25	6	k.A.
1972	97	0	51	0	k.A.	6	34	k.A.
1973	68	3	54	0	k.A.	3	3	k.A.
1974	184	1	5	0	k.A.	15	149	k.A.
1975	87	13	19	0	k.A.	4	45	2
1976	341	7	37	0	k.A.	28	154	40
1977	170	2	14	0	1	27	11	0
1978	138	1	20	4	k.A.	29	68	k.A.
1979	252	3	19	10	k.A.	5	199	0
1980	162	5	38	k.A.	k.A.	51	18	0
1981	320	2	22	1	0	3	274	0
1982	111	5	32	5	k.A.	11	39	0
1983	601	4	25	4	k.A.	10	526	1
1984	183	1	53	36	2	28	49	0
1985	716	0	114	2	k.A.	26	183	0
1986	351	0	27	66	k.A.	19	207	69
1987	375	1	17	141	k.A.	43	45	0
1988	702	0	310	251	k.A.	35	69	k.A.
1989	347	0	14	61	k.A.	183	50	0
1990	122	3	8	29	k.A.	19	22	k.A.
1991	192	2	18	38	0	6	69	0
1992	145	0	12	17	k.A.	35	33	5
1993	471	8	13	327	k.A.	56	35	1
1994	435	2	7	1	k.A.	126	146	3
1995	462	168	21	67	k.A.	83	88	12
1996	571	1	23	161	2	197	142	5
1997	259	2	9	32	k.A.	89	45	1
1998	2.172	2	54	538	0	1.002	171	1
1999	864	3	6	181	1	93	117	9
2000	783	0	32	286	34	37	62	0
2001	4.571	2.987	31	423	79	289	259	1
2002	2.763	3	15	995	263	129	564	3
2003	2.349	0	7	802	13	112	882	539
2004	5.066	0	194	801	37	390	2.694	2.471
2005	8.194	0	56	989	39	187	6.473	6.247
2006	12.071	1	6	1.876	1	105	9.603	9.497
2007	10.232	0	1	1.409	0	343	7.695	7.676
2008	5.909	0	4	2.490	0	456	2.488	2.388
2009	1.197	15	7	1.057	k.A.	57	17	k.A.

Die Tabelle basiert auf den Daten der RAND Database of Worldwide Terrorism Incidents (RDWTI). Die Datenbank kompiliert Daten zu Terroranschlägen weltweit im Zeitraum von 1968 bis 2009, verfügbar unter: http://smapp.rand.org/rwtid/search_form.php [25. April 2018].

Zellen formieren. Obwohl sich diese neuen jihadistischen Gruppierungen zum Teil mit dem Al Qaida-Netzwerk verbündeten, verfolgen sie oft eigene politische Zielsetzungen. Der moderne Jihadimus schwankte stets zwischen der Bekämpfung des »fernen« Feinds, also dem Westen und den USA, und des »nahen« Feinds in den arabischen Ländern selbst. Seit 2010 hat Al Qaida, deren Kernziel die Bekämpfung des »fernen« Feinds war, an Führungsmacht gegenüber lokalen Ablegern verloren. Damit einhergehend konzentrierten sich die neuen Jihadisten auf die Bekämpfung des »nahen« Feinds. Schätzungsweise 99 Prozent aller Terrorangriffe dieser Gruppierungen galten 2013 dem »nahen« Feind.[40] Diese Entwicklung hat schwerwiegende Konsequenzen für die Region. Eine Studie, die jihadistische Gewalttaten für den Monat November 2014 untersucht hat, kommt zu erschreckenden Ergebnissen.[41] Allein in diesen 30 Tagen fielen 5.042 Menschen jihadistischer Gewalt zum Opfer. Über die Hälfte der Opfer waren Zivilisten und gehörten in der Mehrheit der muslimischen Religionsgemeinschaft an.[42] Die Zahl der 5.042 Terroropfer verteilt sich hauptsächlich auf den Irak (1.770), Nigeria (786), Afghanistan (782), Syrien (693) und den Jemen (410). Zwei Drittel der Todesopfer gehen auf das Konto der Terrorgruppen Islamischer Staat, Boko Haram und der Taliban.[43]

All diese empirischen Daten legen eine Schlussfolgerung nahe: Die amerikanische Bedrohungswahrnehmung, welche die Grundlage der nationalen Sicherheitspolitik unter der Regierung Obama bildete, hatte kein Fundament in der Sache. Der jihadistische Terror bedroht mit überwältigender Mehrheit Muslime in den muslimischen Staaten Nordafrikas und im Nahen Osten. Die amerikanische Gesellschaft und auch die Regierung in Washington schienen

---

40 Vgl. dazu BEHNAM T. SAID: Islamischer Staat. IS-Miliz, al-Qaida und die deutschen Brigaden. 4., akt. u. erw. Aufl. München 2015, S. 48–55. Zahlen einer Studie der RAND-Corporation im Auftrag des Pentagons belegen diesen Trend. Die Zahl der salafistisch-jihadistischen Gruppierungen ist von 2010 bis 2013 um 58 Prozent gestiegen, die Zahl der salafistischen Jihadisten hat sich im gleichen Zeitraum sogar verdoppelt, wobei die größten Zuwächse in Libyen und Syrien zu verzeichnen waren. Vgl. SETH G. JONES: A Persistent Threat. The Evolution of al Qa'ida and Other Salafi Jihadists, S. XIII und S. 28, verfügbar unter: http://www.rand.org/content/dam/rand/pubs/research_reports/RR600/RR637/RAND_RR637.pdf [22. Oktober 2017].
41 Vgl. dazu PETER R. NEUMANN IN COLLABORATION WITH THE BBC WORLD SERVICE AND THE INTERNATIONAL CENTRE FOR THE STUDY OF RADICALISATION AND POLITICAL VIOLENCE (ICSR): The New Jihadism. A Global Snapshot. London 2014, verfügbar unter: http://icsr.in fo/wp-content/uploads/2014/12/ICSR-REPORT-The-New-Jihadism-A-Global-Snapshot.pdf [22. Oktober 2017]. Die Studie definiert Jihadismus als »a modern revolutionary political ideology mandating the use of violence to defend or promote a particular, very narrow vision of Sunni Islamic understanding«. Per Definition konzentriert sich die Studie »nur« auf die islamistischen Gruppen, die auf dem Salafismus aufbauen, und schließt schiitische Terrorgruppen wie die Hisbollah aus. Ebd., S. 9; vgl. ebd., S. 9f.
42 Vgl. ebd., S. 1.
43 Vgl. ebd., S. 13–15.

jedoch trotz dieser statistisch eindeutigen Fakten nichts so sehr zu fürchten wie Terroranschläge im eigenen Land. Wie schnell gefühlte Bedrohungen das Gewicht realer Bedrohungen erlangen können, zeigt eine Denkfigur des US-Journalisten Steve Coll. Er stimmte zwei Experten, die eine Einstellung des Drohnenkriegs der US-Regierung forderten, in mehreren Punkten zu, hielt ihnen dann aber folgendes Argument entgegen:

> Suppose the following: Obama overrules his generals and intelligence advisers and ends the drone attacks immediately because of some generalized intuition that the attacks are destabilizing Pakistan. His generals write memos arguing that he is wrong to do so. Six weeks later, a manic-depressive Pakistani-American living in New York City, who happened to visit his cousins in Karachi earlier this year, decides on his own volition to walk into a New Jersey shopping mall with an automatic rifle and kills a dozen shoppers. The advisers opposed to Obama's drone decision leak their memos; the Republican Party follows the path Cheney has blazed and opens a years-long campaign against Obama on the grounds that he and the Democrats are weak, defeatist, etc.[44]

Die Absurdität dieser Denkfigur wird besonders dann deutlich, wenn man sich vor Augen führt, dass in den USA im Zeitraum von 1999 bis 2014 jährlich zwischen 28.000 und 33.000 Menschen durch Schusswaffen getötet worden sind.[45]

Ebenso unwahrscheinlich ist jenes Bedrohungs-Szenario, wonach Terroristen eine Nuklearwaffe oder eine schmutzige Bombe in einem westlichen Land zünden könnten. Gerüchte über »Nuklearwaffen-Schwarzmärkte«, auf denen gestohlene russische Nuklearsprengköpfe zum Verkauf angeboten werden, gehören wohl in das Reich der Mythen. Der Erwerb einer funktionierenden Nuklearwaffe ist nicht nur äußerst schwierig, da die Besitzer solcher Waffen sie in der Regel behalten wollen. Die gezielte Detonation einer solchen Waffe ist zudem mit einem immensen logistischen und technischen Aufwand verbunden. Es ist also sehr unwahrscheinlich, dass Terroristen diesen Aufwand auf sich nehmen, wenn das Risiko der Entdeckung zugleich so hoch ist. Allein schon die heimliche Beschaffung von herkömmlichem Militärsprengstoff ist für Terroristen schwierig. Die Anschläge in Paris (7. Januar und 13. November 2015), Nizza (15. Juli 2016), Berlin (19. Dezember 2016) und Barcelona (17. August 2017) deuten zudem auf einen Strategiewechsel hin, der die Durchführung von Terroranschlägen mit einfachsten Mitteln anstrebt.[46]

---

44 STEVE COLL: More on the Drone War, in: *The New Yorker*, 18. Mai 2009, verfügbar unter: http://www.newyorker.com/news/steve-coll/more-on-the-drone-war [22. Oktober 2017].
45 Vgl. dazu PHILIP ALPERS / AMÉLIE ROSSETTI / DANIEL SALINAS: 2016. Guns in the United States: Total Number of Gun Deaths. Sydney School of Public Health, the University of Sydney. GunPolicy.org, 21. Januar 2016, verfügbar unter: http://www.gunpolicy.org/firearms/compareyears/194/total_number_of_gun_deaths [22. Oktober 2017].
46 Vgl. dazu die scharfsinnigen Argumente von FRANCIS J. GAVIN: Same as It Ever Was? Nuclear

Ebenso wenig neu ist das Problem von sogenannten »Schurkenstaaten« mit Nuklearwaffen. Der größte »Schurkenstaat« des 20. Jahrhunderts war das atomar bewaffnete China in den 1960er Jahre, das in diesem Zeitraum mit nahezu allen benachbarten Staaten Krieg führte. Auch damals wurden Horrorszenarien erdacht, in denen die Volksrepublik ruchlosen Gebrauch von ihrem Atomwaffenarsenal machen würde. Zudem wurde gemutmaßt, China werde sein Nuklearwaffenarsenal stetig vergrößern. All das ist nicht eingetreten. Chinas außenpolitische Aggressionen nahmen ab, und bis heute besitzt die Volksrepublik nur ein kleines Arsenal an Sprengköpfen zur Abschreckung einer direkten Existenzbedrohung. Eine geradezu epidemische Proliferation von Atomwaffen wurde ebenfalls prophezeit, seit es diese Waffen gibt. Auch ist der Fall, in dem ein neuer Nuklearwaffenstaat das strategische Gleichgewicht einer Region völlig auf den Kopf stellt und seine Nachbarstaaten nuklear erpresst, bisher noch nicht eingetreten. Eine Politik der nuklearen Erpressung haben im Kalten Krieg nur Nikita Chruschtschow und Richard Nixon betrieben. Aufgrund der Erfahrungen im Ost-West-Konflikt sollten wir uns vielleicht die Frage stellen, ob ein nuklear bewaffneter Iran, der in die regionalen Strukturen eingebunden wird, langfristig nicht eher zur Beruhigung der Lage im Nahen Osten beitragen würde. Der Kalte Krieg mit seinen Krisen und Stellvertreterkriegen war viel gefährlicher als die heutige Bedrohung durch Terrornetzwerke. In der Ukrainekrise wurde der Öffentlichkeit dieser fundamentale Gefahrenunterschied wieder langsam bewusst, denn eine bewaffnete Auseinandersetzung zwischen der NATO und Russland kann immer noch jenen Nuklearkrieg auslösen, der uns im Kalten Krieg erspart geblieben ist.[47]

Was hier in der amerikanischen Gefahrenwahrnehmung zur Wirkung kommt, hat Richard Hofstadter einmal als den »paranoiden Stil amerikanischer Politik« charakterisiert. Die politischen Advokaten dieses Stils leben in einer Welt, deren Geschichte durch eine gigantische Verschwörung vorangetrieben wird. Nach diesem Verständnis lebt die Welt ständig am Rand der Apokalypse, das absolut Gute und das absolut Böse befinden sich im Endkampf, und die Zeit wird knapp: »Time is forever just running out.« Der Feind ist die perfekte Verkörperung der Bosheit, eine Art »amoralischer Supermann«, und er allein

---

Weapons in the Twentieth-First Century, in: DERS., Nuclear Statecraft. History and Strategy in America's Atomic Age. Ithaca – London 2008, S. 134–156, hier: S. 143–146. Das Szenario einer gestohlenen Nuklearwaffe, die in die Hände von Terroristen gelangt, ist am ehesten in Pakistan denkbar, da dort in den westlichen Provinzen das staatliche Machtmonopol durch die Taliban bereits mehrfach unterlaufen worden ist und pakistanische Nuklearwaffen nicht über moderne Permissive Action Links (PAL), also schwer zu überwindende redundante Sicherheitssysteme, verfügen. Vgl. SCOTT D. SAGAN / KENNETH N. WALTZ: The Spread of Nuclear Weapons. A Debate renewed. New York – London 2003, S. 164.

47 Vgl. GAVIN, Same (wie Anm. 46), S. 139–143.

– nicht etwa komplexe historische Entwicklungen – verbirgt sich hinter den entscheidenden Ereignissen der Zeit. Diese paranoide Übertreibung von nicht existierenden wie realen Bedrohungen hat es wohl immer in der Geschichte der USA gegeben.[48] Ob dahinter nun tatsächlich eine paranoide Weltsicht und/oder tief in der amerikanischen Gesellschaft verwurzelte diffuse Ängste stecken, lässt sich letztlich nicht eindeutig klären.[49] Doch seit dem Untergang der Sowjetunion hat kein Feind mehr derart perfekt diese Wahrnehmungsmuster bedient wie Al Qaida. Selbst ein nüchterner und intellektueller Mann wie Obama konnte sich dieser Paranoia offenbar nicht völlig entziehen, und sei es allein aus Gründen des politischen Machterhalts.

Obamas Praxis der gezielten Tötung von Terrorverdächtigen durch Drohnen und militärische Sondereinsatzkommandos und die Ausweitung der Befugnisse der NSA lassen große Zweifel am liberalen Staatsverständnis des ehemaligen Hochschullehrers für Verfassungsrecht aufkommen. Der Einsatz dieser Mittel ist unter staats- und völkerrechtlichen Aspekten sowie mit Blick auf den Grundsatz der Verhältnismäßigkeit äußerst bedenklich. Der wachsende Gebrauch bewaffneter Drohnen durch das amerikanische Militär wirft zudem wichtige Fragen für die Zukunft der Kriegführung im Allgemeinen auf, da die USA – noch – über ein globales Monopol im Bereich dieser Waffen verfügen.[50] Der große Vorteil einer Drohne besteht zweifellos darin, dass ihr Einsatz kein Soldatenleben riskiert und deutlich kostengünstiger ist als der Einsatz von Kampfflugzeugen. Diese Art der Kriegführung scheint also auf den ersten Blick den Bedürfnissen einer demokratischen Gesellschaft entgegenzukommen. Dieser Eindruck trügt jedoch, da der zunehmende Einsatz von Kampfrobotern zu einer Entkopplung von Exekutive und Souverän führt. Bei Obamas Drohneneinsätzen handelte es sich um intransparente Vorgänge, die das Alltagsleben der Amerikaner – im Gegensatz zu den Kriegsanstrengungen während des Zweiten Weltkriegs oder der Heimkehr gefallener Soldaten während des Vietnamkriegs – in keiner Weise mehr berührten. Da die meisten Drohnenschläge vermutlich von der CIA durchgeführt werden, werden zudem wichtige »checks and balances« der amerikanischen Verfassung außer Kraft gesetzt. Die Bereitschaft, sicherheitspolitische Probleme

---

48 RICHARD HOFSTADTER: The Paranoid Style in American Politics, in: DERS.: The Paranoid Style in American Politics and Other Essays. New York 2008, S. 3–40, hier: S. 30f. Zur Überzeichnung von Bedrohungen in den USA nach 1945 siehe ROBERT H. JOHNSON: Improbable Dangers. U.S. Conceptions of Threat in the Cold War and After. New York 1997.
49 Zu den verschiedenen Erklärungsmustern für diese Ängste siehe THOMAS FREIBERGER: Freedom from Fear: Die republikanische Illusion der amerikanischen Außenpolitik, in: PATRICK BORMANN/ THOMAS FREIBERGER/ JUDITH MICHEL (Hrsg.): Angst in den Internationalen Beziehungen. Göttingen 2010, S. 295–316, hier: bes. S. 298, Anm. 12.
50 Vgl. dazu den Bericht: World of Drones. Examining the proliferation, development, and use of armed drones, verfügbar unter: https://www.newamerica.org/in-depth/world-of-drones/ [22. Oktober 2017].

mit Drohneneinsätzen zu lösen, wird daher vermutlich wachsen, weil diese Art der Kriegführung nahezu keiner Kontrolle unterliegt. Auch die vermeintlich höhere Präzision, Verlässlichkeit und Schnelligkeit von Robotersystemen, die von Militärs und Politikern gerne hervorgehoben wird, ist mehr als trügerisch. Computer kennen kein Zögern, keinen letzten Zweifel und erst Recht haben sie keinen Ehrbegriff, der sie von Fehlentscheidungen abhält. Auch das Argument, dass die künstliche Intelligenz der Roboter in naher Zukunft menschliches Niveau erreichen werde, ist keineswegs beruhigend, da dies in letzter Konsequenz bedeuten würde, dass Roboter auch autonom agieren könnten und damit faktisch nicht mehr kontrollierbar wären. Am bedenklichsten ist jedoch die Tatsache, dass die USA mit ihrer Art der Drohnenkriegführung einen globalen Präzedenzfall geschaffen haben, der sich angesichts der prognostizierten Proliferation dieser Waffen als gefährlicher Bumerang erweisen könnte.[51]

Wehrhafte Demokratien kennzeichnet stets eine empfindliche Balance von Sicherheit und Freiheit. Das Austarieren dieser Balancen auf innerstaatlicher und auf zwischenstaatlicher Ebene hat Reinhold Niebuhr zeitlebens beschäftigt. Niebuhrs Idealvorstellung eines christlichen Realismus sah wie folgt aus: »The children of light must be armed with the wisdom of the children of darkness but remain free from their malice.«[52] Gemessen daran, ist Obamas Außenpolitik gescheitert. Der Schock des 11. September 2001 hat die außenpolitisch Verantwortlichen in den Vereinigten Staaten in »children of the dark« verwandelt, während sich die westeuropäischen Verbündeten bis heute in der Rolle der »children of the light« gefallen. Präsident Obama ist der »Niebuhrian turn«[53], wie ihn einst Harry S. Truman 1946/47 in der amerikanischen Außenpolitik vollzogen hat, misslungen, weil seine Bedrohungswahrnehmung auf fragwürdigen Prämissen basierte. Für die amerikanische Demokratie ist dieser Trend bedenklich, aber nicht unumkehrbar; für die Menschen in Nordafrika und im Nahen Osten könnte sich der 11. September 2001 jedoch als Urkatastrophe des 21. Jahrhunderts erweisen.

---

51 Siehe dazu die klugen Argumente in PETER W. SINGER: Robots at War: The New Battlefield, in: HEW STRACHAN / SIBYLLE SCHEIPERS (Hrsg.): The Changing Character of War. Oxford 2011, S. 333–353; sowie JOHN KAAG / SARAH KREPS: Drone Warfare. Cambridge und Malden, MA 2014, S. 137–157.
52 NIEBUHR, Children (wie Anm. 8), S. 40.
53 WILSON D. MISCAMBLE: From Roosevelt to Truman. Potsdam, Hiroshima, and the Cold War. Cambridge u. a. 2007, S. 330.

Dank

Der Sammelband ist die Mannschaftsdisziplin unter den wissenschaftlichen Publikationsformen. Es ist dem Verfasser daher nicht nur eine angenehme Pflicht, sondern ein echtes Bedürfnis, allen Beteiligten, die zum Zustandekommen dieses Buches beigetragen haben, für ihre Unterstützung herzlich zu danken.

Die Keimzelle dieses Bandes war ein Workshop, der im Februar 2015 im Rahmen der Veranstaltungen des Fördervereins für Neuere Geschichte an der Universität Bonn e.V. am Institut für Geschichtswissenschaft eben jener Hochschule stattgefunden hat. Die meisten der damaligen Referenten haben freundlicherweise die Mühe auf sich genommen, ihre Vorträge zu Aufsätzen auszuarbeiten. Ganz besonders fühlt sich der Herausgeber jenen Autoren verbunden, die nachträglich und ohne die Annehmlichkeiten eines Tagungsredners genossen zu haben, bereit waren, einen Beitrag zu diesem Band beizusteuern.

Der Förderverein für Neuere Geschichte an der Universität Bonn e.V. hat den Verfasser in einer Weise unterstützt, wie man sich das als Organisator eines Workshops nur wünschen kann. Die beiden Vorsitzenden, Prof. Dr. Joachim Scholtyseck und sein Stellvertreter, Prof. Dr. Dominik Geppert (inzwischen Universität Potsdam), haben dem Herausgeber dieses Buches jederzeit mit Rat und Tat zur Seite gestanden, ihm aber zugleich jegliche Freiheiten bei der inhaltlichen Konzeption gelassen. Viviane Hochgesand, die damalige Geschäftsführerin des Vereins, war für die Werbung und die organisatorischen Planungen im Vorfeld zuständig. Juliane Clegg, Mirjam Hanusch, Jonas Klein und Martin Warnecke haben für einen reibungslosen Ablauf der Veranstaltung gesorgt und sich um die Bewirtung, die Technik und alle anderen anfallenden Aufgaben gekümmert. Imogen Benton, Gaststudentin der Universität Sheffield, leistete unverzichtbare Übersetzungsdienste. Dr. Matthias Koch, der Kustos des Instituts für Geschichtswissenschaft, war damit einverstanden, dass der Workshop in zwei Räumen des Seminars stattfand.

Ein besonderes Dankeschön gilt Herrn Professor Geppert. Er hat nicht nur zwei Hilfskräfte seines Lehrstuhls zur Durchführung des Workshops zur Verfügung gestellt hat, sondern dem Herausgeber auch auf außergewöhnliche Weise dabei geholfen, Fördergelder einzuwerben, um den vorliegenden Band zu finanzieren. Aufgrund seiner Fürsprache und Mitwirkung haben der Dekan der Philosophischen Fakultät der Universität Bonn, die Universitätsgesellschaft sowie die Universitätsstiftung der Rheinischen Friedrich-Wilhelms-Universität das Vorhaben, aus den Tagungsbeiträgen ein Buch werden zu lassen, dankenswerterweise mit einem Druckkostenzuschuss unterstützt.

Die Universität Bonn bot mit ihrem Universitätsverlag schließlich auch noch den passenden Rahmen für die Veröffentlichung der Aufsätze. Für die umstandslose Aufnahme des Bandes »Kriegerische Tauben« in die Reihe »Internationale Beziehungen. Theorie und Geschichte« dankt der Verfasser allen Herausgebern; Herrn Oliver Kätsch und Frau Anke Moseberg-Sikora vom Verlag Vandenhoeck & Ruprecht / Bonn University Press weiß er sich für die gute und geduldige Zusammenarbeit verbunden.

Der letzte, aber keineswegs geringste Dank gebührt jedoch Rudolf Gocke, dem großzügigen Mäzen des Fördervereins für Neuere Geschichte an der Universität Bonn. Ohne sein bemerkenswertes Engagement hätte der Workshop im Februar 2015 nicht stattgefunden, und damit wäre auch dieses Buch wohl niemals entstanden. Es ist ihm deshalb in Dankbarkeit gewidmet.

Bonn, im Juni 2019   Jürgen Peter Schmied

Autorenverzeichnis

Manfred Berg ist Professor für Amerikanische Geschichte am Historischen Seminar der Universität Heidelberg.

Peter Busch ist Senior Lecturer am Department of War Studies am King's College in London.

Wolfgang Egner war bis 2017 wissenschaftlicher Mitarbeiter am Fachbereich für Geschichte und Soziologie der Universität Konstanz.

Thomas Freiberger war bis 2016 wissenschaftlicher Mitarbeiter am Institut für Geschichtswissenschaft der Universität Bonn.

Victoria Honeyman ist Lecturer an der School of Politics and International Studies der Universität Leeds.

Hans Kundnani ist Senior Research Fellow am Royal Institute of International Affairs Chatham House in London.

Dieter Langewiesche ist emeritierter Professor am Fachbereich Geschichtswissenschaft der Universität Tübingen.

Andreas Rose ist wissenschaftlicher Mitarbeiter der Historischen Kommission bei der Bayerischen Akademie der Wissenschaften in München und Gastwissenschaftler am Forschungskolleg normative Gesellschaftsgrundlagen der Universität Bonn.

Jürgen Peter Schmied ist Lehrbeauftragter am Institut für Geschichtswissenschaft der Universität Bonn.

Jasper M. Trautsch ist Privatdozent am Institut für Geschichte der Universität Regensburg.

Abkürzungsverzeichnis

APUZ	Aus Politik und Zeitgeschichte
ARVN	Army of the Republic of Vietnam
AWACS	Airborne Early Warning and Control System
BAE	British Aerospace Electronic Systems
CIA	Central Intelligence Agency
C.I.D.	Committee of Imperial Defence
DRV	Democratic Republic of Vietnam
FCO	Foreign and Commonwealth Office
HARM	High-Speed-Anti-Radiation-Missile
HMS	His / Her Majesty's Ship
IFOR	Implementation Force
NLF	National Liberation Front
NSA	National Security Agency
NSAM	National Security Action Memorandum
OSZE	Organisation für Sicherheit und Zusammenarbeit in Europa
PAL	Permissive Action Links
RAND	Research and Development
RVN	Republic of Vietnam
SFOR	Stabilisation Force
START	Strategic Arms Reduction Treaty
UCK	Ushtria Çlirimtare e Kosovës (Befreiungsarmee des Kosovo)
UNPROFOR	United Nations Protection Force
USS	United States Ship

Personenregister

Abdülhamid II. (osman. Sultan)   67f., 70
Abrahamsen, Rita   163
Acheson, Dean   126f.
Adams, John   41, 47
Adams, John Quincy   43
Albright, Madeleine   150
al-Awlaki, Anwer   185
al-Barudi, Sami   66
Ali, Tariq   151
Angell, Ralph Norman   15f., 94
Asquith, Herbert H.   18, 75, 78, 81, 87f., 91–93, 95, 97
Augustus (röm. Kaiser)   9

Balfour, Arthur J.   89
Baring, Evelyn (= 1. Earl of Cromer)   70
Beauchamp, 7. Earl (= William Lygon)   93, 96
Beck, Marieluise   147
Beer, Angelika   154
Bentham, Jeremy   180
Berman, Paul   151
Bethmann-Hollweg, Theobald von   108
Bin Laden, Osama   186
Birrell, Arthur   96
Bismarck, Otto von   76
Blair, Tony   20–24, 153, 159–176
Blix, Hans   172
Brown, Gordon   167
Browne, Malcom   135
Brunner, John   90
Bryan, William J.   110
Burke, Edmund   116
Burns, John   93, 96–98, 100f.

Bush, George H. W.   143
Bush, George W.   119, 169, 171–174, 177, 182–185, 187–189
Buxton, Noel   80

Calhoun, John C.   43
Cambon, Paul   96, 98
Cameron, David   167, 176
Campbell, Menzies (= Baron Campbell of Pittenweem)   174
Campbell-Bannerman, Henry   81f.
Carrington, 6. Baron (= Peter Carington)   162
Castro, Fidel   130
Chamberlain, Joseph   82
Cheney, Richard   192
Christopher, Warren   150
Chruschtschow, Nikita   129f., 193
Churchill, Winston   75, 77, 84, 87, 89, 91, 93, 96f.
Clinton, Bill   150, 168f., 185
Clinton, Hillary   177
Cobden, Richard   15, 17, 24
Cohn-Bendit, Daniel   147f.
Coll, Steve   192
Constant, Benjamin   14, 24
Cook, Robin   20, 160–163, 166, 176
Cooper, Robert   159
Courtney, 1. Baron (= Leonard Courtney)   90
Crewe, 1. Marquess of (= Robert Crewe-Milnes)   93, 96
Cronkite, Walter   138

Dante Alighieri 9
Derby, 15. Earl of (= Edward Stanley) 17
Dicey, Edward 61, 63
Diem, Ngo Dinh 122, 124–126, 128 f., 132, 134–139
Disraeli, Benjamin 59, 64, 72 f., 76
Donald, Robert 83
Doyle, Michael W. 13, 24

Eisenhower, Dwight D. 124 f., 127, 129 f.

Fischer, Joschka 19–24, 141–157
Fisher, John 91
Ford, Gerald 185
Freedman, Lawrence 166
Fücks, Ralf 147
Fukuyama, Francis 13, 24

Galbraith, Kenneth 130
Gandhi, Mahatma 178
Gardiner, Alfred G. 83, 90
George V. (engl. König) 89
Gerry, Elbridge 39
Gladstone, William E. 17 f., 21, 23 f., 57–73, 79 f., 82
Goethe, Johann Wolfgang von 16
Gordon, Charles George 72
Granville, 2. Earl (= Granville George Leveson-Gower) 66
Grey, Edward 75–78, 81, 86–88, 90–93, 95 f., 98–100, 112

Habermas, Jürgen 13, 155
Hague, William 164
Halberstam, David 135
Haldane, 1. Viscount (= Richard Haldane) 81, 91, 93
Hamilton, Alexander 48
Harcourt, Lewis 89, 92 f., 96, 101
Harcourt, William 80 f.
Harriman, W. Averell 130
Havel, Vaclav 164
Herder, Johann Gottfried 11 f., 24
Hilsman, Roger 136 f.
Hintze, Otto 27
Hirst, Francis 90

Hitler, Adolf 119 f., 138, 178
Hobbes, Thomas 180
Hobhouse, Charles 96
Holbrooke, Richard 150
House, Edward M. 107 f.
Humboldt, Alexander von 52
Hurd, Douglas 163
Hussein, Saddam 20, 170 f., 173–175

Ischinger, Wolfgang 154
Ismāʿīl (ägypt. Khedive) 64 f.

Jay, John 54
Jefferson, Thomas 17, 24, 37–56
Jelzin, Boris 169
Johnson, Lyndon B. 121, 129, 138

Kant, Immanuel 12 f., 17 f., 23 f., 25–27, 39, 106
Kelly, David 174
Kennan, George F. 119, 181
Kennedy, John F. 19, 24, 121–140
Kiderlen-Wächter, Alfred von 85
King, Martin L. 178
Kissinger, Henry 178
Kleinert, Hubert 149
Kohl, Helmut 143, 149 f.
Kosciusko, Thaddeus 40
Kouchner, Bernard 151
Krause-Berger, Sibylle 145

Lafayette, Marquis de (= Marie-Joseph Motier) 44
Lehmann, Rudolph Chambers 83
Lewinsky, Monica 169
Lichnowsky, Fürst Karl Max von 92
Livingston, Robert R. 43, 45
Lloyd George, David 18, 21, 23 f., 75–102
Locke, John 10, 23 f., 180
Lodge Jr., Henry Cabot 136 f.
Lodge Sr., Henry Cabot 116 f.
Loreburn, 1. Earl of (= Robert Reid) 87, 91
Ludwig XIV. (frz. König) 10
Luther, Martin 118

Personenregister

MacDonald, Ramsay 98
Machiavelli, Niccolò 180
Madison, James 43, 46f.
Massingham, Henry 82, 88
Masterman, Charles 96
McKenna, Reginald 84, 91, 93, 96
McNamara, Robert 127, 131, 136
Merkel, Angela 155
Mill, John Stewart 14, 18, 24, 32f., 61
Milner, 1. Viscount (= Alfred Milner) 99
Milošević, Slobodan 144, 151
Minh, Ho Chi 123f., 128
Monroe, James 45, 107
Montague, Charles E. 82
Montesquieu, Baron de La Brède de (= Charles-Louis de Secondat) 11f., 23f., 39
Morgenthau, Hans 126f.
Morel, Edmund D. 94
Morley, John 80, 82, 87, 89, 91, 93, 95f., 98–101
Mounier, Emmanuel 134

Napoleon, Louis 16, 43, 45f., 96
Nhu, Ngo Dinh 134, 136–138
Nicoll, William Roberston 82, 91, 94
Niebuhr, Reinhold 20, 179–181, 195
Nixon, Richard 126, 136, 193
Nolte, Ernst 155
Nolting, Frederick 136

Obama, Barack 20f., 23, 177–195
Oppenheim, Lassa 62

Paine, Thomas 11, 180
Palmerston, 3. Viscount (= Henry John Temple) 59, 76
Parnell, Charles Stuart 79
Patton, George S. 183
Pease, Jack 91, 96
Perle, Richard 183
Ponsonby, Arthur 98
Poppe, Gerd 147

Rathenau, Walther 16
Reagan, Ronald 169, 185

Riddell, George 98
Röpke, Wilhelm 16
Roosevelt, Theodore 110
Rosebery, 5. Earl of (= Archibald Philip Primrose) 81, 83
Rostow, Walt E. 127, 129–133
Rotteck, Carl von 26
Rousseau, Jean-Jacques 12, 39, 180
Rowntree, Arnold 94
Rühe, Volker 144
Runciman, Walter 93, 96f.
Rusk, Dean 127

Salisbury, 3. Marquess of (= Robert Gascoyne-Cecil) 72, 80
Samuel, 1. Viscount (= Herbert Samuel) 93, 96f.
Scharping, Rudolf 152f.
Schäuble, Wolfgang 156
Schirrmacher, Frank 152
Schmid, Thomas 154
Schröder, Gerhard 141, 150f., 154f.
Scott, Charles 82, 87f., 91, 95
Selkirk, 10. Earl of (= George Douglas-Hamilton) 137
Seymour, Frederick Beauchamp 68
Short, Clare 173
Simon, John 93, 96
Smith, Adam 13f., 24, 180
Stead, William Thomas 82
Sternberger, Dolf 146
Stevenson, Frances 78, 90, 95, 98, 101f.

Taufīq (ägypt. Khedive) 65–67, 69f.
Taylor, Maxwell 127, 130–132
Thatcher, Margaret 22, 159, 161, 169
Thich, Quang Duc 135
Thompson, Robert 133
Trevelyan, Charles 81, 93, 96, 100
Truehart, William 136
Truman, Harry 123, 126, 195
Turreau, Louis Marie 45

Urābī, Ahmad 65f., 68, 73

Vergil 9

Victoria (engl. Königin) 59, 72
Villard, Oswald Garrison 118

Walser, Martin 153
Walzer, Michael 151
Washington, George 47, 55
Weizsäcker, Richard von 146
Westlake, John 62
Williams, Paul 163

Wilson, Henry 77, 89f., 93
Wilson, Woodrow 18f., 21, 23f., 103–120
Winkler, Heinrich-August 155–157
Wolfowitz, Paul 183
Wolseley, Garnet 68
Wood, McKinnon 96

Zimmermann, Arthur 113